Inhaltsverzeichnis

Lernfeld 1:
Berufliche Identität und professionelle Perspektiven weiterentwickeln

Lernfeld 5:
Erziehungs- und Bildungspartnerschaften mit Eltern und Bezugspersonen gestalten sowie Übergänge unterstützen

Lernfeld 6:
Institution und Team entwickeln sowie in Netzwerken kooperieren

Vorwort

Das von Horst-Dieter Kämpfer begründetet Werk orientiert sich seit der 5. Auflage an der Lernfelddidaktik, zunächst nach dem NRW-Lehrplan, nunmehr am länderübergreifenden Lehrplan Erzieherin/Erzieher.

Rechtsstand des Buches ist der Dezember 2013.

Obwohl in den letzten Jahren dazu übergegangen wurde, gezielt auch Männer für den Erzieherberuf zu begeistern, sind nach wie vor überwiegend Frauen als Fachkräfte in diesem Bereich tätig. Es wird daher in diesem Buch aus Vereinfachungsgründen vorwiegend die Berufsbezeichnung Erzieherin bzw. Erzieherinnen gewählt.

Das Berufsbild unterliegt zurzeit einer Tendenz zur Akademisierung. Entsprechend wird vorausgesetzt, dass die im Text genannten Normen selbstständig gefunden und gelesen werden, denn wie ein altes Juristen-Sprichwort sagt:

„Der Blick ins Gesetz fördert die Rechtskenntnis."

Es empfiehlt sich daher die Anschaffung einer jugendrechtlichen Gesetzessammlung. Noch aktueller können Gesetze, Verordnungen, Satzungen etc. im Internet recherchiert werden (siehe Linksammlung im Literaturverzeichnis).

Ihr Lerneffekt wird umso größer sein, wenn Sie zunächst versuchen, ein Fallbeispiel allein und unter Zuhilfenahme der gesetzlichen Vorschriften zu lösen.

Danaë Hartmann-Netzer

Lernfeld 1:
Berufliche Identität und professionelle Perspektiven weiterentwickeln

1.1 Das Berufsbild

Die Ausbildung zur „Staatlich anerkannten Erzieherin" bzw. zum „Staatlich anerkannten Erzieher" ist eine berufliche Weiterbildung, die zu einem staatlichen postsekundären Berufsabschluss nach Landesrecht führt. Erzieherinnen und Erzieher nehmen selbstständig und eigenverantwortlich Bildungs-, Erziehungs- und Betreuungsaufgaben für Kinder, Jugendliche und junge Erwachsene im Alter bis zu 27 Jahren (vgl. § 7 SGB VIII) in verschiedenen sozialpädagogischen Arbeitsfeldern wahr. Diese Arbeitsfelder liegen in den Kindertageseinrichtungen, der Kinder- und Jugendarbeit, den Hilfen zur Erziehung nach dem SGB VIII und in sozialpädagogischen Tätigkeiten in der Schule. Die Ausbildung qualifiziert außerdem für die Arbeit mit Menschen mit Behinderung[1].

1.2 Berufswahlmotive

„Warum ich Erzieherin werden wollte ..."

Mit Kindern und Jugendlichen in Kontakt zu sein und zu arbeiten, war schon immer mein Wunsch. Dass es die Kindergartenkinder sein sollten, um die ich mich kümmern möchte, entschied ich nach eigenen Erfahrungen als Mutter und „Hilfskraft" in der Spielgruppe meines Sohnes in der Kindertagesstätte.

Kinder werden in unserer Gesellschaft als das höchste Gut bezeichnet, aber leider oft nicht entsprechend behandelt. Eigene Erfahrungen in Einrichtungen und im persönlichen Umfeld sowie der tägliche Blick in die Tageszeitung oder die Tagesschau bestärkten mich in meinem Entschluss, Kinder auf ihrem Weg in die Gesellschaft und das Leben begleiten und unterstützen zu wollen.

Ich möchte Kinder sowohl emotional als auch kognitiv fördern, Stärken und Schwächen erkennen und ihnen und auch ihren Eltern eine Ansprechpartnerin und Partnerin sein. Darüber hinaus gefällt mir am Berufsfeld der Erzieherin der Abwechslungsreichtum und die geforderte Flexibilität: Jeder Tag und jede Kindergeneration bringt neue Herausforderungen mit sich. Ebenso sehe ich meinen angestrebten Abschluss als Sprungbrett für weitere, interessante Fortbildungen und Zusatzqualifikationen, besonders im Hinblick auf die immer aktueller werdende Sprachförderung und vor allem die Fremdspracheneinführung im Kindergarten.

In erster Linie aber hoffe ich, eine Erzieherin zu werden, an die Kinder und Eltern mit einem Lächeln zurückdenken.

Sandra Hohlmann, Juli 2010

---

[1] *Im Folgenden als MmB abgekürzt.*

„Warum ich Erzieherin werden möchte ..."

Bei meiner Berufswahl war es mir wichtig, mit Menschen zu tun zu haben und in Kontakt mit ihnen zu treten. Ich bin sehr kinderlieb. Kinder bereiten mir bei jeder Gelegenheit große Freude. Hinzu kommt noch, dass ich gerne im Team arbeite und kommuniziere.

Für mich war es auch wichtig, einen abwechslungsreichen Beruf auszuüben, da ich sehr flexibel bin und keine eintönige Arbeit mag. Ich möchte, dass die Kinder eine schöne Kindergartenzeit verbringen und soziale Kontakte aufbauen. Zudem möchte ich gerne neue, „moderne" Dinge in den Kindergartenalltag einbringen und Kindern viel Verschiedenes beibringen. Für die Kinder und die Eltern möchte ich eine Bezugsperson und ein Ansprechpartner sein, ihnen immer mit Rat und Tat zur Seite stehen. Zusätzlich möchte ich eine Vorbildfunktion für die Kinder haben. Außerdem ist die Entwicklung für Kinder sehr wichtig und dabei möchte ich sie fördern und ihnen Hilfestellungen geben, ihr Sozialverhalten aufbauen und verstärken, sie auf ihr weiteres Leben und ihre Schullaufbahn vorbereiten, ihnen Wissen vermitteln und ihnen ein gewisses Regelverständnis beibringen. Weitere Gründe waren, dass ich gerne Verantwortung trage, organisiere und Herausforderungen gerne annehme.

Ich denke, ich habe für mich die richtige Entscheidung getroffen und gehe den richtigen Berufsweg. Durch meine bereits absolvierten Praktika bekomme ich auch die Bestätigung und ich bin sehr glücklich mit meiner Entscheidung.

Jacqueline Haase, Juli 2010

„Warum ich Erzieher werden wollte ..."

Der Entschluss, mit Menschen zu arbeiten, reifte bei mir schon relativ früh. Allerdings stellte sich bald die Frage, in welchem Bereich ich dann am meisten zu bewegen vermochte.
Sollte ich den langen Weg über die Politik oder Verwaltung gehen, um von „oben" etwas für Menschen zu tun, die Hilfe benötigen? Dieser Weg erschien mir zu lang und ich war außerdem der Meinung, dass in diesem Bereich nur alles totgeredet wird.

Durch meinen Zivildienst bekam ich einen guten Einblick in die Offene Kinder- und Jugendarbeit, und es wurde mir sehr schnell klar, dass gerade diese Altersgruppe besondere Hilfe und Anleitung benötigt, in einer Zeit, in der an falschen Stellen Einsparungen gemacht, Fördergelder gestrichen werden und Personal abgebaut wird. Kinder und Jugendliche haben nur wenige Möglichkeiten, sich spielerisch oder kreativ zu betätigen. Fußball spielen im Park ist oft verboten und schreiende Kinder im Hof von Gemeinschaftswohnanlagen ebenfalls.

Ich habe das Ziel, etwas Sinnvolles zu tun, und glaube, dass ich in diesem Bereich einiges bewegen kann.

Rechtliche Wissensgrundlagen sind bei einer Arbeit mit Kindern und Jugendlichen unerlässlich, weil im Umgang mit dieser Klientel auch immer ein Risiko besteht. Inwieweit bin ich z. B. haftbar zu machen, wenn sich ein Kind beim Fußballspielen unter meiner Aufsicht ein Bein bricht oder beim Fangenspielen mit dem Kopf gegen die Heizung fällt. Oder wie weit dürfen disziplinarische Maßnahmen gehen, darf ich ein Kind in den dunklen Keller sperren oder in Unterwäsche in den Schnee stellen? Man sieht, man sollte vorher wissen, welche Rechte man selbst, aber auch die zu betreuenden Kinder haben ...!

Maurice Mastalerz, Juli 2010

Was sind das für Rechte der Kinder, über die der angehende Erzieher spricht? Oder – allgemein gesprochen – was ist das Recht überhaupt?

Wesen und Funktion des Rechts

In jeder menschlichen Gemeinschaft muss das Zusammenleben der Menschen durch Verhaltensregeln bestimmt sein, damit es ein von allen akzeptiertes Mit- und Nebeneinander gibt. Das gilt für das Zusammenleben in kleinen Gruppen wie auch in der Ehe, der Familie oder im Freundeskreis, ebenso wie für größere Gruppen, z. B. in der Schule, in Betrieben oder in Verbänden und Parteien. Darüber hinaus aber bestimmen Verhaltensregeln auch das Leben in noch größeren Gemeinschaften, wie sie die Bürger einer Stadt, einer Region oder der Bundesrepublik Deutschland bilden.

Diese Verhaltensregeln sollten bestimmen, was „Recht" oder „Unrecht" ist. Gültige Auffassungen darüber kann es jedoch nur für eine bestimmte Zeit geben. Recht und Unrecht werden jeweils neu interpretiert.

Arbeitsanregung

1. Diskutieren Sie in der Klasse die unterschiedlichen Aussagen zu dem, was „Recht" ist.
2. Entscheiden und begründen Sie gemeinsam, welche Aussage heute am ehesten von Ihnen akzeptiert werden kann.
3. Weiterhin ergeben sich daraus die folgenden Fragen: Welche Verhaltensregeln gibt es und wie lässt sich das Verhältnis von Verhaltensregeln und Recht/Unrecht näher beschreiben? Für diese Fragen besprechen Sie die nachfolgenden Fallbeispiele.
4. Diskutieren Sie in kleinen Gruppen die unterschiedlichen Situationen und überlegen Sie, ob den Verhaltensweisen der beteiligten Personen rechtliche Vorschriften zugrunde liegen.

Fallbeispiele 1 bis 3

Fallbeispiel 1
Im Kindergarten ist es üblich, dass sich an Geburtstagen eines Kindes alle Kinder und die Erzieherinnen der Gruppe zu einem bestimmten Zeitpunkt am Vormittag in einem Stuhlkreis versammeln, um dem Geburtstagskind ein Lied zu singen und zu gratulieren.

Fallbeispiel 2
In einem Verein zahlen alle Mitglieder einen für alle festgelegten Mitgliedsbeitrag. Der Kassierer stellt fest, dass ein Mitglied seit zwei Monaten keinen Beitrag gezahlt hat.

Fallbeispiel 3
Beim Freispiel der Gruppe eines Kindergartens trifft ein Kind ein anderes mit dem Spaten unglücklich am Kopf. Beide Kinder hatten sich zuvor gestritten. Die Kindergruppe war zu dieser Zeit ohne Aufsicht, weil die Erzieherin für kurze Zeit das Außengelände verlassen hatte und sich innerhalb des Kindergartengebäudes aufhielt. Das verletzte Kind muss einem Arzt vorgestellt werden. Die Eltern des verletzten Kindes klagen auf Schadenersatz für ihr Kind.

Das Verhalten der in den Situationen handelnden Personen ist durch jeweils bestimmte Verhaltensregeln gekennzeichnet.

Im **1. Fallbeispiel** sind die Handlungen rechtlich nicht vorgeschrieben. Trotzdem werden die üblichen Verhaltensregeln in einer Kindertagesstätte beachtet, obwohl keine Erzieherin gezwungen ist, dem Geburtstagskind in einem Stuhlkreis etwas vorzusingen und ihm zu gratulieren. Hier verlangt die „Sitte" das entsprechende Verhalten. Weicht eine Erzieherin von diesem Verhalten ab, wird sie von den anderen vielleicht „dumm" angeschaut. Das Fehlverhalten ist aber rechtlich unerheblich, weil niemand einen rechtlichen Anspruch auf ein Geburtstagsständchen hat.

Im **2. Fallbeispiel** sieht das anders aus. Es ist üblich, dass sich Vereinsmitglieder durch die Beitrittserklärung verpflichten, den durch die Vereinssatzung vorgeschriebenen Mitgliedsbeitrag zu zahlen. Dadurch hat der Verein einen Rechtsanspruch auf die Beiträge seiner Mitglieder. Erfüllen sie diesen Anspruch nicht, kann der Verein seine Rechte notfalls auf dem Rechtsweg durchsetzen.

Im **3. Fallbeispiel** verstößt das Verhalten der Erzieherin gegen die Verpflichtung, dass Minderjährige zu beaufsichtigen sind. Dieses Fehlverhalten hat einen Schaden zur Folge. Die gesetzlichen Rechte sind in diesem Fall im Bürgerlichen Gesetzbuch (§§ 823 ff. BGB) geregelt. Mit diesen Rechtsvorschriften wird das Recht auf Schadenersatz bestimmt.

Dieser Anspruch auf Schadenersatz soll den erlittenen Körperschaden kompensieren. Diese Beispiele geben einen Hinweis auf das, was Recht ist:
- Recht besteht aus sozialen Verhaltensvorschriften.
- Recht ist mithilfe staatlicher Organe durchsetzbar.
- Recht strebt einen gerechten Interessenausgleich an.

Aus dem letzten Merkmal ergibt sich das Problem der „Gerechtigkeit". Gerechtigkeit muss sich an den Gesetzen orientieren und diese zu verwirklichen suchen.

Was ist gerecht?

Von vielen Philosophen ist über Gerechtigkeit nachgedacht worden, wobei die folgenden beiden Aspekte besonders betont wurden:
- Das Verhalten aller ist nach der gleichen Regel zu beurteilen.
- Für alle hat das gleiche Maß zu gelten, zweierlei Maß ist willkürlich und ungerecht.

Berücksichtigt man diese Merkmale, dann haben für alle Menschen eines Rechtsgebietes (z.B. alle Menschen in der Bundesrepublik Deutschland) in einer konkreten Situation (Erziehung der Kinder) die gleichen Rechtsregeln zu gelten. Es ist demnach willkürlich und ungerecht, wenn der Vater hinsichtlich der Erziehung mehr zu sagen hat als die

Mutter. Diese Bevorzugung des väterlichen Standpunktes war als Verhaltensvorschrift aufgrund früherer Rechtsauffassung durchsetzbar; als gerecht kann sie jedoch nicht angesehen werden.

Diesen Gesichtspunkt hat das Grundgesetz im Art. 3 Abs. 1 aufgenommen: „Männer und Frauen sind gleichberechtigt", heißt es dort.

Recht wird unterschieden in „objektives" und „subjektives" Recht:

- Objektives Recht ist die Gesamtheit aller Vorschriften, die das Zusammenleben in einer Gemeinschaft regeln (Rechtsordnung).
- Subjektives Recht ist die von der Rechtsordnung verliehene Macht, eigene Interessen durchsetzen zu können (Berechtigung).

Aufgaben des Rechts
Das objektive Recht hat drei Aufgaben (Funktionen) zu erfüllen:
- die Ordnungsfunktion,
- die Schutzfunktion,
- die Ausgleichsfunktion.

Fallbeispiel 4

In einer Familie leben Vater, Mutter und zwei Kinder. Die Eltern sorgen für ihre Kinder und stellen ihnen den täglichen Lebensbedarf an Nahrung, Kleidung und Wohnung zur Verfügung. Außerdem lehren sie die Kinder durch ihre Erziehung viele Verhaltensweisen, die im Umgang mit anderen Menschen wünschenswert sind. Sie achten darauf, dass den Kindern nichts passiert und dass ihnen kein Schaden zugefügt wird. Dabei verbieten sie den Kindern manchmal, sich an bestimmten Orten aufzuhalten, wenn sie der Ansicht sind, dass die Kinder dort möglicherweise besonders großen Gefahren ausgesetzt sind, zumal sie ihren Kindern zum Ersatz eines etwaig erlittenen Schadens verpflichtet wären.

Ordnungsfunktion
Jedes Zusammenleben von Menschen in einer Gruppe, einer Gemeinschaft, ist durch Regeln bestimmt. Solche Regeln sind unerlässlich, damit ein geordnetes und friedliches Zusammenleben der Menschen innerhalb der unterschiedlichen Gruppen einer Gesellschaft ermöglicht wird. Die rechtlichen Beziehungen zwischen Eltern und Kindern sind im Bürgerlichen Gesetzbuch geregelt. Hier ist das „elterliche Sorgerecht" formuliert (§§ 1626 ff. BGB). Diese Beziehungen, die durch entsprechende Regelungen gekennzeichnet sind, bezeichnen wir als „Rechtsverhältnis". Das Rechtsverhältnis Eltern/Kinder beinhaltet z. B.:
- das Recht und die Pflicht der Eltern, ihre Kinder zu erziehen,
- die Sorge für das Vermögen des Kindes,
- die gesetzliche Vertretung des Kindes,
- die Unterhaltspflicht,
- die Beaufsichtigung des Kindes,
- die Aufenthaltsbestimmung über das Kind.

Die ein solches Rechtsverhältnis kennzeichnenden Regeln werden auf unterschiedlichen Ebenen von den dafür zuständigen Organen aufgestellt: auf Bundesebene in erster Linie vom Bundestag, auf Landesebene vom Landtag, in der Gemeinde vom Gemeinderat, innerhalb eines Vereins durch seine Mitglieder. Sie haben Gültigkeit für alle Personen, die sich in dem dazugehörigen Bereich aufhalten, betätigen und leben, da es sich um Rechtsvorschriften handelt, deren Fehlen zwangsläufig zur Unordnung führen würde.

Schutzfunktion

Jeder Bürger muss sicher sein können, dass er durch die bestehenden Rechtsvorschriften geschützt ist. Er muss darauf vertrauen können, dass die darin aufgezeigten Rechtsgüter nicht folgenlos verletzt werden können (sei es durch den Staat oder andere Bürger).

Wenn Eltern ihre Kinder dadurch vernachlässigen, dass sie ihnen keine ausreichende Nahrung zur Verfügung stellen, dann verletzen sie ihre Pflicht hinsichtlich der „Pflege" der Kinder. Eltern, die ihren Kindern nicht die entsprechende Erziehung zukommen lassen, sodass sie zu verwahrlosen drohen, verletzen ebenfalls die Elternpflicht.
Erleidet ein Kind einen Schaden, der durch entsprechende Beaufsichtigung verhindert worden wäre, dann ist z. B. das Rechtsgut des Kindes auf körperliche Unversehrtheit durch die Eltern verletzt worden.
Grundsätzlich kann davon ausgegangen werden, dass es immer wieder einzelne Personen geben wird, die gegen bestehende Rechtsvorschriften verstoßen, die also die Ordnung stören. In Fällen, in denen so durch Schädigung Dritter, durch Diebstahl oder andere Rechtsverletzungen entsprechende Rechtsgüter wie Eigentum, Körper, Leben und anderes angetastet werden, muss der Bürger geschützt sein.

Ausgleichsfunktion

Wenn es durch Verstöße gegen die Ordnungsfunktion oder die Schutzfunktion zu Benachteiligungen eines Bürgers kommt, muss dieses rechtliche Missverhältnis auch ohne Gewaltanwendung des Benachteiligten ausgeglichen werden können. Deshalb gibt es staatliche Einrichtungen, deren Aufgabe es ist zu ermitteln, „wer welche Art eines Verstoßes gegen wen begangen hat". Zu diesen Einrichtungen zählen z. B. die Staatsanwaltschaften und die Gerichte. Nach Überprüfung der Sachlage erfolgt ein Ausgleich in der Weise, dass der regelwidrig Handelnde zur Wiedergutmachung herangezogen wird.

Zusammenfassung

■ Unter Recht versteht man die Rechtsordnung, also die Gesamtheit der Rechtsvorschriften, die das Zusammenleben der Bürger in der Gemeinschaft verbindlich, d. h. notfalls mit staatlicher Hilfe, regeln und gestalten.

■ Die Beziehung zwischen Personen und zwischen Personen und Sachen werden Rechtsverhältnisse genannt: z. B. Eltern-Kind-Verhältnis oder Mietverhältnis und viele andere.

■ Aus Rechtsverhältnissen können Berechtigungen, Befugnisse und Ansprüche entstehen, z. B. ein Mietzinsanspruch. Auch sie werden als „Recht" verstanden.

■ Aufgabe des Rechts ist die Durchsetzung legaler Einzel- oder Kollektivinteressen.

■ Funktionen des Rechts sind hierbei die:
– Ordnungsfunktion,   – Schutzfunktion,   – Ausgleichsfunktion.

■ Die Ausgleichsfunktion ist immer dann gefordert, wenn nach Verletzung der Ordnungsfunktion oder der Schutzfunktion das friedliche Zusammenleben innerhalb der Rechtsverhältnisse wiederhergestellt werden muss.

1. Lernsituation: Mein berufliches Selbstverständnis

Sie haben sich vor Beginn der Ausbildung mit Eltern, Bekannten und Freunden sicher über Ihren Wunsch unterhalten, Erzieherin zu werden. Dabei wurden viele positive und negative Aspekte zu diesem Beruf erörtert. Diese mussten Sie abwägen und dann eine Entscheidung treffen. Ihre persönliche Motivation deckt sich zum Teil mit Argumenten, die Sie in den Gesprächen gehört haben. Manchmal sprachen die Argumente gegen Ihre persönliche Motivation. Der Prozess Ihrer Entscheidungsfindung war sicher nicht einfach. Haben Sie sich Gedanken darüber gemacht, welche persönlichen Qualifikationen notwendig sind, um den Beruf einer sozialpädagogischen Fachkraft ausüben zu können und mit welchen fachlichen Inhalten Sie sich in der Ausbildung auseinandersetzen müssen? Haben Sie im Entferntesten daran gedacht, dass Sie sich auch mit rechtlichen Fragestellungen auseinandersetzen müssen?

Arbeitsanregung

1. Sie haben gelesen, warum der angehende Erzieher es für wichtig hält, rechtliche Kenntnisse zu haben. Welche anderen (beruflichen) Situationen können Sie sich vorstellen, in denen es für Sie wichtig/wünschenswert wird, rechtliche Kenntnisse zu haben? Welche Aufgaben sollen rechtliche Regelungen im Konfliktfall erfüllen?
2. Der Bereich Kultus – und somit auch die Regelung Ihrer Ausbildung – ist Sache der einzelnen Bundesländer. Trotzdem existiert nunmehr ein länderübergreifender Lehrplan für die Ausbildung zur Erzieherin. Was meinen Sie, war ausschlaggebend dafür, einen solchen länderübergreifenden Lehrplan zu schaffen (was ist der Zweck)? Recherchieren Sie zur Entstehung des länderübergreifenden Lehrplans und vergleichen Sie das Ergebnis Ihrer Recherche mit Ihren eigenen zuvor angestellten Überlegungen. Gibt es Übereinstimmungen/Abweichungen? Wie erklären Sie sich insbesondere Letztere?
3. Infolge des sogenannten Pisa-Schocks kam es zu einer breit angelegten Diskussion der Bildung in Deutschland. In diese Diskussion wurde auch der Kindergarten einbezogen. Der Kindergarten wurde als eine erste Stufe im Rahmen des Bildungserwerbs ausgemacht, wie dies in anderen Ländern auch der Fall ist. So hieß und heißt der Kindergarten in Frankreich beispielsweise 'école maternelle' – also Schule. So finden wir im Kinderbildungsgesetz des Landes Nordrhein-Westfalen in § 1 denn auch die Bildung als erste Aufgabe der Kindertageseinrichtungen und der Kindertagespflege aufgeführt (erst danach folgen Erziehung und Betreuung). Neben dem positiven Effekt der höheren Entlohnung der Erzieherin (vgl. hierzu unten das Unterkapitel „Der Arbeitsvertrag") gibt es auch zunehmend infolge der Betonung des Aspektes der Bildung die Tendenz, die berufliche Ausbildung zu akademisieren.

Streit um Uni-Ausbildung für Erzieher

Bachelor im Windelwechseln

Sollen mehr Erzieher an Hochschulen ausgebildet werden? In den meisten europäischen Ländern ist es so üblich. In Deutschland streiten sich die Experten.

Berlin – Nach Meinung des Wissenschaftsrates sollen künftig mehr Krankenpfleger, Hebammen und Ergotherapeuten an Hochschulen ausgebildet werden. Rund 20 Prozent eines Ausbildungsjahrgangs in den Gesundheitsberufen soll künftig einen Bachelor-Abschluss haben.

Die Gewerkschaft Erziehung und Wissenschaft (GEW) fordert, dass auch die Erzieherausbildung stärker als bisher an den Hochschulen stattfindet – und befeuert damit die Debatte um die fehlenden Fachkräfte für Kitas in Deutschland. „Die Anforderungen sind gestiegen. Wir brauchen für die Kitas die besten Leute", sagt Bernhard Eibeck, Referent für Jugendliche und Sozialarbeit bei der GEW. Die Bundesagentur für Arbeit hatte kürzlich vorgeschlagen, Arbeitslose für den Einsatz in der Kita zu qualifizieren.

Normalerweise werden Erzieher an Fachschulen, Berufsschulen oder in einem Berufskolleg ausgebildet. Mittlerweile bieten aber auch immer mehr Hochschulen Bachelor- und Masterstudiengänge dazu an. „Das ist nötig, damit Deutschland international mithalten kann", sagt Eibeck. Mit Ausnahme von Österreich und Malta sei es in allen anderen europäischen Ländern üblich, Erzieher an Hochschulen auszubilden.

Mittlerweile gibt es auch schon in Deutschland laut GEW circa 70 Studiengänge für Erzieher; 400 000 Absolventen seien bereits im Beruf. „Früher ging es in der Kita vor allem darum, die Kinder zu behüten. Heute sollen dort die ersten Bausteine für den Bildungsweg gelegt werden. Da braucht es hochqualifiziertes Personal", sagt Eibeck. Er hofft: „Vielleicht wird dadurch die Bezahlung der Frühpädagogen besser."

Axel Langner, Vizepräsident des Bundesverbandes der Erzieherinnen und Erzieher, ist skeptischer. Er befürchtet, dass die Praxis im Studium zu kurz kommt und Absolventen für den Berufsalltag nicht gerüstet sind. „Frühkindliche Erziehung ist ein praktischer Beruf. An einer Hochschule werden nur Theoretiker gefördert", meint Langner. Er befürchtet, dass dann weniger Nichtabiturienten in den Erzieherberuf drängten und die Vielfalt in den Kitas dadurch verloren ginge. Sinnvoll sei ein Studium nur als Fort- und Weiterbildung.

(Gamperl, Elisabeth, in: die tageszeitung, 18.07.2012, www.taz.de [07.02.2014])

Arbeitsanregung

1. Wie empfinden Sie die Überschrift des Artikels von Elisabeth Gamperl? Was meinen Sie, waren die Beweggründe der Autorin/Zeitungsredaktion, diesen so und nicht anders zu wählen?
2. Sammeln Sie weitere Argumente pro und kontra zu der von den Interviewten im Artikel jeweils vertretenen Ansicht. Welche Ansicht finden Sie überzeugender und warum?

1.3 Elternverantwortung bei der Berufsfindung

Fallbeispiel 5

Sigrid M., 16 Jahre alt, möchte Erzieherin werden. Sie will am Ende des Schuljahres die allgemeinbildende Schule mit dem Abschluss der Fachoberschulreife verlassen und im Anschluss eine einschlägige schulische Ausbildung an einem Berufskolleg machen, um die weitere Voraussetzung zur Erzieherausbildung zu erwerben. Die Anmeldung am Berufskolleg muss auch von den gesetzlichen Vertretern unterschrieben werden, weil Sigrid noch minderjährig ist.

Sigrids Eltern sind beide Steuerberater. Der Vater ist gegen diese Ausbildung. Er möchte, dass seine einzige Tochter das elterliche Unternehmen – ein gut eingeführtes Steuerbüro – übernimmt, zumal die Aussichten, als Erzieherin jemals auch nur annähernd gleich gut zu verdienen, nicht gegeben sind.

Die Mutter unterstützt den Berufswunsch ihrer Tochter. Unterstützung erhält Sigrid M. auch vom Pastor der Gemeinde, weil sie aktiv in der Jugendarbeit tätig ist und sie seiner Meinung nach nicht nur gut mit Kindern umgehen kann, sondern auch weitere Fähigkeiten hat, die ihr als Erzieherin später in der beruflichen Praxis zugute kämen.

Arbeitsanregung

Bearbeiten Sie das Fallbeispiel und diskutieren Sie mithilfe der §§ 1626 Abs. 1 und 1627 Satz 1 in Verbindung mit § 1631a sowie § 1628 BGB, wie die Entscheidung getroffen werden könnte. Begründen Sie in der Diskussion jeweils Ihre Ansichten.

1.4 Arbeitsfelder für sozialpädagogische Fachkräfte

1.4.1 Überblick

Die möglichen Einsatzmöglichkeiten für staatlich anerkannte Erzieherinnen sind vielfältig.

Hierzu gehören beispielsweise der Umgang mit jungen Menschen im Bereich der Heimerziehung und in der Kinder- und Jugendarbeit sowie der Jugendsozialarbeit. Im außerschulischen Bereich arbeiten Erzieherinnen oft in Jugendzentren in der offenen Jugendarbeit, in Erholungs- und Ferienheimen oder bei der Spielplatzbetreuung. Die Arbeit mit Kindern und Jugendlichen hat vor allem in den Jugendverbänden eine lange Tradition.

Auch im Bereich der Behindertenhilfe wurden in den letzten Jahren verstärkt Erzieherinnen eingesetzt. Diese Entwicklung vollzieht der länderübergreifende Lehrplan auch
mit Hinblick auf die Ratifikation der UN-Behindertenkonvention durch die Bundesrepublik Deutschland und dem von der Konvention vorgegebenen Prinzip der sogenannten
Inklusion[2].

Die angehenden Erzieher in unseren Beispielen oben berichten allerdings in erster Linie
von ihrer Entscheidung für bzw. von ihren Erfahrungen in einem Kindergarten. Dies ist
auch das „klassische" Arbeitsfeld einer Erzieherin. Der Beruf hat sich aus dem Berufsbild
der Kindergärtnerin entwickelt, die Einsatzmöglich-
keiten sind aber nunmehr – wie soeben erläutert –
breiter gefächert. An erster Stelle nennt der
Lehrplan jedoch nach wie vor den Bereich der Kindertageseinrichtungen. Aber auch dieser umfasst
heutzutage mehr als den „klassischen" Kindergarten (nämlich auch Krippe und Hort).

Als Erfinder des Kindergartens gilt Friedrich Wil-
helm August Fröbel (1782–1852). Fröbel entwickelte
neben einem pädagogischen Konzept auch speziel-
les Spielzeug für Kinder im Alter bis zu sechs Jahren.
Diese sogenannten Spielgaben finden auch heute
noch in „Fröbel-Kindergärten" und anderen Einrichtungen Verwendung.

Arbeitsanregung

Recherchieren Sie, welche weiteren Gegenstände sich hinter den sogenannten Fröbel-
schen Spielgaben verbergen. Haben Sie mit diesen in Ihrer eigenen Kindergartenzeit
gespielt? Vergleichen Sie Ihre Erfahrungen.

Das Wort „Kindergarten" fand in vielen anderen Ländern für vorschulische Einrichtungen Verwendung. Es war damit aber oftmals nicht das klassische pädagogische Konzept
Fröbels gemeint, sondern beispielsweise auch die Vorschule. Außer im Stadtstaat Ham-
burg existiert diese in keinem Bundesland mehr.

Arbeitsanregung

1. Recherchieren Sie die einschlägigen landesrechtlichen Vorschriften Hamburgs, welche die
   Vorschule betreffen. Worin sehen Sie den Unterschied zum Kindergarten begründet?
2. Was glauben Sie, waren die Beweggründe anderer Bundesländer, in denen ebenfalls
   Vorschulen existierten, diese wieder abzuschaffen?

---

[2] *vgl. hierzu im Besonderen unter Lernfeld 3*

1.4.1.1 Kindertagesbetreuung

Über Tag kann ein Kind familienergänzend in der Kindertagespflege oder in einer Tageseinrichtung betreut werden. Es gibt verschiedene Tageseinrichtungen für Kinder, die sich am Alter des Kindes orientieren. So werden in der sogenannten Kinderkrippe Kleinkinder im Alter von null bis zu drei Jahren betreut.

In sogenannten Kinderkrippen bestehen die Gruppen aus unter drei Jahre alten Kindern.

Die verbreiteste Einrichtung ist der Kindergarten für drei bis sechs Jahre alte Kinder. Kindergärten, die nicht nur einen Teil des Tages geöffnet haben, sondern eine Ganztagsbetreuung anbieten, werden regional oftmals auch als Kindertagesstätte bezeichnet, um sie von den „Halbtags-Kindergärten" zu unterscheiden. Manchmal werden aber auch beide Arten der Tageseinrichtung so bezeichnet oder auch Einrichtungen, die daneben noch Kinder anderer Altersgruppen betreuen[3].

Für Einrichtungen für 6 bis 14 Jahre alte Kinder hat sich die Bezeichnung Kinderhort eingebürgert. Oft besteht der Hort räumlich nah zu einer Schule und die Betreuungszeiten liegen vor und nach den Schulstunden. Dessen ungeachtet, ob der Hort räumlich an eine Schule angegliedert ist oder nicht: Seine Aufgabe erschöpft sich nicht darin, quasi eine Art (billige) beaufsichtigte Hausaufgaben(nach)hilfe zu sein. Die Aufgabe des Hortes besteht vielmehr ebenso wie die des Kindergartens umfassend in der Betreuung, Bildung und Erziehung der Kinder. Hierzu werden den Kindern im Hort neben der Hausaufgabenbetreuung auch spielerische und freizeitbezogene Angebote gemacht.

Meist wird in den Horten auch ein Mittagessen eingenommen. Einen bundesweit geltenden Rechtsanspruch auf einen Hortplatz gibt es – im Gegensatz zu dem Anspruch des mindestens ein Jahr alten bzw. mindestens drei Jahre alten Kindes auf einen Platz in der Kindertagesbetreuung – nicht.

Beispiel eines freizeitbezogenen Angebotes im Hort

---

[3] *In diesem Buch wird für die Kindertagesbetreuung der Drei- bis Sechsjährigen – gleich, ob diese eine Halbtags- oder Ganztagsbetreuung umfasst – im Folgenden der Ausdruck Kindergarten verwendet.*

Eine Vorreiterrolle nimmt hier allerdings das Land Sachsen-Anhalt ein. Dieses hat in seinem Kinderförderungsgesetz festgeschrieben, dass jedes Schulkind bis zur Versetzung in den siebten Schuljahrgang einen Rechtsanspruch auf einen Hortplatz hat. Dieser Anspruch besteht unabhängig davon, ob die Eltern erwerbstätig sind oder nicht.

In den anderen Bundesländern erhalten in erster Linie Kinder von Alleinerziehenden oder Kinder mit besonderem Förderbedarf einen Hortplatz.

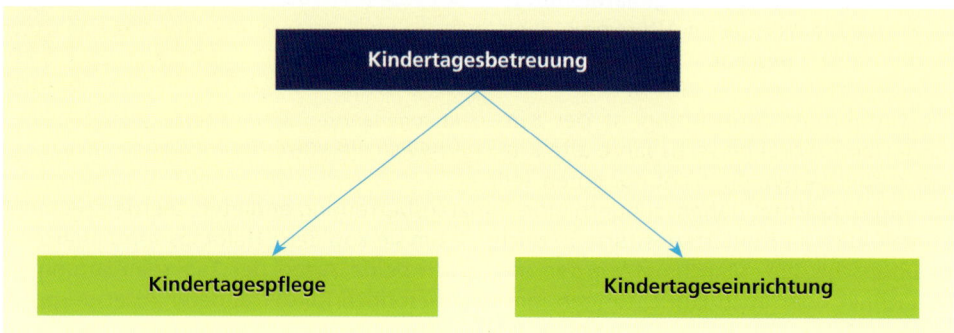

Während Kindertagespflegepersonen meistens selbstständig tätig sind, arbeiten Erzieherinnen in Kindertageseinrichtungen im Rahmen eines unselbstständigen Arbeitsverhältnisses, das durch einen Arbeitsvertrag begründet wird. In diesem Fall wird die Erzieherin als Arbeitnehmerin, der Träger/die Trägerin der Einrichtung, mit dem sie einen Arbeitsvertrag hat, als Arbeitgeber(in) bezeichnet.

Bis zum Sommer 2013 gab es nur einen (bundeseinheitlichen) Rechtsanspruch Dreijähriger und älterer Kinder bis zum Schuleintritt auf den Besuch einer Tageseinrichtung. Diese Rechtslage hat sich seit dem 01.08.2013 (ebenfalls bundesweit) geändert. Nun haben bereits Ein- bzw. Zweijährige einen Anspruch auf Förderung in einer Tageseinrichtung oder der Kindertagespflege. Die Kindertagespflege wird somit der Förderung in einer Tageseinrichtung als gleichwertig erachtet.

Schon Einjährige haben seit 2013 einen Rechtsanspruch auf Kindertagesbetreuung.

Während in Tageseinrichtungen die Kinder in Gruppen gefördert werden, kann in der Kindertagespflege ein Kind auch mit nur wenigen anderen Kindern oder sogar in einer 1:1-Situation gefördert werden (vgl. § 22 Abs. 1 SGB VIII). Nähere Abgrenzungsmodalitäten regelt das jeweilige Landesrecht. So bestimmt beispielsweise § 1 Abs. 1 KiBiz, dass die Erlaubnis zur Kindertagespflege, welche die nordrhein-westfälischen Behörden erteilen, in der Regel nur die Betreuung von bis zu maximal fünf gleichzeitig anwesenden Kindern zugesteht.

Gleich, ob sich die Eltern für eine Tageseinrichtung oder eine Tagesmutter/einen Tages-vater entscheiden: Sowohl die Einrichtung als auch die in der Kindertagespflege tätigen Personen müssen zeitgleich mit ihrem Antrag auf Erlaubniserteilung ein pädagogisches Konzept vorlegen. Die bloße Betreuung ist keine Förderung. Die Erlaubnis ist vielmehr nur bei Entwicklung und Verfolgung eines pädagogischen Konzeptes zu bejahen.

Der ihnen seit dem 1. August 2013 zudem gesetzlich aufgebürdeten Aufgabe der Auf-nahme von Kleinstkindern versuchen die Einrichtungen auf verschiedene Weise zu begegnen. In Nordrhein-Westfalen geschieht dies oft durch die Wahl der Gruppenform II, der „Krippengruppe", dann sind die Kinder im Alter von drei Jahren unter sich. Andere Einrichtungen bevorzugen demgegenüber die sogenannte altersgemischte Gruppe. Je nachdem, ob die Einrichtung auch einen Hort umfasst, kann sich eine Alters-struktur innerhalb einer Gruppe von 0 bis 14 Jahren ergeben.

Arbeitsanregung

Überlegen Sie, was die Vor- und Nachteile einer altersgemischten Gruppe sein können und stellen Sie Ihr Ergebnis in Form einer Tabelle dar.

Fallbeispiel 6

Ein Kindergarten, der bis jetzt ganz klassisch mindestens drei Jahre alte Kinder bis zum Schuleintritt betreut hat, möchte nunmehr eine altersgemischte Gruppe auch mit Kleinstkindern aufbauen. Die Kinder dieser Gruppe sollen das erste Lebensjahr vollendet haben und die Gruppe mit dem Schuleintritt verlassen.

Arbeitsanregung

Erarbeiten Sie
1. die neue Konzeption für diese Gruppe,
2. die räumlichen und personellen Voraussetzungen Ihres unter 1. ausgearbeiteten Kon-zeptes,
3. die Vor- und Nachteile einer altersgemischten Gruppe gegenüber einer Gruppe, die aus gleichaltrigen Kindern besteht
und stellen Sie Ihre Ergebnisse jeweils in Tabellenform zusammen.

Gleichviel, ob es zur Einrichtung einer Gruppe ausschließlich mit Krippenkindern, der Bildung einer altersgemischten Gruppe oder sogar zu einem Krippenneubau durch den Träger kommt – die Entscheidung hierfür muss bewusst und unter Abwägung der Vor- und Nachteile erfolgen. Der Hinweis, im Nachbarort „werde es doch auch so gemacht", ist nicht hilfreich.

In einer altersgemischten Gruppe werden Kinder unterschiedlicher Altersstufen gemeinsam betreut.

1.4.1.2 Heimbereich

Heimerziehung leistet in erzieherischen Notlagen familienergänzende oder auch familienersetzende Hilfe, wenn Gefährdungen, Verhaltensauffälligkeiten oder Entwicklungsstörungen in der Familie des Kindes/des Jugendlichen (allein) nicht behoben werden können. Familienergänzend ist die Erziehung in der Tagesgruppe einer Einrichtung oder in qualifizierter Familienpflege (§ 32 SGB VIII), da sie lediglich teilstationär stattfindet und das Kind/der Jugendliche in seiner Familie verbleiben kann.

Daneben gibt es aber auch die familienersetzende stationäre Erziehung im Heim oder in einer sonstigen betreuten Wohnform (§ 34 SGB VIII). Stationär bedeutet, dass die Hilfe über Tag und auch über Nacht geleistet wird. Mit individuellen sozialen, heilpädagogischen, therapeutischen sowie schulischen und beruflichen Angeboten wird die jeweils erforderliche qualifizierte Hilfe durch Erzieherinnen geleistet. Die Heimerziehung soll durch eine Verbindung von Alltagserlebnissen und pädagogischen wie therapeutischen Angeboten junge Menschen in ihrer Entwicklung und ihrem Wachstum fördern.

Es sind vielfältige Möglichkeiten gegeben, die für den Einzelfall erzieherischen Notwendigkeiten auszuloten und angemessene Hilfsangebote zu unterbreiten. Durch eine immer größere Differenzierung der Heime (Verkleinerung, Außenwohngruppen, Mitarbeiterqualifizierung, schulische und berufliche Angebote) und das Angebot an verschiedenen Einrichtungen (heilpädagogisches oder therapeutisches Heim, Kinderdorf oder -haus, Jugendwohnheim, Jugendwohngemeinschaft, Erziehungs- oder Behindertenheim, Internat) sind vielfältige Möglichkeiten gegeben.

Auch gibt es die Möglichkeit des betreuten Einzelwohnens, das sich allerdings nicht in einem reinen Wohnplatzangebot erschöpfen darf.

Die Arbeit im Heimbereich ist also weitgehend familienersetzend. Daraus ergeben sich für Erzieherinnen besondere Aufgaben. Sie sind für die Kinder und Jugendlichen während des Heimaufenthalts die wichtigsten Bezugspersonen. Die Aufgaben der Heimerziehung unterscheiden sich von denen in anderen sozialpädagogischen Einrichtungen dadurch, dass die Erzieherinnen weitestgehend elterliche Aufgaben übernehmen. Diese haben sie nicht nur tagsüber, sondern auch abends oder nachts zu erfüllen. Sie müssen – im Schichtdienst – rund um die Uhr zur Verfügung stehen[4]. Die Bereitschaft zum Schichtdienst muss daher mitgebracht werden, um hier erfolgreich beruflich tätig sein zu können.

---

[4] zu den sogenannten geschlossenen Heimen vgl. „3.4 Jugendstrafrecht"

1.4.1.3 Freizeitbereich

Die außerschulische Kinder- und Jugendarbeit in Jugendzentren, in der offenen Jugendarbeit, in Erholungs- und Ferienheimen oder bei der Spielplatzbetreuung ist ebenfalls familienergänzend.

Typisch für die Arbeit mit Kindern in Jugendfreizeitstätten sind offene Angebote, wie z. B. Spielnachmittage ohne Zugangsvoraussetzungen für die Kinder. In solchen Einrichtungen verlagert sich die Arbeit der Erzieherinnen auf die Förderung von Eigeninitiative der Kinder unter Berücksichtigung ihres Entwicklungsstandes. Dabei müssen die Prinzipien der Freiwilligkeit, der Hilfe zur Selbsthilfe sowie der Selbst- und Mitverantwortung beachtet werden.

Die Erzieherinnen versuchen durch Bastel-, Spiel- und Werkangebote innerhalb dieses offenen Rahmens Projekte und Aktionen mit den Kindern zu initiieren. Für viele Kinder sind die Einrichtungen zum zweiten Zuhause geworden. Hier bringen sie auch ihre Probleme ein. Nicht nur die vielen ausländischen Kinder, die Einrichtungen besuchen, haben oft Schulprobleme. Deshalb haben sich viele Einrichtungen entschlossen, eine Schulaufgabenbetreuung anzubieten, die sich nicht als verlängerter Arm der Schule versteht, sondern als Hilfe für die Kinder bei der Bewältigung ihrer Lebenssituation. Auch bei einem derartigen Angebot muss sich die Erzieherin daher einzubringen wissen.

Neben der Arbeit mit Kindern in Einrichtungen und Gruppen haben sich vor allem im großstädtischen Bereich Abenteuer- und Bauspielplätze als eigenständige Angebote für Kinder etabliert.

Daneben gibt es oft die Arbeit der Spielmobile, ebenfalls eine eigenständige Form der Arbeit mit Kindern. Über den Verleih von Spielgeräten und das gezielte Anfahren von Spielplätzen hinaus geht es hier darum, die Kinder wieder zu selbstständigem Spiel zu animieren. Hierbei müssen die Erzieherinnen Anregungen und Hilfestellungen geben. Diese Arbeit ist nicht auf eine Einrichtung bezogen, sondern stadtteilorientiert. Die dort vorhandenen Möglichkeiten und Probleme werden berücksichtigt.

Spielplatz in Berlin, Prenzlauer Berg

Diese sogenannte Sozialraumorientierung muss auch beim Ausbau von Kindertageseinrichtungen zu sogenannten Familienzentren berücksichtigt werden, da man die Kindertageseinrichtungen damit zu einem Angebot für alle ausgestalten will – also auch für die Kinder und ihre Eltern, die innerhalb des Stadtteils leben, aber „regulär" eben nicht die Einrichtung besuchen.[5]

---

[5] *Näheres zu den Familienzentren finden Sie unter Lernfeld 5.*

Die Einrichtungen in der Kindertagesbetreuung, im Heim- und Freizeitbereich dienen der Kinder- und Jugendhilfe. Aber wem „gehören" diese Einrichtungen? Sicher nicht den Kindern und Jugendlichen, die sie besuchen. Es stellt sich daher die Frage nach der Trägerschaft. Es gibt sowohl Einrichtungen, die von der öffentlichen Hand als auch solche, die von juristischen Personen des Privatrechts betrieben werden. Es deutet sich anhand der Trägerstrukturen schon an, dass es in der Bundesrepublik Deutschland zwei zu unterscheidende Rechtsgebiete gibt, nämlich das Öffentliche Recht und das Zivilrecht.

1.5   Öffentliches Recht und Zivilrecht

Bis jetzt haben Sie anhand konkreter Beispiele die beiden Rechtsgebiete, die es in der Bundesrepublik Deutschland gibt, kennengelernt. So sind die entscheidenden Normen für die Elternmitwirkung bei der Berufsfindung im Zivilrecht, die Vorschriften für die Errichtung und den Betrieb einer Kindertagesbetreuung im Öffentlichen Recht zu finden.

Während das Zivilrecht vom Grundsatz der Gleichordnung der Beteiligten eines Rechtsverhältnisses geprägt ist, ist ein Über-/Unterordnungsverhältnis für das Öffentliche Recht kennzeichnend. Dieses Über-/Unterordnungsverhältnis drückt sich unter anderem dadurch aus, dass auf dem Gebiet des Öffentlichen Rechts oft das Mittel des Verwaltungsaktes zum Einsatz kommt, während im Bereich des Zivilrechts der Vertrag das entscheidende Instrument ist, Rechtsverhältnisse zu begründen. Hierbei kann verhandelt werden.

Die Grenzen zwischen den beiden Rechtsgebieten sind fließend. So werden beispielsweise im Gesetz zur frühen Bildung und Förderung von Kindern (KiBiz) des Landes Nordrhein-Westfalen in § 23 die Elternbeiträge geregelt. Diese Regelung hat öffentlichrechtlichen Charakter, da sie für alle Eltern gilt (Allgemeinheit), deren Kind oder Kinder einen auf dem Gebiet des Landes Nordrhein-Westfalen bestehenden Kindergarten besuchen oder von einer Tagespflegeperson in Nordrhein-Westfalen betreut werden. Die Zahlung der Elternbeiträge erfolgt jedoch nach Zivilrecht. Beitragsaußenstände müssen daher im Streitfall auf dem Zivilrechtsweg durchgesetzt werden.

Das Bürgerliche Gesetzbuch definiert die Rechtsstellung von Kindern gegenüber ihren Eltern und auch Dritten für das Rechtsgebiet des Zivilrechts. Hier geht es also um die Rechtsstellung des Bürgers gegenüber anderen Bürgern. Das BGB gliedert sich in fünf Bücher und seine Regelungen folgen dem Lebenslauf eines Bürgers „von der Wiege bis zur Bahre". In § 1 BGB ist daher gleich von der Vollendung der Geburt des Menschen (vollständiger Austritt des lebenden Kindes aus dem Mutterleib) und der rechtlichen Wirkung dieses Vorgangs die Rede, das fünfte Buch des BGB (Erbrecht) befasst sich dagegen mit der Frage, was nach dem Tod eines Menschen rechtlich passiert.

Die Inhalte des BGB

Erstes Buch – Allgemeiner Teil – §§ 1–240

Inhalte des ersten Buches sind:

§§		
§§	1– 89	Personen
§§	90–103	Sachen
§§	104–185	Rechtsgeschäfte
§§	186–193	Termine
§§	194–225	Verjährung
§§	226–231	Ausübung der Rechte – Selbstverteidigung – Selbsthilfe
§§	232–240	Sicherheitsleistungen

Zweites Buch – Recht der Schuldverhältnisse – Schuldrecht – §§ 241–853

Inhalte des zweiten Buches sind:

§§		
§§	241–304	Inhalt der Schuldverhältnisse
§§	305–361	Schuldverhältnisse aus Verträgen
§§	362–397	Erlöschen des Schuldverhältnisses
§§	398–413	Übertragung der Forderung
§§	414–419	Schuldübernahme
§§	420–432	Mehrheit von Schuldnern und Gläubigern
§§	433–853	Einzelne Schuldverhältnisse

Drittes Buch – Sachenrecht – §§ 854–1296

Inhalte des dritten Buches sind:

§§		
§§	854– 872	Besitz
§§	873– 902	Allgemeine Vorschriften über Rechte an Grundstücken
§§	982–1011	Eigentum
§§	1012–1017	Erbbaurecht (aufgehoben)
§§	1018–1093	Dienstbarkeiten
§§	1094–1104	Vorkaufsrecht
§§	1105–1112	Reallasten
§§	1113–1203	Hypothek – Grundschuld – Rentenschuld
§§	1204–1296	Pfandrecht an beweglichen Sachen

Viertes Buch – Familienrecht – §§ 1297–1921

Inhalte des vierten Buches sind:

§§		
§§	1297–1588	Bürgerliche Ehe
§§	1589–1772	Verwandtschaft
§§	1773–1921	Vormundschaft

Fünftes Buch – Erbrecht – §§ 1922–2385

Inhalte des fünften Buches sind:

§§		
§§	1922–1941	Erbfolge
§§	1942–2065	Rechtliche Stellung des Erben
§§	2064–2273	Testament
§§	2274–2302	Erbvertrag
§§	2303–2338a	Pflichtteil
§§	2339–2345	Erbunwürdigkeit
§§	2346–2352	Erbverzicht
§§	2353–2370	Erbschein
§§	2371–2385	Erbschaftskauf

(vgl. Bürgerliches Gesetzbuch (BGB) in der Fassung der Bekanntmachung vom 2. Januar 2002 (Neu-bekanntmachung des BGB v. 18.8.1896 (RGBl. S. 195) in der ab 1.1.2002 geltenden Fassung)

Die Regelungen, die darüber hinausgehen, aber ebenfalls nicht dem Öffentlichen Recht zuzuordnen sind (wie die Regelungen des GmbH-Gesetzes, das Urheberrecht oder das Handelsrecht), werden als Privatrecht bezeichnet. Manchmal findet man auch die Bezeichnung Privatrecht im engeren Sinne (= Zivilrecht) und Privatrecht im weiteren Sinne.

Im Privat- bzw. Zivilrecht geht es darum, ob ein Bürger von einem anderen ein Tun oder Unterlassen verlangen kann. Wenn ein derartiges Recht besteht, wird dies als Anspruch bezeichnet (vgl. § 194 BGB). Was aber, wenn der andere Bürger dies nicht tut (beispielsweise einen fälligen Kaufpreis nicht zahlt) oder etwas tut, obwohl er es nicht darf (beispielsweise den Spielplatz des Kindergartens betritt, um seinen Hund im Sandkasten buddeln zu lassen)?

1.5.1 Rechtsprechungsorgane

Um den Schutz der Rechte des Einzelnen zu gewährleisten, aber auch um zu verhindern, dass jedermann sich sein Recht mit Gewalt selbst nimmt, stellt der Staat seine Gerichte zur Verfügung. Sie haben die Aufgabe, in einem geordneten und geregelten Verfahren das Recht festzustellen, es zu schützen und mithilfe von Gerichtsurteilen durchzusetzen.

Zur Wahrung der Rechtseinheit und der Vereinheitlichung der Rechtsprechung gibt es neben den Ländergerichten die Bundesgerichte (Art. 92 GG).

Eine besondere Stellung hat das Bundesverfassungsgericht. Es ist der „Hüter der Verfassung". Es prüft, ob ein Akt der öffentlichen Gewalt gegen die Verfassung (das Grundgesetz) verstößt. Das Bundesverfassungsgericht ist aber keine Art „Super-Revisionsinstanz" gegen Entscheidungen der Fachgerichte.

Die Fachgerichtsbarkeit (alles außer der Verfassungsgerichtsbarkeit) wird aufgeteilt in die Ordentliche Gerichtsbarkeit und die Besondere Gerichtsbarkeit. Die Ordentliche Gerichtsbarkeit umfasst die Bereiche der Zivil- und Strafgerichtsbarkeit sowie die Freiwillige Gerichtsbarkeit.

Folgende Gerichte entscheiden innerhalb der Ordentlichen Gerichtsbarkeit:

Vor den Amtsgerichten besteht anders als vor den anderen Gerichten dieser Gerichtsbarkeit kein Anwaltszwang. Die Amtsgerichte sind in erster Instanz für Rechtsstreitigkeiten zuständig, die einen Streitwert von 5000,00 Euro nicht überschreiten. Eine

Ausnahme bildet hier die Wohnraummiete. Hier kann der Wert von 5 000,00 Euro auch überschritten werden, das Amtsgericht bleibt trotzdem das in erster Instanz zuständige Gericht. Beträgt der Streitwert mehr als 5 000,00 Euro, so ist das Landgericht das erstinstanzlich zuständige Gericht.

Die erstinstanzliche Zuständigkeit in Strafsachen wird durch die Schwere der begangenen Tat bestimmt.

Arbeitsanregung

Recherchieren Sie, welches Gericht bei welcher (Art von) Straftat(en) erstinstanzlich zuständig ist und stellen Sie das Ergebnis Ihrer Recherche in einem fünfminütigen Vortrag vor.

Die Besondere Gerichtsbarkeit umfasst die Verwaltungsgerichtsbarkeit, die Sozialgerichtsbarkeit, die Arbeitsgerichtsbarkeit und die Finanzgerichtsbarkeit.

Diese Gerichte entscheiden auf dem Gebiet der Verwaltungsgerichtsbarkeit:

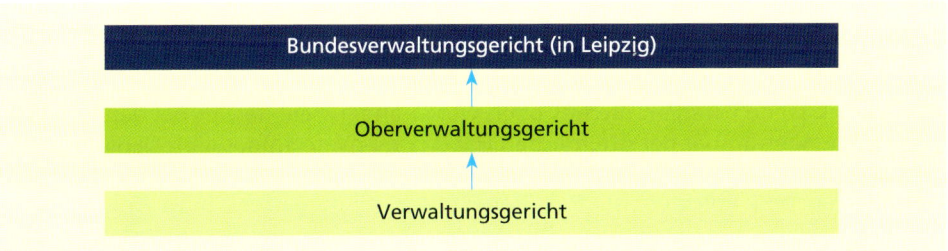

Erstinstanzlich ist immer das Verwaltungsgericht zuständig. Eine Differenzierung wie oben in der Ordentlichen Gerichtsbarkeit, um das erstinstanzlich zuständige Gericht zu bestimmen, ist daher nicht nötig.

Die Sozialgerichtsbarkeit wurde aus der Verwaltungsgerichtsbarkeit ausgegliedert. Hier geht es um Rechtsstreitigkeiten hinsichtlich Sozialleistungen. Erstinstanzlich zuständiges Gericht ist immer das Sozialgericht.

Ähnlich wie die Sozialgerichtsbarkeit ist auch die Arbeitsgerichtsbarkeit aufgebaut. Sie ist eine besondere Form der Zivilgerichtsbarkeit.

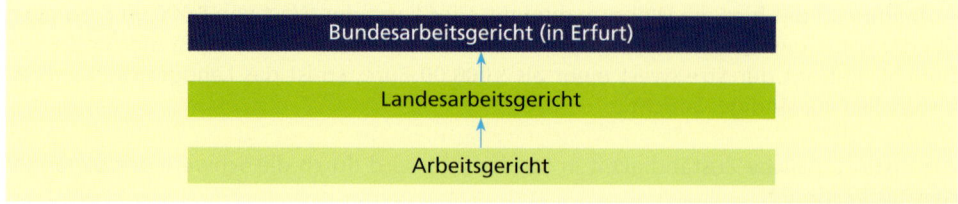

In der Arbeitsgerichtsbarkeit geht es um Streitigkeiten der Arbeitnehmer und Arbeitgeber. Selbstständige hingegen müssen die Streitigkeiten mit ihren Kunden vor den
Gerichten der Ordentlichen Gerichtsbarkeit austragen. Weiterhin entscheiden die
Arbeitsgerichte über Streitigkeiten zwischen dem Betriebsrat und dem Arbeitgeber
sowie den Tarifvertragsparteien (Gewerkschaften und Arbeitgeberverbänden).

Arbeitsanregung

Besuchen Sie Verhandlungen nahe gelegener Gerichte. Reflektieren Sie in der Gruppe
Ihre Erlebnisse.

1.5.2 Öffentliche und freie Träger der Jugendhilfe

Aber zurück zu den Trägern. Bereits oben wurde angerissen, dass es bei den Kindertageseinrichtungen Träger der öffentlichen Hand und private Träger gibt. Dahinter steckt
die Frage, wer eigentlich in unserer Rechtsordnung Rechtssubjekt sein kann, also Träger
von Rechten und Pflichten ist. Der Träger eines Kindergartens muss beispielsweise
Arbeitsverträge mit Erzieherinnen abschließen. Er hat dann das Recht, dass die Arbeitnehmerin ihre Arbeitskraft in der Einrichtung einsetzt. Er hat auf der anderen Seite die
Pflicht, dieses Tätigwerden zu vergüten.

Rechtssubjekten begegnen wir in beiden Rechtsgebieten.

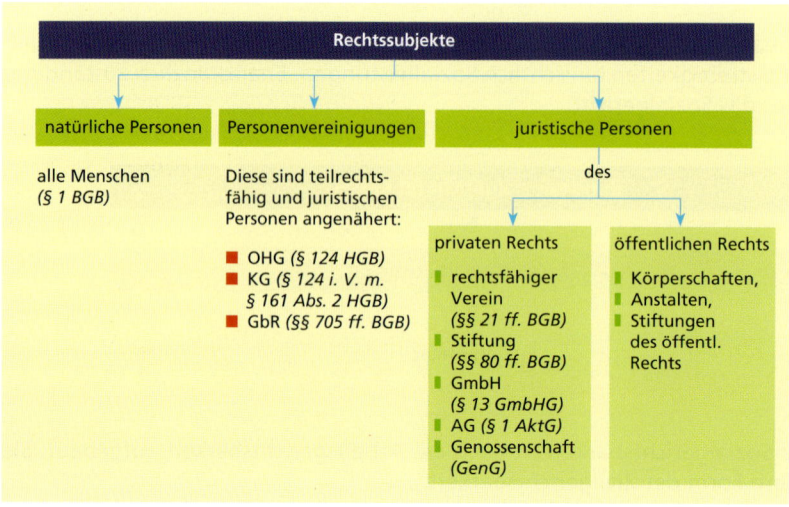

(Biermann, 2011, S. 10)

Im Bereich des Öffentlichen Rechts gibt es die Körperschaften, die Anstalten und die Stiftungen. Kindergärten werden von Gebietskörperschaften auf kommunaler Ebene betrieben. Dies sind kreisangehörige Gemeinden, kreisfreie Städte und manchmal auch Landkreise[6].

Im Bereich des Privatrechts gibt es juristische Personen, die als Träger einen Kindergarten betreiben können. Es sind dies oft der eingetragene Verein (abgekürzt e. V.), die „gemeinnützige Gesellschaft mit beschränkter Haftung" (abgekürzt gGmbH) oder auch eine Stiftung. Alle Träger, die nicht zur öffentlichen Hand gezählt werden, nennt man auch „freie Träger". Wenn freie Träger Aufgaben der Jugendhilfe wahrnehmen, ist das ihre eigene autonome Entscheidung und nicht ihnen auferlegter gesetzlicher Zwang oder Ergebnis eines staatlichen Auftrages. Daher nehmen Träger der öffentlichen und Träger der freien Jugendhilfe jeweils eigene Aufgaben wahr.

In einem pluralen demokratischen Staat ist das Engagement freier Träger von besonderer Bedeutung. Dieses Engagement garantiert ein vielfältiges Angebot verschiedener Wertorientierungen und Erziehungsvorstellungen und gewährleistet Eltern und jungen Menschen die Wahlmöglichkeit zwischen verschiedenen Angeboten. Vorteile der freien Träger ergeben sich auch aus dem Umstand, dass sie unter Einsatz eigener Mittel häufig flexibler und bürgernäher bei der Angebotsgestaltung sind als öffentliche Träger. Damit die freien Träger gleiche Möglichkeiten wie die öffentlichen Träger haben, werden sie hinsichtlich ihrer Tätigkeit vom Staat finanziell unterstützt und gefördert.

Freie Träger können im Bereich der Jugendhilfe so lange tätig werden, wie sie nicht ausdrücklich den Strafgesetzen zuwiderlaufen oder sich gegen die verfassungsmäßige Ordnung oder den Gedanken der Völkerverständigung richten (vgl. Art. 9 Abs. 2 GG). Weitere Voraussetzungen für die Tätigkeit der freien Träger im Rahmen der Jugendhilfe sind vom Staat für die finanzielle Förderung festgelegt worden (§§ 74, 75 SGB VIII).

Freie Träger dürfen keine Maßnahmen treffen, die die Rechtssphäre des Bürgers einschränken. Dies ergibt sich aus dem Umstand, dass freie Träger keine hoheitlichen Funktionen haben. Diese sind ausschließlich den öffentlichen Trägern vorbehalten. In engen Grenzen ist jedoch eine Übertragung öffentlicher Aufgaben auf freie Träger oder deren Beteiligung, aber nur mit deren Zustimmung, möglich (§ 76 SGB VIII). Damit eine Kontinuität der Arbeit gewährleistet ist, verfügen die bundesweit tätigen freien Träger über eine feste Organisationsstruktur. Die freien Träger sind in Dachorganisationen oder Arbeitsgemeinschaften zusammengefasst. Die Wohlfahrtsverbände (Caritasverband, Diakonie Deutschland, Arbeiterwohlfahrt, Deutscher Paritätischer Wohlfahrtsverband, Deutsches Rotes Kreuz, Zentralwohlfahrtsverband der Juden u. a.) in der Bundesarbeitsgemeinschaft der freien Wohlfahrtspflege (abgekürzt BAGFW), konfessionelle und nichtkonfessionelle Jugendverbände im Deutschen Bundesjugendring, Verbände der Jugendsozialarbeit in der BAG Jugendaufbauwerk.

Im Folgenden sollen die in der BAGFW zusammengeschlossenen Wohlfahrtsverbände jeweils kurz vorgestellt werden, da sie eine große Anzahl von Einrichtungen im Bereich der Kinder- und Jugendhilfe betreiben.

---

[6] *Im Bereich der Sonderkindergärten ist dies beispielsweise im Saarland der Fall.*

Deutscher Caritasverband e. V.

Der Deutsche Caritasverband mit Sitz in Freiburg im Breisgau – 1897 durch Lorenz Werthmann gegründet – ist der Wohlfahrtsverband der römisch-katholischen Kirche in Deutschland. Er umfasst 8 250 Einzelträger in Form von Vereinen, Kirchengemeinden, Stiftungen, Ordensgemeinschaften und gemeinnützigen Kapitalgesellschaften. Dem deutschen Caritasverband sind 24 646 Einrichtungen mit 1 055 900 Plätzen in stationären Einrichtungen und Tageseinrichtungen angeschlossen. Für die Caritas arbeiten bundesweit rund eine halbe Million Menschen hauptberuflich, ebenso viele engagieren sich ehrenamtlich im Verband.

Diakonie Deutschland

Zur Diakonie Deutschland gehören 19 Landesverbände, das sind die Diakonischen Werke der Landeskirchen der Evangelischen Kirche in Deutschland. Weiter zählen dazu 70 Fachverbände sowie die neun in der Diakonischen Arbeitsgemeinschaft zusammengeschlossenen Freikirchen mit ihren diakonischen Einrichtungen. Diese Mitglieder repräsentieren 28 100 Einrichtungen und Dienste mit mehr als einer Million Betreuungsplätzen, in denen 450 000 hauptamtliche Mitarbeiterinnen und Mitarbeiter beschäftigt sind. Von den über einer Million Plätzen sind 545 000 im Bereich der Jugendhilfe angesiedelt, die für die Diakonie das größte Arbeitsfeld darstellt. Rund 700 000 ehrenamtliche Mitarbeiterinnen und Mitarbeiter sind in der Diakonie aktiv. Ferner gibt es etwa 3 400 diakonische Selbsthilfe- und Helfergruppen.

Arbeiterwohlfahrt (AWO)

Die Arbeiterwohlfahrt (AWO) ist föderativ aufgebaut mit Landes- und Bezirksverbänden, Kreisverbänden und Ortsvereinen. Etwa 382 000 Mitglieder und rund 70 000 ehrenamtliche Mitarbeitende (Helfer/innen) unterstützen die sozialen Aufgaben des Verbandes. Die AWO hat sich in ihrer Geschichte zu einem modernen Dienstleistungsunternehmen mit 173 000 hauptamtlichen Mitarbeitenden in über 14 000 Einrichtungen und Diensten/Dienstleitungen entwickelt. Ins Leben gerufen wurde die AWO durch Marie Juchacz, Mitglied der Weimarer Nationalversammlung und spätere Reichstagsabgeordnete. Offizielles AWO-Gründungsdatum ist der 13. Dezember 1919. Von 1933 bis 1945 war die AWO verboten. 1946 wurde der Verband wieder gegründet. Nach dem Fall der Mauer am 9. November 1989 hat sich die AWO in den fünf neuen Bundesländern neu gegründet. Die AWO ist ein ehrenamtlich geführter politischer Interessenverband und zugleich gemeinnütziges Dienstleistungsunternehmen.

Deutscher Paritätischer Wohlfahrtsverband (DER PARITÄTISCHE)

Der Paritätische Wohlfahrtsverband ist Dachverband von über 10.000 eigenständigen Organisationen, Einrichtungen und Gruppierungen im Sozial- und Gesundheitsbereich. Mit seinen 15 Landesverbänden und mehr als 280 Kreisgeschäftsstellen unterstützt der Paritätische die Arbeit seiner Mitglieder. Er repräsentiert und fördert seine Mitgliedsorganisationen in ihrer fachlichen Zielsetzung und ihren rechtlichen, gesellschaftlichen und wirtschaftlichen Belangen. Durch verbandseigene Institutionen trägt er bei zur Erhaltung, Zusammenarbeit und Neugründung von Organisationen und Einrichtungen der Sozialarbeit.

Deutsches Rotes Kreuz (DRK)

Das Deutsche Rote Kreuz e. V. (DRK) wurde im Jahr 1863 gegründet. Es ist Teil der weltweit größten humanitären Organisation: der internationalen Rotkreuz- und Rothalbmondbewegung. Die internationale Rotkreuz- und Rothalbmondbewegung leistet mit ihren derzeit 189 Nationalen Gesellschaften Hilfe für Menschen in Konfliktsituationen, bei Katastrophen und gesundheitlichen oder sozialen Notlagen, allein nach dem Maß der Not. Im Zeichen der Menschlichkeit setzt sich das Rote Kreuz für das Leben, die Gesundheit, das Wohlergehen, den Schutz, das friedliche

Zusammenleben und die Würde aller Menschen ein. Ihre Idee wird weltweit von über 100 Millionen freiwilligen Helfern und Mitgliedern getragen. Das Deutsche Rote Kreuz ist Nationale Hilfsgesellschaft und Spitzenverband der freien Wohlfahrtspflege. Aktuell ist das DRK in 51 Ländern dieser Erde für Menschen in Not aktiv. 149 000 hauptamtliche Mitarbeiter arbeiten für das DRK in Deutschland. Das DRK verfügt über 3,2 Millionen Fördermitglieder und 400 000 Ehrenamtliche. Das Deutsche Rote Kreuz ist föderal aufgebaut. Der Bundesverband hat seinen Sitz in Berlin. Neben dem Bundesverband gibt es in Deutschland 19 Landesverbände, 476 Kreisverbände, nahezu 5 000 Ortsvereine sowie den Verband der Schwesternschaften vom DRK e. V.

Zentralwohlfahrtsstelle der Juden in Deutschland (ZWST)

1917 wurde die „Zentralwohlfahrtsstelle der deutschen Juden" als Dachverband für jüdische Organisationen und Wohlfahrtseinrichtungen gegründet. Unter der Herrschaft des Nationalsozialismus wurde die ZWST zwangsaufgelöst. Im Jahre 1951 wurde der Verband als „Zentralwohlfahrtsstelle der Juden in Deutschland e. V." erneut gegründet und gehört seit 1956 der Bundesarbeitsgemeinschaft der Freien Wohlfahrtspflege an. Die ZWST vertritt rund 101 000 Mitglieder (Stand 2013) in 17 jüdischen Landesverbänden, 8 selbstständigen Gemeinden sowie den jüdischen Frauenbund auf dem Gebiet der Wohlfahrtspflege. Das soziale Engagement der ZWST umfasst u. a. Freizeiten und Erholungsmaßnahmen für Senioren und Jugendliche, Aus- und Fortbildungsseminare. Darüber hinaus unterstützt der ZWST die soziale Arbeit in den jüdischen Gemeinden. Vor dem Hintergrund der Zuwanderung jüdischer Migranten aus der ehemaligen Sowjetunion seit 1990 ist die soziale und religiöse Integration der Zuwanderer ein Schwerpunkt der sozialen Arbeit.

Einen abschließenden Katalog freier Träger gibt es nicht, weil freie Träger sich jederzeit neu gründen, ihre Tätigkeiten erweitern, verändern oder wieder einstellen können.

Erst wenn eine Aufgabe im Bereich der Kinder- und Jugendhilfe nicht von einem freien Träger übernommen wird und/oder keine Bedarfsdeckung vorliegt, kann der Staat aktiv werden und diese selbst übernehmen. Dies nennt man auch Subsidiaritätsprinzip. Damit wird der Nachrang des Staates auf dem Gebiet der Kinder- und Jugendhilfe ausgedrückt. Im Gesetz ist das Subsidiaritätsprinzip in § 4 SGB VIII niedergeschrieben.

Arbeitsanregung

1. Die Vorschrift des § 4 SGB VIII hat mehrere Absätze. Welcher dieser Absätze umschreibt das Subsidiaritätsprinzip?
2. Können Sie sich denken, warum es das Subsidiaritätsprinzip im Bereich der Kinder- und Jugendhilfe gibt?

Fallbeispiel 7

In der Stadt Neustadt gibt es vier Kindertageseinrichtungen. Diese werden von der römisch-katholischen, der evangelisch-lutherischen Kirche, der Arbeiterwohlfahrt sowie einer Elterninitiative, die einen eingetragenen Verein zum Betrieb eines Waldkindergartens gegründet hat, getragen. Die Kindertageseinrichtungen sind gut, jedoch nicht bis an ihre Kapazitätsgrenze ausgelastet. Kindertagespflegepersonen bieten in Neustadt ihre Dienste nicht an. Die Einwohnerzahl in Neustadt ist rückläufig, da hier überdurchschnittlich viele hochbetagte Menschen leben. Ratsmitglieder kritisieren, dass Eltern ihre Kinder wahlweise nur bei „religiösen Häkchen, roten Socken oder Öko-Spinnern" betreuen lassen können und vielleicht sogar deshalb aus dem Gemeindegebiet wegzögen. Sie fordern die Gründung eines neuen, kommunal betriebenen, weltanschaulich neutralen Kindergartens.

Wird der Bürgermeister von Neustadt im Sinne der kritischen Ratsmitglieder handeln?

Zusammenfassung

- Träger der freien Jugendhilfe sind verschiedene Vereinigungen, insbesondere die beiden Amtskirchen.
- Die Arbeit der freien Träger wird durch das Subsidiaritätsprinzip bestimmt.

1.6 Arbeitnehmerrolle in Einrichtungen der Kinder- und Jugendhilfe

2. Lernsituation: Versichert?

Als Studierende erhalten Sie alle die Zusage, dass Sie am 1. August bzw. einige am 1. September das Berufspraktikum in verschiedenen Einrichtungen der öffentlichen oder freien Jugendhilfe beginnen können. Bisher waren Sie als Studierende womöglich zumindest zum Teil noch über ihre Eltern im Wege der Familienversicherung mit krankenversichert. Mit dem Eintritt in ein eigenes, unselbstständiges Beschäftigungsverhältnis werden alle Studierenden sozialversicherungspflichtig. Sie müssen sich nun überlegen, bei welcher Institution Sie sich versichern wollen.

Arbeitsanregung

Bevor in diesem Lernbereich auf die Bereiche der Sozialversicherung eingegangen wird, bearbeiten Sie zunächst folgende Übungsaufgaben zur obigen Lernsituation.

1. Ist Ihnen die Sozialversicherungspflicht wichtig? Falls dies der Fall ist, was sind Ihre Gründe, sie wichtig zu finden? Diskutieren Sie Ihre Wortbeiträge.
2. An welche/n Träger werden die Beiträge zur Sozialversicherung abgeführt?
3. Welche Leistungsarbeiten gibt es im Bereich der Sozialleistungen? Machen Sie ein Brainstorming und vergleichen es im Anschluss mit der Regelung des § 11 SGB I.
4. Welche Sozialleistungen können Sie nur als Arbeitnehmerin, welche als Bürgerin in Anspruch nehmen? Lesen Sie hierzu die §§ 18 ff. SGB I.

1.7 Grundzüge des Arbeitsrechts

Fachkräfte in der sozialpädagogischen Praxis führen ihre Arbeit in der Bundesrepublik Deutschland im Rahmen eines Arbeits- bzw. Dienstverhältnisses (der Arbeitsvertrag ist ein Unterfall des Dienstvertrages) aus. Dieses Rechtsverhältnis legt die Arbeitsbedingungen und damit in den meisten Fällen auch die materielle Lebensgrundlage der sozialpädagogischen Fachkräfte fest.

Sozialpädagogische Fachkräfte müssen daher auch über Rechtsverhältnisse aus dem Bereich des Arbeitsrechts Bescheid wissen. Fehlende Kenntnisse führen entweder zu übermäßiger Anpassung und damit zum Verzicht von eigenverantwortlichem Handeln oder zum Eingehen nicht gewollter und oft vermeidbarer Risiken bei Konflikten mit Vorgesetzten bzw. Trägern.

Sozialpädagogische Fachkräfte sind entweder im öffentlichen Dienst tätig, wenn sie vom Bund, einem Bundesland, einer Gemeinde oder einer anderen juristischen Person des öffentlichen Rechts angestellt sind. Oder aber sie sind Angestellte freier Träger der Jugend- und Sozialarbeit, wenn sie ein Dienstverhältnis mit kirchlichen Einrichtungen oder anderen freien Trägern eingegangen sind. Alle diese Dienstverhältnisse beinhalten abhängige Tätigkeiten. Vereinzelt gibt es aber auch Selbstständige in dieser Branche.

Fallbeispiele 8 bis 9

Fallbeispiel 8
Eine Erzieherin im Anerkennungsjahr bewirbt sich bei der Stadt Köln um eine Anstellung als staatlich anerkannte Erzieherin für den städtischen Kindergarten in Köln-Mülheim.

Fallbeispiel 9
Studierende der Klasse SP41 der Käthe-Kollwitz-Schule in Oberhausen müssen nach dem ersten Examen als Erzieherinnen ein Anerkennungsjahr in einer sozialpädagogischen Einrichtung absolvieren. Sie hoffen alle auf eine Anstellung und wollen sich von der besten Seite präsentieren.

Das Dienstverhältnis des Angestellten wird durch Abschluss eines Arbeitsvertrages, das des Praktikanten durch Abschluss eines Ausbildungsvertrages begründet. Bevor ein solches Dienstverhältnis entsteht, haben sich sozialpädagogische Fachkräfte zu bewerben. Die anstellenden Träger möchten sich ein Bild des Bewerbers machen können, bevor sie über eine Anstellung entscheiden. Dazu sind entsprechende Bewerbungsunterlagen notwendig.

1.7.1 Vertragsanbahnung

Ein Arbeitgeber fordert in der Regel folgende Bewerbungsunterlagen:

▌ Bewerbungsschreiben,

▌ tabellarischer Lebenslauf bzw. Lebenslauf als PDF-Datei bei einer Bewerbung per E-Mail,

▌ Ablichtungen von Zeugnissen über Ausbildung, Prüfungen und bisherige Tätigkeiten (meist reicht die einfache Kopie, manchmal wird allerdings auch eine Beglaubigung gefordert, letzteres insbesondere von Trägern der öffentlichen Hand),

▌ polizeiliches Führungszeugnis und Gesundheitszeugnis.

▌ Für Dienstverhältnisse im Bereich kirchlicher Einrichtungen muss zusätzlich ein Leumundszeugnis des örtlichen Pfarrers eingereicht werden.

Diese Unterlagen dienen dem Anstellungsträger zur ersten Orientierung. Sie ermöglichen eine Vorauswahl der Bewerber, die zu einem Vorstellungsgespräch eingeladen werden. Bewerber, die für die zu besetzende Stelle in die engere Wahl gekommen sind, werden zu einem Vorstellungsgespräch eingeladen.

In einem solchen Vorstellungsgespräch wird den Bewerbern Gelegenheit gegeben, sich über die inhaltliche Ausgestaltung ihres Tätigkeitsfeldes zu äußern. Zusätzlich können sie im Gespräch ihre Eignung für das Arbeitsgebiet beweisen. So erhält der Anstellungsträger eine Vorstellung von der Persönlichkeit der Bewerber.

In einem internen Auswahlverfahren entscheidet der Anstellungsträger über die endgültige Besetzung der ausgeschriebenen Stelle.

Über die Entscheidung erhalten die Bewerber eine entsprechende schriftliche Mitteilung. Bewerber, die nicht eingestellt werden, erhalten mit dieser Mitteilung ihre Bewerbungsunterlagen zurück.

Mit dem ausgewählten Bewerber wird nunmehr ein Arbeitsvertrag abgeschlossen. In der Regel wird dem ausgewählten Bewerber ein schriftlicher Vertragsentwurf zur Unterschrift übersandt.

Zusammenfassung

- ■ Dienstverhältnisse der Angestellten werden durch Abschluss eines Arbeitsvertrages begründet.
- ■ Für die Bewerbung werden benötigt:
  - – Bewerbungsschreiben,
  - – tabellarischer Lebenslauf,
  - – (beglaubigte) Kopien der Zeugnisse über Ausbildung, Prüfungen und bisherige Tätigkeiten,
  - – polizeiliches Führungszeugnis und
  - – Gesundheitszeugnis.
- ■ Im Arbeitsvertrag werden die allgemeinen arbeitsrechtlichen Regeln für dieses Dienstverhältnis geregelt.

1.7.2 Der Inhalt des Arbeitsvertrages

Der Arbeitsvertrag wird – wie andere Verträge auch – durch zwei inhaltlich übereinstimmende, wirksame Willenserklärungen derjenigen abgeschlossen, die eine vertragliche Beziehung miteinander eingehen wollen[7].

Es muss also eine Übereinstimmung hinsichtlich bestimmter Punkte zwischen den beiden Parteien erreicht worden sein. Im Gegensatz zur Kündigung (vgl. § 623 BGB) bedarf der Arbeitsvertrag keiner besonderen Form[8]. Aus Beweisgründen werden aber nahezu alle Arbeitsverträge schriftlich abgeschlossen.

Wichtige Inhalte eines Arbeitsvertrages sind:

- ❙ persönliche Daten des Arbeitnehmers,

- ❙ der Anstellungsträger,

- ❙ Verweis auf den auf das Arbeitsverhältnis anwendbaren Tarifvertrag oder individuelle Vereinbarung der Geltung eines bestimmten Tarifvertrages (sogenannte Öffnungsklausel),

- ❙ der Zeitraum der Einstellung mit Angabe der Daten,
  - – entweder als unbefristeter Vertrag
  - – oder als befristeter Vertrag

Die Schweigepflicht ist ein Beispiel für eine dienstliche Verpflichtung.

---

[7] *zum Vertragsschluss siehe auch unter Lernfeld 5*

[8] *Er kann also auch mündlich oder per Handschlag geschlossen werden.*

❚ der Hinweis auf die dienstlichen Verpflichtungen (diese ergeben sich meist aus den allgemeinen Dienstanweisungen),

❚ ggf. die Vereinbarung einer Probezeit (mit einer maximalen Dauer von sechs Monaten),

❚ der Dienstvorgesetzte,

❚ Regelungen zu Vergütung und Kündigung sowie sonstige Vereinbarungen,

❚ das Datum des Vertragsabschlusses,

❚ die Unterschriften der Vertragsparteien,

❚ gegebenenfalls ein Genehmigungsvermerk.

1.7.3 Die Vergütung

Die Vergütung bemisst sich grundsätzlich nach der jeweiligen individuellen Vereinbarung im Arbeitsvertrag. Wenn auf das Arbeitsverhältnis ein Tarifvertrag anwendbar ist, so gelten ebenso dessen Bestimmungen. Bei voneinander abweichenden Regelungen gilt die dem Arbeitnehmer günstigere Regelung (sogenanntes Günstigkeitsprinzip). Das Günstigkeitsprinzip gilt auch im Hinblick auf andere arbeitsvertragliche Regelungen wie beispielsweise den Urlaub.

Fallbeispiel 10

Die Erzieherin Elisa Eifrig steht in einem Arbeitsverhältnis mit dem Kindergarten Weststadt gGmbH. In ihrem Arbeitsvertrag stehen 25 Tage bezahlter Erholungsurlaub. Im auf ihr Arbeitsverhältnis anwendbaren einschlägigen Tarifvertrag ist eine Anzahl von 26 Urlaubstagen festgehalten. Bei der Bezahlung sieht der Arbeitsvertrag allerdings einen um einen Euro höheren Stundenlohn als der Tarifvertrag vor.

Elisa überlegt nun, wie viel Lohn bzw. wie viele Urlaubstage ihr zustehen. Sie hat mal von einer Klassenkameradin gehört, dass man sich entscheiden müsse und sich nur auf den Arbeitsvertrag bzw. den Tarifvertrag im Ganzen berufen könne. Da diese Aussage zwar sehr vehement vorgebracht wurde, die Klassenkameradin aber im Fachschulexamen im Fach Rechtskunde nicht so recht reüssierte, fragt sich Elisa, ob an der Aussage was dran ist.

Im Folgenden soll die Vergütung einer Erzieherin erläutert werden, die bei einem kommunalen Träger angestellt ist. Hier gilt nicht mehr der Tarifvertrag für den öffentlichen Dienst, sondern bis Ende 2014 noch die sogenannte „S-Tabelle". Für Neueingestellte nach dem Tarifvertrag zum Sozial- und Erziehungsdienst gibt es im Gegensatz zu früher weder Kinder- noch Ortszuschlag.

Im Laufe der Ausbildung zur Erzieherin sind Praktika zu absolvieren. Neben dem sogenannten Blockpraktikum während der schulischen Phase der Ausbildung gibt es noch das Vorpraktikum und das Berufspraktikum. Nur auf das Vor- und das Berufspraktikum finden die Vorschriften des Berufsbildungsgesetzes (abgekürzt BBiG) Anwendung. Auf das Blockpraktikum finden die Vorschriften des BBiG demgegenüber keine Anwendung.

Steht auf Arbeitgeberseite der Praktikantin ein Träger der öffentlichen Hand gegenüber, so findet der Praktikantentarifvertrag für den öffentlichen Dienst (abgekürzt TVPÖD) Anwendung.

1.7.4 Die Gehaltsabrechnung

Gemäß dem Grundsatz „Ohne Arbeit kein Lohn" ist die Arbeitnehmerin vorleistungspflichtig. Sie erhält sodann am Monatsende eine Gehaltsabrechnung und ihren Lohn somit erst im Nachhinein. Wichtig ist der Vergleich von Brutto- und Nettolohn und der Abzüge. Auch die übrigen Daten (etwa Eintrag der Lohnsteuerklasse, Kinderfreibetrag) sollten kontrolliert werden.

Zu den Abzügen im Einzelnen:

Lohn- und ggf. Kirchensteuer
Die endgültige Höhe der Lohnsteuer sowie ggf. der Kirchensteuer wird erst mit dem Einkommenssteuerbescheid festgesetzt. Jedoch werden unterjährig Abschläge vorgenommen.

Krankenversicherung
Sie gewährt dem Versicherten und seinen Angehörigen weitgehend Krankenhilfe. Der allgemeine Beitragssatz beträgt 15,5 Prozent (Stand 2013), wobei der Arbeitgeber 7,3 Prozent, der Arbeitnehmer hingegen 8,2 Prozent trägt. Finanzschwache Kassen haben darüber hinaus die Möglichkeit, von ihren Mitgliedern einen sogenannten Zusatzbeitrag zu erheben. Dieser wird allerdings nicht über die Gehaltsabrechnung abgewickelt.

Nicht nur die Vergütung, auch die Abführung der Lohn- und (ggf.) der Kirchensteuer sowie die Abführung der Sozialversicherungsbeiträge hat der Arbeitgeber zu veranlassen. Diese umfassen neben den Beiträgen zur Krankenversicherung auch noch die zur Pflegeversicherung, zur Arbeitslosen- und Unfallversicherung. Nur bei letzterer hat die Arbeitnehmerin keinen Beitrag zu leisten, hier leistet allein die Arbeitgeberseite Beiträge. Da es sich somit um insgesamt fünf Sozialversicherungen handelt, spricht man auch von den „fünf Säulen der deutschen Sozialversicherung".

Der Arbeitgeber führt im sozialversicherungspflichtigen Arbeitsverhältnis den sogenannten Gesamtsozialversicherungsbeitrag an die Krankenversicherung ab, bei der die Arbeitnehmerin versichert ist. Er enthält alle Beiträge zu den Sozialversicherungen mit Ausnahme des Beitrages zur gesetzlichen Unfallversicherung, den ja allein der Arbeitgeber zahlt (s.o.). Die Krankenkasse muss die Beträge sodann an den Träger weiterleiten, in dessen Kasse sie gehören.

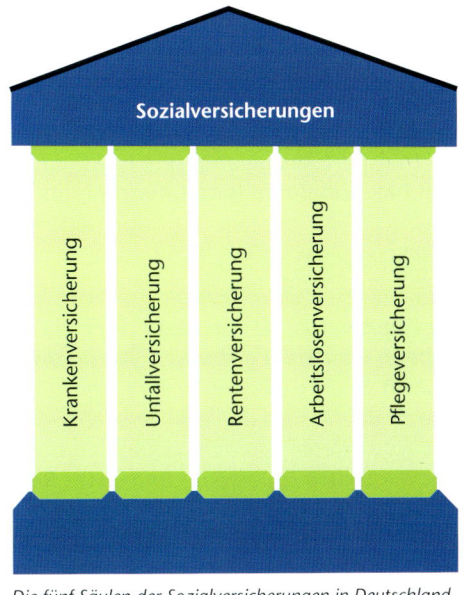

Die fünf Säulen der Sozialversicherungen in Deutschland
(Biermann, 2012, S. 14)

Während der Dauer des Arbeitsverhältnisses muss die sozialpädagogische Fachkraft in regelmäßigen Abständen ein erweitertes polizeiliches Führungszeugnis vorlegen (vgl. § 72a SGB VIII). Damit soll ausgeschlossen werden, dass eine einschlägige Vorbestrafung einer Fachkraft vorliegt, die mit Kindern und Jugendlichen zu tun hat.

Arbeitsanregung

Wie fühlen Sie sich bei dem Gedanken, quasi unter ständigem Generalverdacht stehend Ihrem zukünftigen Arbeitgeber stets aufs Neue eine weiße Weste vorzeigen zu müssen? Warum meinen Sie, dass sich der Gesetzgeber hierfür entschieden hat?

1.7.5 Beendigung von Arbeitsverhältnissen

Ein Arbeitsverhältnis kann beendet werden durch
- ordentliche Kündigung,
- außerordentliche Kündigung,
- vertragliche Vereinbarung,
- Berufs- bzw. Erwerbsunfähigkeit und
- Erreichen der Altersgrenze.

Das Arbeitsverhältnis ist ein Dauerschuldverhältnis. Dies bedeutet, dass sich die Leistungserbringung von Arbeitnehmer- und Arbeitgeberseite nicht in einem einmaligen Leistungsaustausch erschöpft. Vielmehr hat die Arbeitnehmerin jeden Monat wieder die Arbeitsleistung zu erbringen, die Arbeitgeberseite wiederum Monat für Monat den Arbeitslohn zu zahlen. Außer beim von vornherein befristeten Arbeitsverhältnis ist auch nicht klar, wann dieser ständige Leistungsaustausch zu Ende gehen wird. Daher stellt das Gesetz beiden Parteien eines Dauerschuldverhältnisses das Instrument der Kündigung zur Verfügung, um ein Ende des Vertrages herbeiführen zu können. Die Kündigung ist eine einseitige, empfangsbedürftige Willenserklärung, durch die das Arbeitsverhältnis für die Zukunft aufgehoben werden soll. Einseitig heißt, dass nur einer der beiden Vertragspartner des Arbeitsverhältnisses eine Willenserklärung abgeben muss. Empfangsbedürftig heißt, dass die Willenserklärung so in den Machtbereich des anderen Vertragspartners gelangt sein muss, dass dieser unter normalen Umständen die Möglichkeit hat, von ihrem Inhalt Kenntnis zu nehmen.

Fallbeispiel 11

Die Tagesmutter Marion Meier will nicht mehr auf die ungeratenen Zwillinge ihrer Auftraggeberin Frau Erpel aufpassen. Als sie diese heute zur Wohnung der Familie zurückbringt, ergreift sie die Gelegenheit, ihre schriftliche Kündigungserklärung des Betreuungsvertrages in den Briefkasten der Familie einzuwerfen. Dies haben die Zwillinge gesehen. In einem unbeobachteten Moment angeln sie den Brief heraus und entfachen unter Zuhilfenahme des väterlichen Feuerzeugs und etwas Reisig in Nachbars Garagenauffahrt ein lustiges Feuerchen.

Arbeitsanregung

Diskutieren Sie, ob der Betreuungsvertrag demnächst beendet ist.

In der Kündigungserklärung bringt der Kündigende den Willen zum Ausdruck, das Arbeitsverhältnis mit Wirkung zu einem bestimmten, in der Zukunft liegenden Zeitpunkt aufzulösen. Der Inhalt der Kündigungserklärung muss klar und eindeutig sein. Die Kündigung bedarf immer der Schriftform (§ 623 BGB).

Die Kündigung muss weiterhin erkennen lassen, ob es sich um eine ordentliche oder außerordentliche Kündigung handelt. Die außerordentliche Kündigung bedarf im Gegensatz zur ordentlichen Kündigung eines wichtigen Grundes, der die Aufrechterhaltung des Arbeitsverhältnisses für den Kündigenden nicht mehr zumutbar erscheinen lässt. Wichtige Gründe sind in der Regel schwerwiegende Verletzungen des Arbeitsvertrages. Bei einer ordentlichen Kündigung ist ein Kündigungsgrund nur dann erforderlich, wenn das Arbeitsverhältnis länger als sechs Monate bestanden hat und dauerhaft elf oder mehr Arbeitnehmer beschäftigt wurden (§§ 1, 23 KSchG). Zu den (abschließenden) Kündigungsgründen lesen Sie bitte § 1 Abs. 2 KSchG (Kündigungsschutzgesetz). Hier spricht man vom allgemeinen Kündigungsschutz.

Fallbeispiel 12

Eine verheiratete Erzieherin eines katholischen Kindergartens lässt sich scheiden und heiratet nach einem halben Jahr zum zweiten Mal.

Arbeitsanregung

Kann das Arbeitsverhältnis der standesamtlich wieder verheirateten römisch-katholischen Erzieherin vom Arbeitgeber gekündigt werden? Falls ja, auf welche Weise?

Fallbeispiel 13

Eine Sozialpädagogin, die bisher die Aufgabe der stellvertretenden Leiterin eines Kinderheimes hatte, kann sich verbessern. Ihr werden die Aufgaben der Leiterin eines anderen Kinderheimes angetragen. Sie muss jedoch aus Dringlichkeitsgründen die Stellung sehr bald übernehmen und kann die bisherige Tätigkeit nicht fristgerecht kündigen.

Arbeitsanregung

Welche Möglichkeiten hat die Sozialpädagogin aus dem Fallbeispiel, trotz Nichteinhaltung der Kündigungsfrist aus dem Arbeitsverhältnis entlassen zu werden?

1.7.5.1 Ordentliche Kündigung

Die Grundkündigungsfrist für die ordentliche Kündigung findet sich in § 622 Abs. 1 BGB. Sie erhöht sich für den Arbeitgeber nach § 622 Abs. 2 BGB, wenn das Arbeitsverhältnis schon länger bestanden hat.

Arbeitsanregung

Lesen Sie in Gruppen aufgeteilt § 622 BGB und entwickeln Sie jeweils drei kleine Fälle. Ihre Mitschüler aus den anderen Gruppen haben nun die Aufgabe, die für den jeweiligen Fall korrekte Kündigungsfrist mithilfe des Gesetzes herauszufinden.

1.7.5.2 Außerordentliche Kündigung

Wenn ein wichtiger Grund nach § 626 BGB vorliegt, kann das Arbeitsverhältnis vom Arbeitgeber oder vom Mitarbeiter fristlos gekündigt werden. Voraussetzung ist, dass Tatsachen vorliegen, aufgrund derer dem Kündigenden unter Berücksichtigung aller Umstände des Einzelfalls und unter Abwägung der Interessen beider Vertragsteile die Fortsetzung des Arbeitsverhältnisses bis zum Ablauf der Kündigungsfrist oder bis zu der vereinbarten Beendigung des Arbeitsverhältnisses nicht zugemutet werden kann.

Als wichtiger Grund für eine Kündigung gilt auch ein grober äußerer Verstoß gegen kirchliche Grundsätze, wozu auch der Kirchenaustritt gehört. Ein solcher Grund liegt ebenso im obigen Fallbeispiel vor. Die Wiederverheiratung eines geschiedenen katholischen Partners ist ein grober Verstoß gegen kirchliche Grundsätze.

Der Kündigende muss dem anderen Teil auf Verlangen den Kündigungsgrund unverzüglich schriftlich mitteilen.

1.7.5.3 Besonderer Kündigungsschutz

Da die Arbeitnehmerseite die wirtschaftlich schwächere ist, ist das Arbeitsrecht als Arbeitnehmerschutzrecht ausgestaltet. Einer dieser Schutzbestimmung besteht im besonderen Kündigungsschutz „besonders gearteter" Arbeitnehmer.

Fallbeispiel 14

Einer Erzieherin wird vom Träger gekündigt. Sie ist schwanger, hat dies ihrem Arbeitgeber aber nicht gesagt. Vier Tage nach Erhalt des Kündigungsschreibens teilt sie ihrem Arbeitgeber mit, dass sie schwanger sei.

Arbeitsanregung

Überprüfen Sie, ob die Kündigung durch den Träger wirksam wird. Ziehen Sie hierzu § 9 Abs. 1 MuSchG (Mutterschutzgesetz) heran.

Manche Gruppen von Arbeitnehmern genießen einen besonderen Kündigungsschutz. Es sind dies werdende Mütter, Menschen mit Schwerbehinderung, Mitglieder eines Betriebsrates sowie betriebliche Datenschutzbeauftragte.

Wird das Arbeitsverhältnis durch eine Kündigung beendet, so hat der Arbeitgeber dem Mitarbeiter unverzüglich ein vorläufiges Zeugnis über Art und Dauer seiner Tätigkeit auszustellen.

Dieses Zeugnis ist bei Beendigung des Arbeitsverhältnisses sofort gegen ein endgültiges Zeugnis auszutauschen, das sich auf Antrag auch auf Führung und Leistung erstrecken muss (sogenanntes qualifiziertes Zeugnis).

1.7.5.4 Beendigung des Arbeitsverhältnisses durch vertragliche Vereinbarung

Das Arbeitsverhältnis kann jederzeit im gegenseitigen Einvernehmen durch einen schriftlichen Aufhebungsvertrag beendet werden. Eine solche Möglichkeit wäre im Fall der wechselwilligen Sozialpädagogin sinnvoll.

1.7.5.5 Beendigung des Arbeitsverhältnisses infolge Berufs- und Erwerbsunfähigkeit

Falls ein Arbeitnehmer berufs- oder erwerbsunfähig wird, endet das Beschäftigungsverhältnis mit Ablauf des Monats, in dem er den entsprechenden Bescheid eines Rentenversicherungsträgers erhält. Die Grenze für die Altersrente steigt derzeit nach und nach von der Vollendung des 65. bis auf die des 67. Lebensjahres.

1.8 Arbeitsschutzbestimmungen

1.8.1 Jugendarbeitsschutz

Einen besonderen arbeitsrechtlichen Schutz genießen Personen, die noch nicht volljährig sind. Das Jugendarbeitsschutzgesetz (kurz JArbSchG) dient diesem Ziel. Es gilt für Kinder und Jugendliche. Als Kinder gelten nach diesem Gesetz Personen, die das 14. Lebensjahr noch nicht vollendet haben. Jugendliche sind Personen, die zwar das 15., aber noch nicht das 18. Lebensjahr vollendet haben.

Fallbeispiele 15 bis 16

Fallbeispiel 15
Der 15-jährige Marc besucht die 9. Klasse der Realschule. Zweimal in der Woche arbeitet er nachmittags nach dem Unterricht drei Stunden in einer Gärtnerei, um sein Taschengeld aufzubessern. Während der Schulferien arbeitet er ebenfalls in dieser Gärtnerei und zwar täglich acht Stunden.

Fallbeispiel 16
Die 16-jährige Marianne lebt bei ihrer verwitweten Mutter. Die Mutter arbeitet ganztags für den eigenen Unterhalt und den ihrer Tochter. Der Verdienst reicht gerade für den Lebensunterhalt der beiden. Ohne Wissen der Mutter hat Marianne seit kurzer Zeit einen Job mit unregelmäßigen, spontanen Arbeitszeiten. Dadurch verdient sie sich Geld, von dem die Mutter nichts weiß. Dabei kommt es häufig vor, dass die Arbeitszeit während des Unterrichts anfällt. Marianne schwänzt dann die Schule.

Arbeitsanregung

1. Überprüfen Sie die Situationen der beiden Fallbeispiele vor dem Hintergrund „zulässig" oder „unzulässig".
2. Listen Sie die Einzelaspekte der gesetzlichen Regelungen für diese beiden Fallbeispiele auf. Sehen Sie hierzu die §§ 1, 2, 7 bis 8 JArbSchG.

Das Jugendarbeitsschutzgesetz (JArbSchG) gilt für jede Art der Beschäftigung von Jugendlichen, also auch für die Beschäftigung in der betrieblichen Berufsausbildung oder als Heimarbeiter bzw. in ähnlichen Dienstverhältnissen.

Das Gesetz gilt unter anderem nicht für die Beschäftigung von Jugendlichen durch deren Personensorgeberechtigte im Familienhaushalt. In der Landwirtschaft umfasst dieser Begriff Haus und Hof.

Kinder dürfen auch dann nicht beschäftigt werden, wenn das Entgelt „nur" der Aufbesserung ihres Taschengeldes dient. Vom generellen Beschäftigungsverbot des § 5 Abs. 1 JArbSchG gibt es allerdings einige Ausnahmen:

1. Kinder können in Arbeitstherapie, im Rahmen des Betriebspraktikums während der Vollzeitschulpflicht und in Erfüllung einer richterlichen Weisung beschäftigt werden.
2. Kinder über 13 Jahre dürfen täglich bis zu zwei Stunden einer leichten Beschäftigung nachgehen. Beispiele für eine leichte Beschäftigung wären etwa das Austragen von Zeitungen sowie Zeitschriften oder Handreichungen beim Sport.
3. Kinderarbeit von Kindern, die über sechs Jahre alt sind, ist zulässig bei Theaterveranstaltungen, Musikaufführungen oder Werbeveranstaltungen, wenn diese behördlich genehmigt sind.
4. Jugendliche, die über 15 Jahre alt sind, aber noch als Kinder gelten, weil sie der Vollzeitschulpflicht unterliegen, dürfen während der Schulferien pro Kalenderjahr höchstens vier Wochen beschäftigt werden (§ 5 Abs. 4 JArbSchG).

Weitere Einzelheiten ergeben sich aus den Einschränkungen bezüglich der Arbeitszeit für Jugendliche in den §§ 8 ff. JArbSchG.

Bevor Jugendliche in das Berufsleben eintreten, müssen sie von einem Arzt untersucht worden sein und hierüber eine Bescheinigung beim Arbeitgeber vorlegen (§ 32 Abs. 1 JArbSchG).

1.8.2 Mutterschutz

Durch das Mutterschutzgesetz (MuSchG) werden das Leben und die Gesundheit der Schwangeren und des Ungeborenen geschützt, weil die berufstätige Frau während der Schwangerschaft und als Wöchnerin besonderen Gefahren ausgesetzt ist.

Der Schutz besteht

❚ in einem Beschäftigungsverbot des Arbeitgebers (sechs Wochen vor der Entbindung und acht Wochen nach der Entbindung bzw. zwölf Wochen nach der Entbindung bei Früh- oder Mehrlingsgeburten)
und
❚ der Lohnfortzahlung während der Zeiten, in denen die Beschäftigung verboten ist (§§ 3 Abs. 1 und 2, 11 MuSchG).

Das Mutterschutzgesetz gilt für alle beschäftigten Frauen, die in einem Arbeitsverhältnis stehen, für weibliche in Heimarbeit Beschäftigte und ihnen Gleichgestellte (§ 1 Nr. 1 und 2 MuSchG), ohne dass es auf den Familienstand, das Lebensalter, die Staatsangehörigkeit, die Höhe des Einkommens oder die Mitgliedschaft in einer gesetzlichen Krankenversicherung ankommt.

Fallbeispiel 17

Eine Kinderpflegerin arbeitet in einer Tageseinrichtung, in der Kinder im Alter von vier Monaten bis zu drei Jahren zusammen mit Kindern im Kindergartenalter betreut werden. Die Kinderpflegerin wird mit Zwillingen schwanger. Sie teilt dies ihrem Arbeitgeber mit.

Arbeitsanregung

1. Prüfen Sie anhand von § 3 MuSchG, ab wann ein Beschäftigungsverbot im Hinblick auf die schwangere Kinderpflegerin für ihren Arbeitgeber besteht.
2. Ist es zulässig, die Kinderpflegerin auf eigenen Wunsch hin während der Schutzfrist weiterzubeschäftigen? Welche Konsequenzen hat dies?
3. Wie ist die Regelung nach der Entbindung? Darf die Kinderpflegerin nach § 6 MuSchG direkt nach der Entbindung beschäftigt werden? Welche Schutzfristen gelten hiernach?

Der Schutz beginnt bereits am Arbeitsplatz. Hier hat der Arbeitgeber besondere Vorkehrungen zum Schutz von Leben und Gesundheit der werdenden und stillenden Mütter zu treffen (z. B. Sitzgelegenheit, Liegeraum u. Ä.). Während der Schwangerschaft und innerhalb von vier Monaten nach der Entbindung ist eine Kündigung vonseiten des Arbeitgebers unwirksam, sofern im Zeitpunkt der Kündigung die Schwangerschaft oder die Entbindung bekannt war oder wenn sie ihm innerhalb von zwei Wochen nach

Zugang der Kündigung mitgeteilt wird. Dagegen kann die Arbeitnehmerin selbst während der Schwangerschaft und während der Schutzfrist ihr Arbeitsverhältnis ohne Einhaltung einer besonderen Kündigungsfrist kündigen. Wird sie binnen eines Jahres wieder eingestellt, gilt das Arbeitsverhältnis als nicht unterbrochen.

Die werdende Mutter sollte ihre Schwangerschaft und den vermutlichen Entbindungstermin ihrem Arbeitgeber mitteilen, damit dieser seine Pflichten erfüllen kann. Der Arbeitgeber kann verlangen, dass ihm ein Zeugnis der Hebamme oder des Arztes vorgelegt wird. Der Arbeitgeber muss das Gewerbeaufsichtsamt benachrichtigen.

Insbesondere sind zum Schutze der erwerbstätigen Mutter folgende Bereiche gesetzlich geregelt:
- Gestaltung des Arbeitsplatzes, § 2 MuSchG,
- Beschäftigungsverbote für werdende Mütter, §§ 3, 4 MuSchG,
- Mitteilungspflicht, ärztliches Zeugnis, § 5 MuSchG,
- Beschäftigungsverbote nach der Entbindung, § 6 MuSchG,
- Stillzeit, § 7 MuSchG,
- Mehrarbeit, Nacht- und Sonntagsarbeit, § 8 MuSchG,
- Kündigungsverbot, § 9 MuSchG,
- Mutterschaftsgeld, § 13 MuSchG,
- sonstige Leistungen bei Schwangerschaft und Mutterschaft, § 15 MuSchG.

Arbeitsanregung

Machen Sie sich durch Lesen der Gesetzestexte mit den oben genannten gesetzlichen Regelungen vertraut.

1.8.3 Elternzeit

Arbeitsanregung

Die Kinderpflegerin aus dem Fallbeispiel beantragt nach der Entbindung Elternzeit, damit die Betreuung und Erziehung der Kinder im ersten Lebensabschnitt gesichert ist. Hat die Kinderpflegerin Anspruch auf Elternzeit/Elterngeld?

1. Wie ist die Geltendmachung der Elternzeit geregelt?
2. Unter welchen Voraussetzungen ist die Elternzeit ausgeschlossen?
3. Wie lange wird die Elternzeit gewährt?

Sehen Sie sich dazu § 15 des Gesetzes zum Elterngeld und zur Elternzeit (BEEG) an.

In § 1 des Gesetzes zum Elterngeld und zur Elternzeit (BEEG) ist bestimmt, wer unter welchen Voraussetzungen Anspruch auf Elterngeld hat. Die Regelungen zur Elternzeit finden sich in §§ 15–21 des Gesetzes.

1.9   Berufsverbände

Für Erzieherinnen und Erzieher gibt es hauptsächlich zwei Berufsverbände:
1. die Katholische Erziehergemeinschaft (KEG)
    und
2. den Berufsverband der Erzieher und Erzieherinnen in Deutschland (BVEED).

Arbeitsanregung

Warum werden sozialpädagogische Fachkräfte Mitglied von Verbänden? Diskutieren Sie in Gruppen, welche Motive für Sie wichtig wären, um einem Berufsverband für Erzieherinnen beizutreten.

1.9.1 Katholische Erziehergemeinschaft (KEG)

Die KEG vertritt ihre Mitglieder in berufspolitischen Angelegenheiten und bietet Fortbildungen und Impulse zur pädagogischen Arbeit. Dazu arbeitet der Verband in und mit öffentlichen und kirchlichen Gremien zusammen und kooperiert in bestimmten Aufgaben mit anderen Interessenvertretungen des pädagogischen Berufsfeldes. Darüber hinaus bietet die KEG Dienst- und Privathaftpflichtversicherung, Dienstschlüsselversicherung, Rechtsschutz und Rechtsberatung in dienstlichen Angelegenheiten.

Mitglieder erhalten die Verbandszeitschrift „Christ und Bildung" mit bundesweiten Informationen und „Sozialpädagogischem Forum" sowie der Beilage „paed". Außerdem unterhält die KEG einen landesbezogenen Infodienst.

Weitergehende Informationen finden sich auf der Internetpräsenz des Verbandes unter der Domäne www.keg-deutschland.de [11.02.2014].

1.9.2 Bundesverband der Erzieherinnen und Erzieher in Deutschland (BVEED e.V.)

Nach eigenen Angaben ist der Bundesverband der Erzieherinnen und Erzieher in Deutschland e.V. der einzige Berufsverband in Deutschland, dessen Mitglieder allein aus dem Erzieherumfeld stammen. Der Verband ist weder konfessions- noch trägergebunden.

Wichtigstes Ziel sei die Förderung der Professionalität der Erzieherinnen und Leitungskräfte.

Der Verband verfolgt dies nach Eigenaussage mit den folgenden Mitteln:

- „Gründung von Arbeitskreisen, die sich mit speziellen Themen beschäftigen und die Ergebnisse ihrer Arbeit publizieren
- Initiierung von Modellprojekten, um neue Möglichkeiten zu entwickeln und in die Praxis zu überführen
- Einbindung namhafter Fachleute für die Begleitung unterschiedlicher, relevanter Themen
- Anbieten einer solidarischen und werteorientierten Gemeinschaft, die sich in fachlichen und ethischen Fragen Ihres Berufes für Sie einsetzt
- Schaffung bundesweit harmonisierter Richtlinien und Rahmenbedingungen für eine sinnvolle und effektive Ausbildung und Arbeit
- Wissenschaftliche Fundierung dieser Richtlinien durch einen kompetenten Beirat, der sich aus Praktikern und Wissenschaftlern zusammensetzt
- Einsetzen für die berufsständischen und berufspolitischen Interessen seiner Mitglieder
- kompetenter Ansprechpartner für Träger und politische Gremien zu sein
- gezielte und günstige fachliche Aus-, Fort- und Weiterbildung
- günstige Supervisions-, Mediations- und Coachingangebote"

(BVEED e.V., www.bveed.de , Rubrik: Wir über uns [04.03.2014])

Mitglieder des Verbandes können laut Satzung alle Personen mit folgender Ausbildung werden: Erzieherinnen, Kinderpflegerinnen, Sozialassistentinnen, aber auch Praktikantinnen und Auszubildende in diesen Berufen sowie andere, im Bereich der Kinder- und Jugenderziehung beruflich Tätige, zudem Arbeitslose, die vorher einen dieser Berufe ausgeübt haben oder Personen, die aus anderen Gründen einen dieser Berufe vorübergehend nicht ausüben. Die beiden letztgenannten Gruppen müssen keine Mitgliedsbeiträge zahlen.

Der Bundesverband Evangelischer Erzieherinnen und Sozialpädagoginnen e.V., kurz „e + s" bezeichnet, wurde 1925 in Kassel unter dem Namen „Verband Evangelischer Kindergärtnerinnen, Hortnerinnen und Jugendleiterinnen Deutschlands" gegründet. Diese 85-jährige Tradition ging mit der Auflösung des Verbandes am 31.12.2010 zu Ende.

Evangelische Erzieherinnen können folgende Alternativen in Betracht ziehen:

Wenn sie bei der Diakonie oder einer evangelischen Landeskirche beschäftigt sind, können sie Mitglied beim Verband kirchlicher Mitarbeiter werden. Dieser Verband ist nicht überregional aufgestellt. Es existieren die Landesgruppen Oldenburg, Bayern, Hessen-Nassau, Hannover, Baden, Nordelbien und Sachsen. Die ersten vier genannten haben sich zudem in der Vereinigung kirchlicher Mitarbeiterverbände Deutschland (VKM-D) zusammengeschlossen.

1.10 Gewerkschaften

Neben oder anstelle einer Mitgliedschaft bei einem Berufsverband kann die Erzieherin auch Mitglied einer Gewerkschaft werden. Während die Verbände traditionellerweise in erster Linie Lobbyarbeit betreiben, vertreten die Gewerkschaften in erster Linie Arbeitnehmerinteressen gegenüber den Arbeitgebern.

Arbeitsanregung

1. Was ist Lobbyarbeit, was macht sie aus? Recherchieren Sie und stellen Sie Ihre Ergebnisse nebst einer eigenen kleinen Wertung in einem fünfminütigen Vortrag in der Klasse vor.
2. Gewerkschaften schließen mit den Arbeitgeberverbänden Tarifverträge ab. Recherchieren Sie die verschiedenen Arten von Tarifverträgen (beispielsweise Manteltarifvertrag) und klären Sie die Frage, wann ein Tarifvertrag auf das einzelne Arbeitsverhältnis einer Arbeitnehmerin mit ihrem Arbeitgeber Anwendung findet (drei mögliche Fallkonstellationen).

ver.di Fachbereich 03

Erzieherinnen können in der Dienstleistungsgewerkschaft ver.di im Fachbereich 03 (Gesundheit, Soziale Dienste, Wohlfahrt und Kirchen) Mitglied werden. Die Mitgliedschaft ist konfessionell unabhängig. Die Gewerkschaft ver.di gehört dem Dachverband Deutscher Gewerkschaftsbund (abgekürzt DGB) an.

Gewerkschaft Erziehung und Wissenschaft (GEW)

Als die Gewerkschaft ver.di gegründet wurde, blieb die schon vorher bestehende Gewerkschaft GEW eigenständig. Auch diese gehört allerdings dem DGB an.

Beide Gewerkschaften sind im Hinblick auf ihre Mitglieder nicht auf den Beruf der Erzieherin beschränkt.

Die **Gewerkschaft Kirche und Diakonie e. V.** mit den vier Landesverbänden Berlin-Brandenburg-schlesische Oberlausitz, Mecklenburg-Vorpommern, Sachsen/Mitteldeutschland und Oldenburg ist überkonfessionell. Die Mitglieder sind Beschäftigte der evangelischen und katholischen Kirche in Deutschland sowie des Diakonischen Werkes und des Caritasverbandes. Die Gewerkschaft Kirche und Diakonie e. V. setzt sich beispielsweise dafür ein, dass auch im Bereich der Kirchen das normale Arbeitsrecht gelten solle und fordert die Abschaffung der Einordnung der kirchlichen Arbeitgeber als Tendenzbetriebe, was diesen zahlreiche Möglichkeiten (beispielsweise die der Kündigung wegen eines bestimmten Wandels im Privatleben des Arbeitnehmers) verschafft, die einem normalen Arbeitgeber verwehrt sind.

Die kirchlichen Vereinigungen sind zwar grundsätzlich an das für alle geltende (oben bereits in Teilen dargestellte) Arbeitsrecht gebunden. Wenn sie allerdings Personen beschäftigen, wirkt sich auf deren Dienststellung auch das jeweilige kirchliche Selbstbestimmungsrecht (vgl. Art. 140 GG in Verbindung mit Art. 136 ff. WRV) aus. Angestellte der kirchlichen Vereinigungen haben danach ihrem Arbeitgeber gegenüber eine sogenannte Loyalitätspflicht; d. h. sie haben sich auch nach den kirchlichen Grundsätzen zu richten und ihren Lebensstil diesen Grundsätzen anzupassen. Die Kirchen haben daher für ihre Angestellten und Praktikanten eine eigene Ordnung festgelegt, z. B. die Grundordnung des kirchlichen Dienstes im Rahmen kirchlicher Arbeitsverhältnisse für ein Arbeitsverhältnis mit der römisch-katholischen Kirche bzw. innerhalb der EKD die Richtlinie des Rates über die Anforderungen der privatrechtlichen beruflichen Mitarbeit in der Evangelischen Kirche in Deutschland. Dieser sogenannte Dritte Weg der Kirchen auf dem Gebiet des Arbeitsrechts wird zunehmend kritisiert. Verstärkt rufen Arbeitnehmer/innen hier auch die (weltlichen) Arbeitsgerichte an.

Der Bonner General-Anzeiger berichtete am 20.04.2012:

Kirche gibt Trägerschaft frühzeitig auf

Streit um Leiterin des Kindergartens beendet
KÖNIGSWINTER. Die Hängepartie um die Zukunft des katholischen Kindergartens in Königswinter-Rauschendorf hat ein Ende: Wie der GA erfuhr, hat der Kirchengemeindeverband entschieden, die Trägerschaft zum 1. August dieses Jahres abzugeben.

Wie der General-Anzeiger erfuhr, hat der Kirchengemeindeverband nun überraschend doch schon vor einem für Mai avisierten Termin getagt und entschieden, die Trägerschaft über den bislang katholischen Kindergarten zum 1. August dieses Jahres abzugeben. Am Mittwoch wurden die Mitarbeiter des Kindergartens über diese Entscheidung unterrichtet. Die Stadt Königswinter hatte der Kirche die Trägerschaft für den Kindergarten ordentlich zum 31. Juli 2013 gekündigt. Der Hintergrund: Zahlreiche Eltern hatten sich vehement dagegen gewandt, dass die Kirche der Kindergartenleiterin gekündigt hatte.

Die beliebte Erzieherin hatte sich von ihrem Mann getrennt und lebt nun mit einem neuen Partner zusammen. Sie habe damit gegen die kirchliche Rechtsordnung verstoßen, die sie mit ihrem Arbeitsvertrag anerkannt habe, lautete die Begründung für die Kündigung, der zahlreiche Eltern nicht folgen wollten. Der Fall hat über Königswinters Grenzen hinaus für Aufsehen gesorgt und eine Diskussion in Gang gesetzt. Nun gilt es, bis August möglichst einen Träger mit christlichem Hintergrund zu finden, so der Wunsch der Eltern. Und die Kindergartenleiterin, der zum Ende des Monats Juni gekündigt wurde, kann nach einem Monat Pause im August ihre Stelle wieder antreten.

(al, in: Bonner General-Anzeiger, 18.04.2012)

Arbeitsanregung
Diskutieren Sie über die in dem Artikel geschilderten Vorgänge in Königswinter.

Lernfeld 2:
Pädagogische Beziehungen gestalten und mit Gruppen pädagogisch arbeiten

2.1   Das Grundgesetz als Ordnungsrahmen

Das Grundgesetz stellt die Verfassung der Bundesrepublik Deutschland dar. Entgegen seines Namens steht es daher nicht auf einer Stufe mit den einfachen Gesetzen, sondern im Rang über letzteren. Alle Staatsorgane sind bei ihrem Handeln an die Vorgaben des Grundgesetzes gebunden, anderenfalls handeln sie verfassungswidrig. Die drei Staatsgewalten sind die gesetzgebende, vollziehende und die rechtsprechende Gewalt. Man nennt sie auch Legislative, Exekutive und Judikative.

Die drei Gewalten sollen sich gegenseitig kontrollieren, sodass keine von ihnen zum Nachteil der Bürger zuviel Macht auf sich vereint. Im Amerikanischen wird dies als „checks and balances" bezeichnet.

Arbeitsanregung

1. Warum heißt die Verfassung etwas irreführend Grundgesetz? Recherchieren Sie und stellen Sie das Ergebnis Ihrer Recherche in einem fünfminütigen Vortrag vor.
2. Mit welcher der drei Staatsgewalten haben Sie es in den folgenden Beispielen jeweils zu tun? Begründen Sie Ihr Ergebnis.

Situation A:
Bei einem Ausflug mit der Gruppe ist ein Kind zu Schaden gekommen (Knieverletzung). Die Eltern als gesetzliche Vertreter haben die Erzieherinnen, die mit auf dem Ausflug waren, auf Schmerzensgeld im Namen ihres Kindes in Anspruch genommen. Als die

Erzieherinnen nicht zahlen wollten, haben die Eltern die Erzieherinnen vor dem Amtsgericht verklagt. Das Gericht entscheidet, dass ein Anspruch des Kindes auf Schmerzensgeld mangels Aufsichtspflichtverletzung nicht bestehe.

Situation B:
Der nordrhein-westfälische Landtag beschließt eine Erhöhung der sogenannten Kindpauschale für unter drei Jahre alte Kinder zur Finanzierung von Kindergärten. Die Politiker erhoffen sich hierfür eine Ausweitung der Plätze für noch nicht drei Jahre alte Kinder in den Kindertagesstätten im Bundesland.

Situation C:
Die Stadt Neustadt beschließt die Schließung einer Kindertageseinrichtung in der Altstadt, da die Bausubstanz zu marode sei. Stattdessen soll ein Neubau in einem kürzlich ausgewiesenen Baugebiet erfolgen. Dabei soll insbesondere die U3-Betreuung ausgebaut und die baulichen Voraussetzungen hierfür geschaffen werden.

Das Grundgesetz gliedert sich in zwei große Bereiche. Artikel 1–19 ist der sogenannte Grundrechtsteil, Artikel 20–146 beinhaltet demgegenüber das sogenannte Staatsorganisationsrecht.

Zunächst steht das Recht zur Gesetzgebung in dem förderal geprägten Staat der Bundesrepublik Deutschland erst einmal den Ländern zu (vgl. Art. 70 Abs. 1 GG). Daher gibt es insgesamt 16 Ländergesetze, die den Bereich der Kindertagesbetreuung regeln. Es gibt aber auch Fragen im Bereich der Kindertagesbetreuung (als einem Teilbereich der Kinder- und Jugendhilfe), die so wichtig sind, dass sie bundeseinheitlich geregelt werden. Von dieser (konkurrierenden) Gesetzgebungskompetenz (vgl. Art. 71 Abs. 1 Nr. 7 GG) hat der Bund durch das zuständige Gesetzgebungsorgan Bundestag Gebrauch gemacht und entsprechende Vorschriften im SGB VIII geschaffen. Wichtig sind hier insbesondere die Vorschriften der §§ 22–26 SGB VIII sowie die Finanzierungsvorschrift des § 90 SGB VIII.

Früher wurden Grundrechte als Abwehrrechte gegen den Staat begriffen. Diese Funktion haben sie auch heute noch. Jedoch sind die Grundrechte nach heutiger Ansicht auch eine für alle verbindliche objektive Werteordnung. Jeder, der auf dem Gebiet der Bundesrepublik Deutschland handelt, muss sich bezüglich der Art seines Handelns an dieser Werteordnung orientieren.

Die Verfassung garantiert die Grundrechte aller Menschen, die sich auf dem Staatsgebiet der Bundesrepublik Deutschland aufhalten. Manche Grundrechte (wie zum Beispiel das der Freizügigkeit, vgl. Art. 11 GG) sind allerdings an die deutsche Staatsbürgerschaft gebunden.

Auch Minderjährige können demnach Träger von Grundrechten sein, sie sind daher grundrechtsfähig.

Fraglich erscheint aber bei Kindern, ob sie diese Grundrechte auch (allein) geltend machen können – notfalls sogar gegen die eigenen Eltern?

Beispiel: Das Recht auf Leben hat schon das Kind, welches sich noch im Mutterleib befindet. Es ist also grundrechtsfähig, aber noch nicht grundrechtsmündig.

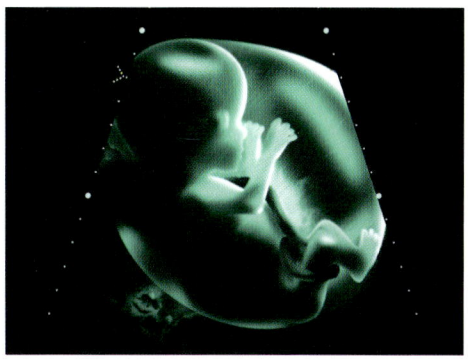

Das Kind im Mutterleib verfügt tatsächlich noch nicht über die Fähigkeiten, die es benötigt, um Grundrechte ausüben zu können. Dies gilt auch für die ersten Jahre nach der Geburt. Die Ausübung der Meinungsfreiheit nach Art. 5 GG beispielsweise setzt voraus, dass ein Mensch sprechen kann. Wenn das Kind selbst noch nicht grundrechtsmündig ist, müssen die Eltern an seiner Stelle handeln. Wenn ein Kind grundrechtsmündig ist, kann es aber sogar seine Grundrechte selbst gegen den Willen der Eltern ausüben.

Dazu gehört beispielsweise das Grundrecht der Glaubens- und Bekenntnisfreiheit (Art. 4 Abs. 1 GG), dessen Ausübung durch Minderjährige im Gesetz über die religiöse Kindererziehung geregelt ist.

Schwieriger ist die Frage, ob eine allgemeine Grundrechtsmündigkeit angenommen werden kann, wenn Jugendliche eine geistige, sittliche und soziale Reife erlangt haben, die sie befähigt, die Vor- und Nachteile eines Sachverhalts zu erkennen und abzuwägen, d. h. sich zu entscheiden.

Manche Grundrechte stehen im Widerspruch zu den Bestimmungen der elterlichen Sorge.

Zu diesen Grundrechten zählen beispielsweise:
- die Menschenwürde (Art. 1 Abs. 1 GG),
- das Recht auf freie Entfaltung der Persönlichkeit (Art. 2 Abs. 1 GG),
- die Glaubens- und Gewissensfreiheit (Art. 4),
- das Recht auf freie Meinungsäußerung (Art. 5 Abs. 1 GG),
- das Recht auf freie Wahl des Berufes, des Arbeitsplatzes und der Ausbildungsstätte (Art. 12 GG),
- das Recht auf Versammlungsfreiheit (Art. 8 GG),
- die Vereinsfreiheit (Art. 9 Abs. 1 GG).

Es gilt, dass Grundrechte als objektive Werteordnung bei der Auslegung des geltenden Rechts zu berücksichtigen sind.
Für die elterliche Sorge bedeutet dies, dass sie sich an den Grundrechten zu orientieren hat, d. h., Inhalt und Ausübung der elterlichen Sorge haben sich an dem Leitbild unserer Verfassung zu orientieren.

Wenn in der elterlichen Sorge die wachsende Fähigkeit und das wachsende Bedürfnis des Kindes zu selbstständigem, verantwortungsbewusstem Handeln berücksichtigt werden soll, dann sollten Minderjährige auch gegenüber ihren Eltern Grundrechte geltend machen dürfen.

Fallbeispiele 18 bis 20

Fallbeispiel 18
Die Eltern einer 17-Jährigen verbieten ihr den Umgang mit ihrem 20-jährigen Freund aus Sorge, die Tochter könne schwanger werden.

Fallbeispiel 19
Die Eltern eines 14-Jährigen verbieten ihm die Mitarbeit an der Schülerzeitung. Sie haben ein Exemplar der Zeitung gesehen und sind mit einigen Aussagen der Schülerzeitung nicht einverstanden.

Fallbeispiel 20
Ein fast 17 Jahre altes Mädchen wird von ihren Eltern im Beisein ihres Freundes für das späte Nachhausekommen körperlich gezüchtigt.

Arbeitsanregung

Interpretieren Sie die Fallbeispiele. Wie würden Sie entscheiden bzw. handeln? Begründen Sie Ihre Handlungsweise und Ihre Entscheidung.

Zusammenfassung

- Kinder sind grundrechtsfähig.
- Können Kinder aus alters- und entwicklungsbedingten tatsächlichen Gründen keinen Gebrauch von ihren Grundrechten machen, werden sie von ihren Eltern vertreten.
- Jugendliche können gegenüber der staatlichen Gewalt ihre Grundrechte wahrnehmen, wenn sie reif genug sind, selbst sachgerecht entscheiden zu können.
- Für das Eltern-Kind-Verhältnis ist die Grundrechtsmündigkeit nur mittelbar von Bedeutung. Die Freiheitsrechte des Kindes müssen unter dem Gesichtspunkt des Missbrauchs elterlicher Sorge immer wieder neu gesehen werden.

Die oben genannten Grundrechte stehen natürlich auch den Eltern des Kindes als jeweiligem Grundrechtsträger zu. Weiterhin steht ihnen auch noch das Grundrecht aus Art. 6 Abs. 2 GG zu.

Arbeitsanregung

Lesen Sie Art. 6 GG und bearbeiten Sie im Anschluss das folgende Fallbeispiel.

Fallbeispiel 21

Helena Hampel ist das einzige Kind ihrer miteinander verheirateten Eltern. Nachdem ihre Mutter über ein Jahrzehnt nicht schwanger wurde, machten die Eltern eine Wallfahrt nach Altötting, wo sie gemeinsam zur schwarzen Madonna um ein Kind beteten. Zehn Monate später wurde Helena entbunden. Dieses Erlebnis verfehlte seine Wirkung auf die Eltern nicht, die nunmehr zu den eifrigsten Kirchgängern der Gemeinde in ihrem baden-württembergischen Heimatdorf wurden. Auch Helena musste jeden Tag vor der Schule die Kirche besuchen, am Sonntag sogar zweimal. Am Morgen ihres vierzehnten Geburtstages suchte sie indessen nicht wie immer die Kirche und sodann die Schule, sondern das örtliche Amtsgericht auf. Dem diensthabenden Beamten gegenüber erklärte sie ihren Kirchenaustritt, den dieser auch sogleich beurkundete. Als Helenas Eltern sie wie jeden Abend fragten, wie es am Morgen in der Kirche gewesen sei, legte sie ihnen nur schweigend die Abschrift der Austrittsurkunde auf den Tisch. Helenas Eltern sind entsetzt. Besonders empört sie, dass ein deutscher Beamter so „mir nichts dir nichts" einfach der „abstrusen Meinungsverirrung" einer Minderjährigen entsprechend handele. Das sei alles nur die staatliche Schule schuld, in der ihre Tochter den schädlichsten weltlichen Einflüssen ausgesetzt sei. Sie möchten „alles rückgängig" machen und Helena in einer reinen Mädchenschule in katholischer Trägerschaft anmelden, um sie den schädlichen Einflüssen an ihrer Schule zu entziehen. Die von den Eltern angepeilte neue Schule ist staatlich anerkannt. Geht beides rechtlich?

Zur Bearbeitung der im Sachverhalt des Fallbeispiels enthaltenen rechtlichen Fragen lesen Sie nachfolgende Ausführungen.

Eltern steht das Grundrecht nach Art. 6 Abs. 2 GG zu. Demnach sind die Pflege und Erziehung der Kinder ihr natürliches Recht und die ihnen zuvörderst obliegende Pflicht. Weil dies so ist, dürfen die Kinder durch den Staat nur dann von der Familie getrennt werden, wenn die Eltern versagen oder weil die Kinder aus anderen Gründen zu verwahrlosen drohen (vgl. Art. 6 Abs. 3 GG).

Religionsmündigkeit

Im Gesetz über die religiöse Kindererziehung vom 15. Juli 1921 ist die Religionsmündigkeit geregelt.
Es werden vier Stufen der Religionsmündigkeit unterschieden:

▍ Religionsunmündig sind Kinder bis zum 10. Lebensjahr.

▍ Ab Vollendung des 10. Lebensjahres hat das Kind ein Anhörungsrecht, wenn die Eltern sich über die weitere religiöse Erziehung nicht einigen können (§ 2 RelKErzG).

▍ Ab Vollendung des 12. Lebensjahres ist ein Bekenntniswechsel gegen den Willen des Kindes nicht möglich (§ 5 Abs. 2 RelKErzG). Wir können hier von einer beschränkten Religionsmündigkeit sprechen.

▍ Mit Vollendung des 14. Lebensjahres wird das Kind voll religionsmündig und kann allein entscheiden (§ 5 Satz 1 RelKErzG).

Mit dem Erreichen der vollen Religionsmündigkeit kann das Kind selbstständig das religiöse Bekenntnis wechseln. Es kann sich sogar gegen den Willen der Eltern – insoweit ist hier das elterliche Sorgerecht aufgehoben – vom Religionsunterricht abmelden oder aus der Kirche, den Religionsgemeinschaften austreten.

Das Elternrecht wird durch Art. 7 GG in Verbindung mit den Verfassungen aller Bundesländer eingeschränkt; es besteht somit auf dem kompletten Gebiet der Bundesrepublik Deutschland Schulpflicht. Dies bedeutet, dass Kinder ab einem gewissen Alter eine Schule besuchen müssen.

So bestimmt etwa § 35 Abs. 1 des Schulgesetzes des Landes Nordrhein-Westfalen: Die Schulpflicht beginnt für Kinder, die bis zum Beginn des 30. September das sechste Lebensjahr vollendet haben, am 1. August desselben Kalenderjahres.

In jedem Bundesland besteht Schulpflicht.

Religionsfreiheit versus Schulpflicht

Was unsere Nachbarn lehren

In Deutschland gilt eine strenge Schulpräsenzpflicht – dabei gibt es gute Gründe für Ausnahmen. In vielen anderen Ländern herrscht mehr Freiheit und weniger Zwang zur Homogenität.

Religionsfreiheit oder Schulpflicht? Das Bundesverwaltungsgericht in Leipzig hat in dieser Woche zwei klare Urteile gefällt. Die Richter wiesen sowohl die Klage von Zeugen Jehovas ab, die ihren Sohn von einer Filmvorstellung befreien lassen wollten, als auch die Klage einer dreizehnjährigen Muslima, die nicht am koedukativen Schwimmunterricht teilnehmen wollte. Beide Urteile wurden allgemein begrüßt. Durch den Schulbesuchszwang, so hieß es, werde die Sozialkompetenz der Kinder gestärkt. Der Schulbesuch diene nicht allein der Wissensvermittlung, sondern fördere auch die gesellschaftliche Integration.

[...]

In Deutschland ist das Homeschooling, der Hausunterricht, verpönt. Historisch gesehen hat das gute Gründe. Nur Bürgertum und Adel waren finanziell in der Lage, ihre Kinder durch Hauslehrer unterrichten zu lassen. Alle anderen hatten das Nachsehen. Durch die Einführung der Schulpflicht änderte sich das. Nun konnte auch der Nachwuchs aus der Unter- und Mittelschicht dem Analphabetentum entkommen. Doch Schulpflicht muss nicht identisch sein mit Hausunterrichtsverbot. Das wurde in Deutschland erst 1938 von den Nazis eingeführt, die den totalen staatlichen Zugriff auf alle Kinder haben wollten. In vier Nachbarländern Deutschlands – Dänemark, Belgien, Schweiz, Österreich – gibt es zwar eine Bildungs-, aber keine Schulpflicht. Auch in Irland, Italien, Spanien, Australien, Großbritannien und den USA haben Eltern die Möglichkeit, ihre Kinder zu Hause zu unterrichten. Religiöse Motive sind dafür durchaus nicht immer ausschlaggebend. In dünn besiedelten Gebieten können weite Fahrwege und hohe Kosten vermieden werden, auch weil die auf jedes Alter zugeschnittenen interaktiven Online-Unterrichtskurse immer besser werden. Die Kinder werden zwar regelmäßig von staatlichen Schulen geprüft, müssen ihre Kenntnisse aber nicht in ihnen erworben haben. Der costaricanische Anwalt, Pädagoge und Philosoph Vernor Munoz war von 2004 bis 2010 UN-Sonderbericht- erstatter für das Recht auf Bildung. 2006 bereiste er Deutschland. In seinem anschließen- den Bericht kritisierte er, unter anderem, dass die restriktive deutsche Schulpflicht die Inanspruchnahme des Rechtes auf Bildung mittels alternativer Lernformen wie Hausunter- richt kriminalisiert. Geändert hat sich seitdem nichts. Gesellschaftliche Homogenität bleibt das Ideal. Ausnahmen dulden und Besonderheiten akzeptieren fällt nach wie vor schwer.

(Lehming, Maite, in: Der Tagesspiegel, 14.09.2013, www.tagesspiegel.de [05.03.2014])

Arbeitsanregung

1. Kann man die im Artikel vorgebrachten Argumente Ihrer Ansicht nach auch auf den Kin- dergartenbereich übertragen? Falls ja (nein), warum (nicht)?
2. Ähnlich wie die Schulpflicht wird rechtspolitisch ein verpflichtender Kindergartenbesuch mit Sprachförderung vorgeschlagen. Was spricht aus Ihrer Sicht für oder gegen eine derartige Pflicht? Steht dieser in rechtlicher Hinsicht etwas entgegen?

Einer Kindergartenpflicht steht in rechtlicher Hinsicht der Art. 6 Abs.1 GG entgegen. Anders als in Art. 7 GG haben die Mütter und Väter des Grundgesetzes die Entscheidung über den Kindergartenbesuch den Eltern überlassen. Ein verpflichtender Kindergarten- besuch wäre daher nur im Wege einer Grundgesetzänderung möglich.

Arbeitsanregung

Lesen Sie Art. 79 des Grundgesetzes und arbeiten Sie anhand der Vorschrift heraus, was die Voraussetzungen wären, um einen verpflichtenden Kindergartenbesuch im Grund- gesetz ähnlich der Schulpflicht zu verankern. Warum haben die Mütter und Väter des Grundgesetzes diesen wohl abgelehnt?

Im Fall von Helena kollidierten das Grundrecht ihrer Eltern aus Art. 6 Abs. 2 GG mit ihrem Grundrecht aus Art. 4 GG. Für die Religionsfreiheit besteht eine vorgezogene Grundrechtsmündigkeit der Minderjährigen, die im Gesetz über die religiöse Kinderer- ziehung niedergelegt ist. Dies ist aber eine Ausnahme. Für die Frage des Schulbesuches gibt es eine derartige Ausnahme nicht.

Kommen wir noch einmal auf das obige Beispiel in der Situation A zurück. Knackpunkt in dieser Fallgestaltung ist die Problematik der Aufsichtspflicht, die im Folgenden näher ausgeführt wird.

2.2   Aufsichtspflicht

Kinder gefährden durch Unkenntnis, Unerfahrenheit, Übermut oder durch Überschätzung der eigenen Fähigkeiten sich selbst und auch andere. Damit Kinder vor Selbstschädigung oder vor Schädigung durch Dritte bewahrt werden, aber auch um zu verhindern, dass sie andere Personen schädigen, bedürfen sie der Beaufsichtigung. Im § 1631 Abs. 1 BGB ist diese Beaufsichtigung im Rahmen der elterlichen Sorge zunächst einmal den Eltern zugewiesen. Neben der gesetzlichen Aufsichtspflicht der Eltern gibt es sogenannte vertragsrechtliche Aufsichtspflichten. Sie kommen zustande, wenn die Eltern als Sorgeberechtigte ihre gesetzliche Aufsichtspflicht auf Dritte übertragen.

2.2.1 Aufsichtspflicht kraft Vertrages und Aufsichtspflichtverletzungen

Fallbeispiele 22 bis 23

Fallbeispiel 22
Die Eltern des vierjährigen Tobias möchten am Samstagabend ins Theater gehen. Damit Tobias für die Zeit des Theaterbesuchs beaufsichtigt ist, engagieren die Eltern einen Babysitter.

Fallbeispiel 23
Die Eltern der dreijährigen Sandra sind beide Lehrer. Beide Eltern nehmen ihren Dienst in der Schule wahr. Für diese Zeit haben sie ein Kindermädchen angestellt.

Die Fallbeispiele zeigen Fälle von vertraglicher Aufsichtspflicht. Es gibt daneben aber auch noch andere Situationen. Im täglichen Leben wird die Beaufsichtigung beispielsweise auf Angehörige oder Nachbarn übertragen. In all diesen Fällen müssen sich die Eltern jedoch vergewissern, ob die Beauftragten tatsächlich bereit und in der Lage sind, das Kind ordnungsgemäß zu beaufsichtigen.
Wenn Kinder in einem Kindergarten, Hort oder Heim aufgenommen werden oder an Erholungs- oder Ferienmaßnahmen teilnehmen, entsteht ebenfalls eine vertragliche Aufsichtspflicht, die von den dort tätigen sozialpädagogischen Fachkräften oder Betreuern ausgeübt wird. In diesen Fällen wird die Aufsicht entweder ausdrücklich oder stillschweigend als selbstverständlicher Bestandteil einer Betreuung übernommen, so z. B. bei sozialpädagogischen Einrichtungen durch den Betreuungsvertrag.

Neben den bisher besprochenen Formen von Beaufsichtigung gibt es noch die Gefälligkeitsaufsicht. Hierbei erklärt sich jemand bereit, auf das Kind aufzupassen, jedoch ohne rechtlichen Bindungswillen. Es handelt sich lediglich um die Gefälligkeit, kurz auf das

Kind aufzupassen. In der Konsequenz heißt das, dass die Eltern von ihrer Verpflichtung zur Beaufsichtigung und der eventuellen Haftung nicht befreit sind.

Fallbeispiel 24

Die Eltern der dreijährigen Michaela wohnen ganz in der Nähe der Erzieherin, die ihre Tochter vormittags im Kindergarten betreut. Am Samstag kaufen die Eltern zusammen mit Michaela in der Innenstadt ein und treffen die Erzieherin zufällig in der kleinen Fußgängerzone des Stadtteils. Da sie noch in ein Ladenlokal möchten, in welchem Erotika feilgeboten werden, sie ihre noch nicht achtzehnjährige Tochter mithin nicht in das Ladengeschäft mitnehmen können, bitten sie die Erzieherin, eine halbe Stunde auf Michaela aufzupassen. Nachdem sich die Erzieherin hierzu bereit erklärt hat, sucht sie in Absprache mit den Eltern das in der Fußgängerzone angebrachte „Wippepferd" auf, dessen Benutzung bei Michaela für stete und ausdauernde Begeisterung sorgt. Wer hat für die nächste halbe Stunde rechtlich die Beaufsichtigung darüber zu führen, dass Michaela nicht vom Wippepferd fällt?

Hier wird die Erzieherin nicht aufgrund ihrer Profession, sondern als Privatperson tätig. Es handelt sich mithin um eine reine Gefälligkeitsaufsicht, die im Fall einer Verletzung Michaelas keine Haftung der tatsächlich die Aufsicht führenden Erzieherin nach sich ziehen würde. Rechtlich haben nach wie vor die Eltern die Aufsicht (obwohl sie physisch gar nicht vor Ort sind).

3. Lernsituation: Aufgepasst im Kindergarten

Im Kindergarten sind in zwei der vier Gruppen neben den Erzieherinnen eine Berufspraktikantin und in der anderen Gruppe eine Vorpraktikantin beschäftigt. Die Erzieherin, bei der die Vorpraktikantin beschäftigt ist, meldet sich morgens krank. Die Leiterin des Kindergartens bittet die Vorpraktikantin, an diesem Tag mit der Gruppe allein zu arbeiten. Die Leiterin schaut ab und zu in die Gruppe hinein. An diesem Tag kommt kein Kind dieser Gruppe zu Schaden. Da die Abwesenheit der Gruppenleiterin auch für die nächsten drei Tage feststeht, überträgt die Leiterin der Einrichtung die Betreuungsarbeit auch für die kommenden Tage auf die Vorpraktikantin. Am zweiten Tag gehen die Kinder bei schönem Wetter in der Freispielphase auf das Außengelände. Die Vorpraktikantin sieht, dass zwei Kinder aus der Gruppe (beide fünf Jahre alt) auf einen Baum klettern. Sie meint, die Kinder seien alt genug und greift deshalb nicht ein – auch dann nicht, als die beiden wilden Jungs versuchen, sich gegenseitig „abzuklatschen".
Ein Kind fällt nicht viel später vom Baum und spießt sich an einer aus dem Boden ragenden Wurzel auf. Rettungsmaßnahmen werden sofort eingeleitet.
Die Gruppenleiterin der vierten Gruppe wird aufgrund der oben geschilderten Situation von der Leitung des Kindergartens beauftragt, eine Teamsitzung zur rechtlichen Seite von Unfällen im Kindergarten und den möglichen Konsequenzen bei Fehlverhaltensweisen vorzubereiten. Diese wird in der Vorbereitungsphase zunächst folgende Fragen klären:
1. Liegt eine Verletzung der Aufsichtspflicht vor?
2. Was hätte die Leiterin unternehmen müssen?
3. Wer hat sich hier weswegen strafbar gemacht?

4. Bestehen zivilrechtliche Ansprüche?
5. Wie würde es sich verhalten, wenn die Aufsicht von der Berufspraktikantin aus der anderen Gruppe übernommen worden wäre?

Bedienen Sie sich bei der Durchführung verschiedener Medien (Folien, Pinnwand, …) und führen Sie die Teamsitzung als Rollenspiel in Kleingruppen durch. Überprüfen Sie im Anschluss, was gut geklappt hat und was Sie bei einer nochmaligen Durchführung ändern würden.

Neben anderen Inhalten der Betreuungspflicht gehört die Aufsichtspflicht zu den besonders sorgfältig zu verantwortenden Tätigkeiten der Erzieherin. Ziel ist der Schutz des Aufsichtsbedürftigen, aber auch der Schutz Dritter vor Schäden und Gefahren, die von dem Verhalten der Kinder ausgehen. Aufsichtspflicht ist untrennbar mit der Erziehung und Betreuung von Kindern verbunden. Eine pädagogische Verantwortung, die immer das Wohl des Kindes vor Augen hat, erfordert die Notwendigkeit zur Aufsicht.

Es werden jetzt die mit der Aufsichtspflicht zusammenhängenden Rechtsfragen rechtsgebietsüberschreitend angesprochen und erläutert. Dabei kann der Problemkreis „Aufsichtspflicht" nicht erschöpfend behandelt werden, obwohl der Rechtsbegriff der Aufsichtspflicht immer wieder auch Unsicherheit und Verwirrung erzeugt.

Teilweise erfahren Erzieherinnen stereotype Anweisungen ihrer Anstellungsträger, wodurch sie sich in ihrem pädagogischen Handlungsspielraum eingeengt oder missverstanden fühlen. Zusätzlich erscheinen Informationen über die Inhalte der Aufsichtspflicht widersprüchlich. Diese Widersprüche werden selbst von der Rechtsprechung nicht immer aufgelöst; aber in fast jedem Gerichtsurteil findet sich der Satz: „Ob sich ein Verhalten als Verletzung der Aufsichtspflicht darstellt, kann nicht grundsätzlich, sondern nur nach den Gegebenheiten des konkreten Falles beantwortet werden." Das wird verständlich, wenn Erzieherinnen sich vor Augen führen, dass das Leben neue Formen der sozialen Betreuung und Hilfe, neue Gefahren, neue Situationen schafft und damit auch die rechtliche Beurteilung immer wieder neu erfolgen muss. Das erfordert eine kritische Auseinandersetzung mit Fragen der Aufsichtspflicht, auch mit den nachfolgend erläuterten Aspekten der Aufsichtspflicht, deren rechtlicher Beurteilung und den Folgen ihrer Verletzung. Diese Auseinandersetzung ermöglicht Erzieherinnen, ihre pädagogischen Handlungsspielräume zu erkennen und auszuschöpfen.

Wer bedarf der Aufsicht?
Die Aussage „Wer kraft Gesetzes zur Führung der Aufsicht über eine Person verpflichtet ist, die wegen Minderjährigkeit oder wegen ihres geistigen oder körperlichen Zustandes der Beaufsichtigung bedarf" (§ 832 BGB) lässt den Schluss zu, dass Minderjährige immer aufsichtsbedürftig sind. Die Aufsichtspflicht erlischt jedoch bei Minderjährigen mit ihrer

Verheiratung (§ 1633 BGB). Die Beurteilung des eventuell durchaus noch bestehenden konkreten Aufsichtsbedarfs, abgestuft nach Alter, Umständen, Entwicklung, Reife, Einsichtsfähigkeit u. a., spielt hier dann keine Rolle (mehr).

Die Aufsichtsbedürftigkeit bei Volljährigen ist in jedem Einzelfall zu prüfen. Sie kann auf einer geistigen, körperlichen oder seelischen Behinderung des Volljährigen basieren. Der Betroffene muss jedoch nicht deliktsunfähig sein (§ 827 BGB), damit eine Aufsichtsbedürftigkeit zu bejahen ist. Die Aufsichtsbedürftigkeit ist in jedem Fall abhängig davon, ob vom Zustand des Betroffenen Gefahren für Dritte ausgehen können, die dieser selbst nicht steuern und beherrschen kann.

Wer ist Aufsichtspflichtiger?
Ursprünglich obliegt die Aufsichtspflicht den Personensorgeberechtigten. Dies sind bei Minderjährigen in der Regel die Eltern. Die Aufsichtspflicht ist ein Teilbereich der Personensorge. Nach § 1631 BGB umfasst die Personensorge nämlich das Recht und die Pflicht, das Kind zu pflegen, zu erziehen, zu beaufsichtigen und seinen Aufenthalt zu bestimmen.

Wie wird der Träger der Einrichtung aufsichtspflichtig?
Wenn die Eltern ihre Kinder in einer Tageseinrichtung für Kinder anmelden, erklären sie, ihre Aufsichtspflicht für die Dauer und den Umfang der dortigen Betreuung übertragen zu wollen. Wenn der Träger die Anmeldung annimmt, kommt der Vertrag zustande (oft als Betreuungsvertrag, Aufnahmevertrag oder ähnlich bezeichnet).

Damit ist der Vorgang zur vertraglichen Begründung der Aufsichtspflicht abgeschlossen. Der Träger kann die Aufsichtspflicht nicht selbst ausführen, er bedient sich hierbei seiner Mitarbeiter, die er als Fachkräfte für die Arbeit in der Einrichtung eingestellt hat.

Das nebenstehende Schema soll die Herleitung der Aufsichtspflicht (sowie auch der Erziehungspflicht) von den Personensorgeberechtigten deutlich machen:

(Hartmann-Netzer/Horst-Dieter Kämpfer, 2011, S. 116)

Wie das Schema zeigt, bestehen zwischen den Personensorgeberechtigten und den sozialpädagogischen Fachkräften keinerlei Vertragsbeziehungen. Sie sind vielmehr nach § 278 BGB die Erfüllungsgehilfen des Trägers. Denn der Träger bedient sich ihrer, um seine vertraglichen Pflichten (aus dem Betreuungsvertrag) gegenüber den Personensorgeberechtigten zu erfüllen.

Aus dem Arbeitsvertrag ergibt sich die prinzipielle Verpflichtung zur Aufsichtsführung. Davon sind alle Kinder erfasst, die einer Gruppe zugewiesen sind. Darüber hinaus haben Erzieherinnen auch gegenüber denjenigen Kindern Aufsichtspflichten, die die Einrichtung besuchen, aber nicht zu ihrer Gruppe gehören.

Fallbeispiele 25 bis 29

Fallbeispiel 25

Laura Lauer, Leiterin eines zweigruppigen Kindergartens, besucht um zehn Uhr eine von einer Erziehungsberatungsstelle anberaumte Fortbildungsveranstaltung, obwohl die Gruppenleiterin der zweiten Gruppe erkrankt ist und demzufolge nur die Hilfskraft und die gerade frisch eingestellte Berufspraktikantin anwesend sind. Während ihrer Abwesenheit passiert nichts.

Fallbeispiel 26

Eine Erzieherin kommt um zwölf Uhr von einem Behördengang zurück in die Einrichtung. Als sie das Außengelände passiert, bemerkt sie halb hinter einem Busch versteckt drei Kinder, die ein viertes Kind mit Steinen bewerfen. Keines der Kinder gehört indessen zu ihrer Gruppe, sondern zu einer anderen Gruppe derselben Kindertagesstätte.

Fallbeispiel 27

Die Nilpferdgruppe und die Storchengruppe des örtlichen Kindergartens spielen unter der Aufsicht ihrer beiden Erzieherinnen heute auf dem Spielplatz. Während die meisten Kinder der Nilpferdgruppe „Fort verteidigen" spielen, haben die Kinder der Storchengruppe den Balancierbalken belegt. In beiden Gruppen machen jeweils wenige Kinder aus der anderen Gruppe mit.

Fallbeispiel 28

Den Kindern in der Hortgruppe einer Tageseinrichtung ist es erlaubt, Freunde mit in die Einrichtung zu bringen. Sie sollen das der Gruppenerzieherin nach Möglichkeit ankündigen und müssen auf jeden Fall bei ihrem Eintreffen sofort Bescheid sagen, dass sie jemanden mitgebracht haben.

Fallbeispiel 29

Ein Elternpaar ist sich noch nicht darüber im Klaren, ob sein sehr zartes Kind künftig den Kindergarten besuchen soll. Die Eltern sprechen daraufhin die Leiterin der Einrichtung an, ob das Kind nicht erst einmal zwei Wochen zur Probe kommen könne. Danach werde man schon weitersehen. So geschieht es.

Arbeitsanregung

Hat die Leiterin Laura Lauer im Fallbeispiel 25 ihre Aufsichtspflicht verletzt? Begründen Sie Ihre Meinung.

Ist die Erzieherin in Fallbeispiel 26 rechtlich verpflichtet, der Situation ein Ende zu bereiten?

Ist die Erzieherin der Nilpferdgruppe im Fallbeispiel 27 den Kindern aus der Storchengruppe gegenüber auch aufsichtspflichtig (und umgekehrt)? Falls Sie das bejahen, wie müsste die Erzieherin handeln?

Besteht gegenüber den Besuchskindern bzw. dem Probekind in den Fallbeispielen 28 und 29 jeweils eine Verpflichtung zur Aufsicht?

2.2.2 Bestimmungsfaktoren der Aufsichtspflicht

Zahlreiche Faktoren bestimmen den Inhalt und Umfang der Aufsichtspflicht. Keine Aufsichtssituation gleicht einer anderen. Immer ist die entsprechende Situation neu zu bedenken und entsprechende Handlungen sind zu überlegen, die eine Aufsichtspflichtverletzung möglichst ausschließen.

Die Rechtsprechung verwendet zur Beschreibung des Maßes der gebotenen Aufsicht die folgende Formel:

Ist nicht mal der Blick aufs Handy erlaubt?

Das Maß der gebotenen Aufsicht bestimmt sich nach dem Alter, der Eigenart und dem Charakter des Kindes sowie danach, was den Aufsichtspflichtigen in ihren jeweiligen Verhältnissen zugemutet werden kann. Entscheidend ist, was verständige Aufsichtspflichtige nach vernünftigen Anforderungen unternehmen müssen, um die Schädigung Dritter durch ein Kind zu verhindern. Dabei kommt es auf die Haftung nach § 832 BGB stets darauf an, ob der Aufsichtspflicht nach den besonderen Umständen des konkreten Falles genügt worden ist.
(vgl. BGH, Urteil vom 20.03.2012, AZ.: VI ZR 3/11, http://juris.bundesgerichtshof.de [05.03.2014])

Diese Generalklausel, die der Bundesgerichtshof in ständiger Rechtsprechung entwickelt hat, gilt auch für das Maß der Pflichten, um das Kind selbst vor Schäden zu bewahren, und sie gilt entsprechend für das Maß der Aufsicht in den Tageseinrichtungen für Kinder. Es sollen nun einige Bestimmungsfaktoren erläutert werden, weil sich konkrete Verhaltensweisen aus der Generalklausel nicht ableiten lassen.

Einzelne Bestimmungsfaktoren der Aufsichtspflicht

▌ Faktoren in der Person des Kindes wie Alter, Eigenart (Verhaltensauffälligkeiten, Krankheiten), Persönlichkeitsmerkmale und Entwicklungsstand,

▌ Gruppenverhalten des Kindes,

▌ Gefährlichkeit der Beschäftigung des Kindes wie Art der Spiele, Ausflüge oder Schwimmen,

▌ örtliche Umgebung wie Abgeschlossenheit des Geländes, Verkehrsverhältnisse, Gefahrenquellen,

▌ Art der Spielgeräte, insbesondere ihre Gefährlichkeit,

▌ Faktoren in der Person der Erzieherin, Kenntnisse und Fertigkeiten, pädagogische Erfahrung,

▌ Verhältnis zwischen Erzieherinnen und Kindern, Gruppengröße, Dauer des Bekanntseins, Vertrautsein im Umgang miteinander,

▌ Zumutbarkeit wie Arbeitsbelastung, Personalrelation, Fachlichkeit oder Erziehungsauftrag.

Berücksichtigen Erzieherinnen diese Bestimmungsfaktoren, dann fällt ihnen die Entscheidung, pädagogisch zu handeln und Schäden zu vermeiden, im Einzelfall leichter.

Die Bestimmungsfaktoren werden nun im Einzelnen erläutert.

Faktoren in der Person des Kindes

Inhalt und Umfang der Aufsichtspflicht ergeben sich durch das Alter des Kindes, seine persönliche, körperliche, seelische und soziale Reife. Ein dreijähriges Kind ist anders zu beaufsichtigen als ein fünfjähriges oder gar ein zwölfjähriges. Das Alter ist ein erster Hinweis für das Maß der Aufsichtspflicht. Es gibt Anhaltspunkte darüber, wie die körperliche, seelische oder soziale Entwicklung eines Kindes ist, welche dem durchschnittlichen Entwicklungsstand anderer gleichaltriger Kinder entspricht.

In der oben zitierten Entscheidung des BGH ging es um einen Zehnjährigen, durch dessen Zündeleien die Scheune eines Reiterhofes komplett abbrannte. Eine Neigung zum Zündeln zeigte der Zehnjährige dabei bis dato nicht.

Weiter heißt es in dem obigen Urteil:

> „Grundsätzlich ist bereits bei Kindern im Alter ab sieben Jahren weder eine Überwachung auf ‚Schritt und Tritt' noch eine regelmäßige Kontrolle in kurzen Zeitabständen erforderlich […]. Vielmehr muss es bei Kindern in dieser Alterstufe im Allgemeinen genügen, dass die Aufsichtspflichtigen sich über das Tun und Treiben in großen Zügen einen Überblick verschaffen, sofern nicht konkreter Anlass zu besonderer Aufsicht besteht. Andernfalls würde jede vernünftige Entwicklung des Kindes, insbesondere der Lernprozess im Umgang mit Gefahren, gehemmt."
> **(BGH, Urteil vom 20.03.2012, AZ.: VI ZR 3/11, http://juris.bundesgerichtshof.de, S. 9 [05.03.2014])**

Arbeitsanregung

Lesen und werten Sie die Ausführungen und Informationen zum Fall des BGH. Glauben Sie, dass das Gericht eine Aufsichtspflichtverletzung angenommen hat?

Gruppenverhalten des Kindes

Während die Personensorgeberechtigten in der Regel nur einzelne Kinder zu beaufsichtigen haben, müssen Erzieherinnen immer Kinder in Gruppen beaufsichtigen. Sie sind anders zu beaufsichtigen als einzelne Kinder, da neben den individuellen Faktoren des Verhaltens auch gruppenspezifische Faktoren hinzukommen. Für die Gesetzmäßigkeiten des Verhaltens in Gruppen, die hier nicht näher erklärt werden sollen, wird auf die entsprechenden Fächer in der Ausbildung sozialpädagogischer Fachkräfte und die einschlägige Literatur verwiesen.

Gefährlichkeit der Beschäftigung des Kindes

Auch die Gefährlichkeit und die Art der Beschäftigung bestimmen den Inhalt und den Umfang der Aufsichtspflicht. Kinder, die in der Puppenecke spielen, sind sicher weniger zu beaufsichtigen als Kinder im Sandkasten oder etwa auf Klettergerüsten. Je nach Beschäftigung verhalten sich die Erzieherinnen pädagogisch unterschiedlich. So ist es selbstverständlich, dass auch der Umfang der Aufsichtspflicht entsprechend unterschiedlich sein muss.

Örtliche und räumliche Gegebenheit

In erster Linie ist der Träger dafür verantwortlich, dass die Räume und das Gelände ordnungsgemäß angelegt, ausgestattet und laufend unterhalten, gepflegt und repariert werden. Es gibt spezielle Vorschriften für Tageseinrichtungen für Kinder, Richtlinien für Kindergärten, z. B. vom Träger der gesetzlichen Unfallversicherung, aber auch baurechtliche und feuerpolizeiliche Vorschriften. Aus ihnen ergibt sich die Verantwortung dafür, dass die Einrichtung „verkehrssicher" ist. Dem Träger obliegt die Verkehrssicherungspflicht.

Fallbeispiel 30

In der Stadt Südstadt veranstaltete das Jugendamt während der Sommerferien ein Spielprogramm für Kinder im Alter von sechs bis zwölf Jahren. Hierfür wurden vom Jugendamt ältere Schüler und Studenten als aufsichtsführende Personen angeheuert. Eines der Spiele bestand im Herunterrutschen von Bänken, die in einer Schulaula in Höhe von 70–120 Zentimeter in der dort befindlichen Sprossenwand eingehängt waren. Da Turnmatten nicht zur Verfügung standen, ermahnte die hier Aufsicht führende Person die aus zehn bis zwölf Kindern bestehende Gruppe stetig, nicht so wild zu sein. Sie warnte auch vor den Gefahren eines Sturzes auf den mit PVC-Platten belegten Steinfußboden. Als der Gruppenleiter sich nicht bei der Gruppe aufhielt, stürzte ein sechsjähriger Junge von der Bank. Er zog sich eine Kopfverletzung zu. (Fall ist dem Sachverhalt nachgebildet, der dem Urteil des OLG Bremen vom 07.09.1977 zugrundelag. In diesem vom hanseatischen Gericht entschiedenen Fall ging es um die Frage der Haftung der öffentlichen Hand bei einer Ferienspielplatz-Aktion).

(vgl. OLG Bremen, Urteil vom 07.09.1977, VersR 1978, S. 525)

Arbeitsanregung

Welchem/n der bisher im Einzelnen erörterten Bestimmungsfaktoren lässt sich die geschilderte Situation im Fallbeispiel zuordnen? Wie würden Sie entscheiden?

Das Gericht hat im Fallbeispiel eine Aufsichtspflichtverletzung des Betreuers verneint, aber eine Haftung der Gemeinde wegen Verletzung der Verkehrssicherungspflicht angenommen. Der Träger hatte es versäumt, Turnmatten zur Verfügung zu stellen. Dies war die unfallverursachende Gefahrensituation. Dazu wäre der Träger aber verpflichtet gewesen, um die ihm obliegende Verkehrssicherungspflicht zu erfüllen. Das Gericht stellte fest, dass dies dem Träger zumutbar gewesen wäre. Eine Aufsichtspflichtverletzung der Mitarbeiterinnen kam nicht in Betracht, weil sie auf die Gefahren eines Absturzes hingewiesen hatten und die Kinder laufend ermahnt hatten, nicht so wild zu sein.

Der Träger hat eine weitergehende Verpflichtung als die Erzieherin. Die Erzieherin haftet nicht für Versäumnisse des Trägers. Aufgabe der Erzieherin ist es aber, den Träger auf mögliche Gefahrenquellen hinzuweisen. Nötigenfalls muss sie dies schriftlich tun und darauf aufmerksam machen, dass sie nicht länger die Aufsichtspflicht erfüllen kann, wenn der Schaden nicht repariert oder die Gefahrenquelle nicht beseitigt wird. Der schriftliche Hinweis wird die Erzieherin dann in einem möglichen Schadensfall entlasten.

Verkehrssicherungspflicht und Aufsichtspflicht lassen sich oft nicht scharf trennen. Dazu das folgende Fallbeispiel.

Fallbeispiel 31

In einem Kindererholungsheim an der Nordsee wird an einem Sommermorgen auf dem Spielplatz ein Frühstück eingenommen. Es gibt unter anderem auch ein Fruchtsaftgetränk zu trinken. Als die Kinder und die Erzieherinnen anschließend wieder in die Räume zurückgehen, bleiben eine noch halbvolle Kanne sowie etliche Gläser stehen. Einige Zeit später laufen einige Kinder wieder auf den Spielplatz nach draußen. In einem unbeobachteten Augenblick gießt sich ein fünfjähriges Kind aus der Kanne ein weiteres Glas Fruchtsaft ein. Dabei übersieht es, dass sich in die Kanne zwischenzeitlich eine Wespe gesetzt hatte.

Wir unterstellen, dass der Spielplatz in seinem allgemeinen Zustand in Ordnung ist und es keine Bedenken gibt, dass Kinder hinauslaufen, ohne dass gleich eine Erzieherin hinterherläuft. In unserem Fallbeispiel zeigt sich aber eine Verletzung der Sorgfaltspflicht darin, dass das Fruchtsaftglas auf dem Spielplatz stehenblieb, weil im Sommer die Möglichkeit, dass sich eine Wespe in das Glas setzt, nahe liegt. Erzieherinnen ist auch die Verpflichtung übertragen, für die Sicherheit des Spielplatzes zu sorgen. Dazu gehört, dass sie sicherstellen, dass keine Gefahrenquellen geschaffen werden und dass sie mögliche Gefahrenquellen entfernen. Ihnen ist zuzumuten, einmal über den Spielplatz zu gehen und, bevor die Kinder wieder nach draußen gehen, mögliche Gefahren zu beseitigen.

Der Bestimmungsfaktor „örtliche Gegebenheiten" erhält insbesondere bei Ausflügen, Wanderungen und Besichtigungen ein besonderes Gewicht. Die Besonderheit der Umgebung erfordert entsprechende Maßnahmen zur Erfüllung der Aufsichtspflicht. Erzieher müssen deshalb die Gegebenheiten kennen, insbesondere die Gefahrenquellen. Es ist daher zu empfehlen, vorher eine Erkundigung zu machen, eventuell einheimische Ortskundige zu befragen oder eine Vorbesichtigung zu unternehmen.

Art der Spielgeräte, insbesondere ihre Gefährlichkeit
Für Spielgeräte gilt, dass die Erzieherinnen die Bedienungsanleitung, die der Hersteller des Spielgerätes mitliefert, kennen, beachten und den Kindern vermitteln sollen. Kinder, die ein Spielgerät erstmals benutzen, sollten dabei beobachtet werden, inwieweit dessen Funktion verstanden wurde und das Gerät beherrscht wird.

Fallbeispiel 32

Auf dem Gelände eines Kindergartens gibt es neben zwei Sprossenbogen und einer Rutsche auch einen knorrigen Baum. Dieser wird von den Kindern lieber zum Klettern benutzt als die Spielgeräte. Unter dem Baum ist weicher Sandboden.

Arbeitsanregung

Überlegen Sie, ob die Erzieherin im Fallbeispiel das Klettern auf dem Baum verbieten sollte.

Spielgeräte sind nicht nur technisch speziell konstruierte Geräte, sondern auch Bäume, kleine Mauern, Skulpturen, kurz: alle Dinge, die Kinder als Spielgerät benutzen können. Es ist nicht notwendig, dass in unserem Fallbeispiel die Erzieherin den Kindern das Klettern auf dem Baum verbietet, weil offizielle Spielgeräte zur Verfügung stehen.

Aufgrund der Aufsichtspflicht muss die Erzieherin aber darauf achten, dass die Kinder, die den Baum hinaufklettern wollen, dem körperlich gewachsen sind. Bei ersten Kletterversuchen sollte sie beobachten und gegebenenfalls nötige Hilfestellungen und Anleitungen geben. Wenn sie sicher sein kann, dass die Kinder das Klettern beherrschen, kann sie sich zurückziehen und braucht nur hin und wieder nachzusehen, ob die Kinder allein zurechtkommen. Hierbei spielt auch der Grundsatz eine Rolle, dass Kinder richtiges Verhalten in Gefahrensituationen am besten dadurch lernen, indem sie dieses Verhalten oder diesen Umgang selbst und weitgehend ohne aktives Eingreifen der Erzieherinnen einüben. Dieser Grundsatz hat aber auch seine aufsichtsrechtlichen Grenzen. Die Erzieherin sollte jede vom pädagogischen Ziel her nicht gebotene Erhöhung der Gefahr vermeiden. Auf den Fall bezogen heißt das, dass die Erzieherin das Klettern dann nicht erlauben darf, wenn der Boden statt mit Sand mit Steinplatten belegt wäre.

Faktoren in der Person der Erzieherin

Bei der Erfüllung der Aufsichtspflicht kommt es darauf an, dass die Erzieherin neben pädagogischen Kenntnissen auch entsprechende pädagogische Erfahrung hat. Die Berufsanfängerin oder eine Praktikantin muss vorsichtiger beaufsichtigen als eine erfahrene Erzieherin.

Für den Inhalt der Aufsichtspflicht sind auch entsprechende körperliche Fertigkeiten von Bedeutung. Das gilt für Fertigkeiten wie Sehen und Hören und vieles andere genauso wie für das Laufen. Eine gute Läuferin darf sich in größerer Entfernung aufhalten. Im Gegensatz dazu muss eine Erzieherin mit Gehbehinderung nahe bei den zu beaufsichtigenden Personen bleiben. Dass es auch auf die Tagesform der Erzieherin ankommt, versteht sich von selbst.

Verhältnis zwischen Erzieherinnen und Kindern, insbesondere Gruppengröße

Besonders wichtig ist die Gruppengröße im Verhältnis zu den anwesenden Erzieherinnen. Nach entsprechenden Eckwerten der Träger darf davon ausgegangen werden, dass für sechs bis etwa zwölf Kinder eine Erzieherin anwesend sein sollte. Diese Eckwerte sind pauschalisierte Werte, d.h. unter dem Gesichtspunkt anderer Bestimmungsfaktoren müssen sie vielleicht hinterfragt und eventuell muss davon abgewichen werden. Beim Schwimmen etwa sollten mehr Aufsicht führende Personen anwesend sein als beim Spielen auf dem Spielplatz. Richtwerte gibt es auch für den internen Betrieb. Sie sind den Richtlinien für Tageseinrichtungen für Kinder zu entnehmen.

Für die Aufsichtspflicht gilt, dass die Erzieherin alle Kinder der Gruppe beaufsichtigen muss, auch jene, die sie vorübergehend kürzere oder längere Zeit für eine Kollegin mitbetreut. Sollte aus bestimmten Gründen, etwa durch Krankheit, eine Erzieherin ausfallen und die sinnvolle pädagogische Arbeit nicht mehr gewährleistet sein, dann muss die Leiterin der Einrichtung den Träger informieren, der dann notwendige Maßnahmen treffen kann, z.B. vorübergehende Schließung einer Gruppe oder Neueinstellung entsprechenden Fachpersonals.

Zumutbarkeit

Mit den bisherigen Bestimmungsfaktoren haben wir überwiegend äußere Gegebenheiten behandelt. Wir wissen bereits, dass die Erziehung und die Aufsichtspflicht eng miteinander zusammenhängen. Viele Erzieherinnen stehen häufig vor der Frage, ob sie ihrer pädagogischen Einsicht oder einer überkommenen Sicherheitserwartung folgen sollen. Hier spielt der Begriff der Zumutbarkeit eine wesentliche Rolle. Es soll die Formel gelten: „Soviel Aufsicht wie zumutbar".

Fallbeispiel 33

In einem Privatkinderheim in einem Nordseebad spielten nachmittags vier Kinder im Alter von dreieinhalb bis fünf Jahren auf dem Spielplatz im Hof. Die Erzieherin kam gelegentlich auf den Spielplatz, um nach den Kindern zu sehen. Dabei bemerkte sie, dass sich zwei Kinder um die Schaufel zankten. In der übrigen Zeit hielt sie sich meistens bei der Ehefrau des Betreibers des Kinderheims in der Küche auf, von wo aus sie keinen Blick auf den Spielplatz hatte. In dieser Zeit verletzte der Dreijährige beim Streit um die Schaufel, mit der er im Sand gespielt hatte, den Fünfjährigen so am Auge, dass es entfernt werden musste.

Fallbeispiel 34

Eine Mutter hatte ihre vierjährige Tochter am Nachmittag auf den Spielplatz im Hof des Häuserblocks zum Spielen geschickt und sie angewiesen, auf dem Spielplatz zu bleiben. Innerhalb einer halben Stunde hat die Mutter zweimal kontrolliert, ob das Kind noch da war. Unbemerkt von der Mutter war es dann mit dem Dreirad eines Spielgefährten auf den Gehweg der Straße gefahren und hatte eine ältere Dame angefahren, die sich dabei komplizierte Brüche des Unterarmes und des Oberschenkelhalses zuzog. Das Fahren mit dem Dreirad hatte die Mutter verboten, da der Spielplatz dafür nicht geeignet war. Sie hatte der Tochter erklärt, dass das Fahren auf der Straße zu gefährlich sei.

Fallbeispiel 35

In einem Hort hatten einzelne Kinder einer Schulkindergruppe die Erlaubnis, im Garten zu spielen, wenn sie ihre Aufgaben beendet hätten. Bei einem Gang durch den Garten sah die Leiterin einen Zehnjährigen mit dem Stock im Blumenbeet herumstochern. Etwas später sandte eine Erzieherin einen Siebenjährigen mit einem Pappkarton mit Papierschnitzeln zum Mülleimer. Als er auf dem Rückweg hinter einem Mauerdurchbruch hervorkam (überraschend für den Zehnjährigen), traf ihn der von dem Zehnjährigen nach einer Eiche geworfene Stock ins Auge.

Arbeitsanregung

1. Gehen Sie der Frage nach: Hat die Mutter der Vierjährigen im Fallbeispiel die Aufsichtspflicht verletzt?
2. Begründen Sie, ob die Erzieherin im Privatkinderheim an der Nordsee die Aufsichtspflicht verletzt hat und vergleichen Sie Ihre Begründung mit der des Bundesgerichtshofes.

Die unterschiedlichen Anforderungen an das Ausmaß der Überwachung erklären sich aus dem Gesichtspunkt der Zumutbarkeit heraus. Im Gegensatz zur Überwachung der Mutter, die neben der Beaufsichtigung des Kindes auch andere Dinge im Haushalt erledigen muss, hat die Erzieherin in unserem Fallbeispiel, deren alleinige Aufgabe die Betreuung der Kinder war, ihre Aufsicht über die spielenden Kinder eingeschränkt. Die Situation zeigt die Unberechenbarkeit von Kindern.

Arbeitsanregung

Die Erzieherin Anna Ängstlich arbeitet in einem Hort für neun bis zwölf Jahre alte, normal entwickelte Schüler. Ständig lebt sie in der Befürchtung, eines Tages wegen einer Aufsichtspflichtverletzung zur Haftung herangezogen zu werden, schließlich seien ihre Schützlinge ja noch relativ klein und sie könne schließlich nicht überall sein. Ist diese Befürchtung begründet?

2.2.3 Mittel zur Erfüllung der Aufsichtspflicht

Von der Erzieherin wird bei der Erfüllung der Aufsichtspflicht Fachlichkeit, das heißt der Einsatz pädagogischer Handlungsweisen erwartet. Die gewählte Handlungsweise sollte möglichst immer auch einen positiven pädagogischen Effekt haben und in einem angemessenen Verhältnis zu der Gefahr stehen.

Die Erzieherin sollte die Aufsichtspflicht in folgenden Stufen angehen:

Vorsorgliche Belehrung und Warnung
Darunter verstehen wir die pädagogische Einflussnahme, die das Ziel hat, dem Kind Einsichten in die Gefährlichkeit bestimmter Situationen und Verhaltensweisen zu vermitteln und es zu Verhaltensweisen zu bewegen, mit denen es Gefahren bewältigen oder meistern kann. Nicht gemeint ist die schulmeisterliche und mit erhobenem Zeigefinger vorgebrachte vorsorgliche Belehrung, Ermahnung und Warnung.

Überwachung
Die Erzieherin sollte sich stets davon überzeugen, dass ihre Einflussnahme wirklich den gewünschten Erfolg hat, dass diese beim Kind ankommt. Nicht gemeint ist das ständige Dem-Kind-auf-den-Fersen-Bleiben. Die Überwachung durch die Erzieherin bedeutet, sich um einen intensiven Kontakt mit dem Kind zu bemühen und dabei zu erfahren, ob der Einfluss den gewünschten Erfolg hat. Auf diese Weise kann die Erzieherin eher förmliche Kontrollen auf ein Minimum beschränken.

Eingreifen von Fall zu Fall

Darunter verstehen wir jede Form von pädagogischen Maßnahmen. Anders ausgedrückt heißt das, wenn die Erzieherin bei ihrer Überwachung feststellt, dass sich die Kinder oder einzelne von ihnen trotz vorsorglicher Belehrungen mehr als nötig gefährlich verhalten, so muss sie in der pädagogisch geeigneten und sinnvollsten Weise handeln.

2.2.4 Delegation der Aufsichtspflicht

Der Träger der Einrichtung hat die Aufsichtspflicht von den Personensorgeberechtigten übertragen bekommen und dieser wiederum hat sie auf die Erzieherinnen übertragen. Hier hat vor allem die Leiterin der Einrichtung eine übergreifende Verantwortung. Sie hat nämlich die Verpflichtung, das übrige Fachpersonal hinreichend anzuleiten und zu überwachen. Daraus folgt, dass die Aufsichtspflicht generell übertragbar ist. Auch weitere Personen, z.B. Praktikantinnen oder Eltern, können zur Ausübung der Aufsichtspflicht herangezogen werden. Voraussetzung ist, dass sie in entsprechender Weise dazu geeignet sind und erforderlichenfalls angeleitet und überwacht werden. Die Frage der Delegation ist also nicht abstrakt nach dem Personenkreis zu beantworten, sondern nach der konkreten Eignung der Person, insbesondere hinsichtlich ihrer Zuverlässigkeit, Lebenserfahrung und Ausbildung.

Ist eine Person zur Ausübung der Aufsicht ungeeignet, darf ihr die Aufsichtspflicht nicht übertragen werden. Die Erzieherinnen müssen also sorgfältig abwägen – ähnlich wie der Träger bei der Einstellung des Personals –, an wen sie die Aufsichtspflicht delegieren. In welchem Umfang beispielsweise Praktikantinnen im Rahmen der Aufsichtspflicht Aufgaben übertragen werden können, hängt davon ab,

- wie weit diese die Kinder kennen und deren Verhalten einschätzen können,
- ob sie bereit und in der Lage sind zu echter Kooperation mit den Erzieherinnen,
- wie oft und wie lange sie bereits im Kindergarten mitgearbeitet haben und
- welche Vorerfahrung sie gesammelt haben.

Die Erzieherinnen haben die mitarbeitenden Praktikanten oder Eltern bei ihren Aufgaben im Rahmen der Aufsichtspflicht ständig zu beraten, anzuleiten und zu kontrollieren. Trotz der Möglichkeit einer Delegation bleiben die Erzieherinnen für die Schäden verantwortlich, die infolge einer unzulänglichen Aufsichtsführung entstehen.

2.2.5 Beginn und Ende der Aufsichtspflicht

Fallbeispiel 36

Eine Elterninitiative in einem ländlichen Gebiet ließ ihre Kinder durch ein von ihnen beauftragtes Busunternehmen zum Kindergarten bringen. Das Fahrpersonal ließ die Kinder regelmäßig an der Eingangstür der Einrichtung auf einem frei benutzbaren Parkplatz aussteigen. Um Drängeleien zu vermeiden, wurde zum Aussteigen stets nur die vordere Bustür geöffnet. Die Kinder begaben sich nach dem Ausstieg immer auf dem kürzesten Wege in den Kindergarten. Eines Tages geriet ein vier Jahre alter Junge beim Abfahren des Busses unter die Hinterreifen, ohne dass dies von der zu diesem Zeitpunkt den Bus steuernden Fahrerin bemerkt werden konnte. Eine der Erzieherinnen des Kindergartens hielt sich immer in der Nähe der Eingangstür im Hausinnern auf, um die Kinder in Empfang zu nehmen.

§ 9 der Kindergartenordnung dieser Einrichtung bestimmte:
„Für den Weg zum und vom Kindergarten sind die Eltern verantwortlich. Für die Zeit vor Öffnung und nach Schließung des Kindergartens übernimmt die Leiterin keine Verantwortung."

Arbeitsanregung

Überlegen Sie, ob die Kindergartenleiterin im Fallbeispiel ihre Aufsichtspflicht verletzt hat.

Durch die Vereinbarungen des Trägers mit den Eltern der Kinder wird auch festgelegt, wann die Aufsicht über die Kinder beginnt und wann sie endet. Im Betreuungsvertrag sollte ausdrücklich geregelt sein, dass die Eltern für ihre Kinder auf dem Weg zur Einrichtung und für den Nachhauseweg verantwortlich sind. Für die Praxis bedeutet das: Die Aufsichtspflicht beginnt, wenn das Kind bei Beginn der Öffnungszeit das Gelände betritt, und endet, wenn das Kind am Ende der Öffnungszeit von den Eltern abgeholt wird.
Bei Hortkindern darf die Erzieherin darauf vertrauen, dass die Kinder in der Regel sowohl den Weg von der Schule als auch vom Hort nach Hause allein bewältigen können (Ausnahmen gelten etwa bei Unwetter etc.).

2.2.6 Aufsichtspflicht und Haftung

Die Erzieherinnen sind zur Erfüllung der Aufsichtspflicht zu einem bestimmten Verhalten verpflichtet.

Demgegenüber verstehen wir unter Haftung die rechtlich begründete Verpflichtung, für einen bestimmten Schaden einstehen zu müssen. Die Frage der Haftung entsteht also nur, wenn Erzieherinnen ihre Pflichten schlecht erfüllt haben und deswegen ein Schaden eingetreten ist, weil ein (auch vom Strafrecht) geschütztes Rechtsgut, z.B. die körperliche Unversehrtheit, verletzt worden ist. Wir sprechen daher auch von zivilrechtlicher Haftung für Schäden und von strafrechtlicher Haftung, wenn der Lebenssachverhalt gleichzeitig einen Straftatbestand erfüllt.

Fallbeispiel 37

Die Erzieherin Lena Lau hat momentan Stress mit ihrem Freund. Sie entschwindet daher nahezu während des kompletten Arbeitstages in den Sozialraum, um private Telefongespräche zu führen. Da die Zweitkraft an einer Tagung des städtischen Jugendhilfeausschusses teilnehmen muss, sind die Kinder fast den ganzen Vormittag unbeaufsichtigt. Obwohl es dadurch teilweise zu einigen wüsten Spielen in Gruppenraum und Außenbereich kommt, nimmt doch kein Kind Schaden.

Arbeitsanregung

Hat Lena Lau die ihr obliegende Aufsichtspflicht gegenüber den ihr anvertrauten Kindern verletzt?

Im Fallbeispiel ist die Frage nahe liegend, ob die Erzieherin ihre Aufsichtspflicht verletzt hat. Das kann sicher bejaht werden. Jedoch wirft das Fallbeispiel nicht die Frage der Haftung auf, denn ein Kind ist nicht zu Schaden gekommen. Wäre jedoch in Abwesenheit der Erzieherin einem Kind ein Schaden entstanden, würde sie für die Verletzung des Kindes zivilrechtlich und strafrechtlich haften, wenn man in ihrem Verhalten eine schuldhafte Aufsichtspflichtverletzung sieht.

Für das Fallbeispiel muss jedoch noch eine andere Frage erörtert werden. Der Träger, also der Arbeitgeber, muss im obigen Fall prüfen, ob das Verhalten der Erzieherin gegen seine Anordnungen verstoßen hat, was arbeitsrechtliche Folgen nach sich ziehen kann. Bejaht der Arbeitgeber einen Verstoß, wird er je nach dessen Schwere arbeitsrechtliche Folgen erwägen. Hier könnten eine arbeitsrechtliche Rüge (Abmahnung) oder die Versetzung auf einen anderen Arbeitsplatz oder gar die Kündigung infrage kommen.

2.2.7 Haftungsprivilegierung

Für eine Haftung ist immer erforderlich, dass die Erzieherin ein Verschulden trifft. Es gibt zwei Arten des Verschuldens, nämlich Vorsatz und Fahrlässigkeit. Bei Vorsatz nimmt die Erzieherin den Schadenseintritt billigend in Kauf. Bei Fahrlässigkeit lässt sie die im Verkehr erforderliche Sorgfalt außer Acht. Tut sie dies in besonders hohem Maße, so spricht man auch von grober Fahrlässigkeit.

Wird das Kind während einer betrieblichen Tätigkeit verletzt und liegt nur ein fahrlässiges Handeln vor, dann stellt die gesetzliche Unfallversicherung sowohl die Erzieherin als auch den Träger der Einrichtung von einer Haftung frei. Dies gilt allerdings nicht bei vorsätzlicher Herbeiführung des Schadens und auch nicht bei einem sogenannten Wegeunfall. Hintergrund dieser Haftungsprivilegierung ist, dass der Betriebsfrieden nicht gestört werden soll. Zwar können das Kind und seine Eltern sich freuen, mit den Trägern der gesetzlichen Unfallversicherung jeweils einen solventen Schuldner zu haben. Kehrseite der Medaille ist allerdings, dass diese nur für bestimmte Schäden haften. So zahlt die gesetzliche Unfallversicherung kein Schmerzensgeld zur Ausgleichung eines immateriellen Schadens. Dieser kann auch nicht vom Träger oder der Erzieherin selbst gefordert werden, da ja die Haftungsprivilegierung greift.

Fallbeispiel 38

Die Erzieherin Else Emsig ist sehr aufgeregt; bietet sie doch bei einer Internetauktion mit, die heute um elf Uhr abläuft. Da sie heute Vormittag Aufsicht über die Gruppe im Außengelände des Kindergartens führt, kann sie sich bei dem ganzen Getümmel allerdings nicht so ganz auf ihr Smartphone konzentrieren, auf dem sie die letzten Minuten des Aktionszeitraumes verfolgen möchte. Sie zieht sich daher kurzerhand in den Sozial-raum im Inneren des Gebäudes zurück. Da die Kinder ihrer Gruppe bis jetzt immer äußerst brav waren, denkt sie sich nichts dabei. Die Zeit ihrer Abwesenheit nutzen aller-dings drei Jungen ihrer Gruppe weidlich aus. Sie bewerfen den neuen Wagen des Nach-barn Zacharias Zorn, der diesen auf einem Parkplatz an der Straße vor der Einrichtung geparkt hat, mit allen Steinen, die sie nur in die Finger bekommen können. Der dabei entstehende Lackschaden beträgt 1 000,00 Euro. Zacharias ist mehr als erbost und ver-langt Schadenersatz. Der Träger des Kindergartens hat für die Einrichtung eine Betriebs-haftpflichtversicherung abgeschlossen.

Haftet Else für den Schaden?

Ob Else für den Schaden haften muss, hängt davon ab, wie das Verschulden einzustufen ist. Zwar wird wahrscheinlich erst einmal die Betriebshaftpflichtversicherung für den Schaden aufkommen. Jedoch enthalten die Versicherungsverträge oft Klauseln, die es den Versicherern erlauben, bei ihren Versicherten (hier: Träger des Kindergartens) in den Fällen von Vorsatz und grober Fahrlässigkeit Rückgriff zu nehmen.

Der Träger des Kindergartens würde sich in einem solchen Fall natürlich fragen, ob er sich das Geld nicht von Else wiederholen kann. Denn aufgrund ihres Verhaltens hat sie ganz klar ihre arbeitsvertraglichen Pflichten verletzt. Gemäß § 276 BGB hat der Schuld-ner Vorsatz und Fahrlässigkeit (in jeder Form) zu vertreten.

Das Bundesarbeitsgericht hat dies aber im Wege richterlicher Rechtsfortbildung im Arbeitsverhältnis modifiziert. Denn es wäre ungerecht, würde der Arbeitgeber immer nur das Gute nehmen, was ihm der Arbeitnehmer einbringt (nämlich erhöhten Profit, anderenfalls würde niemand eingestellt), das Schlechte aber nicht mittragen wollen. Daher hat das Bundesarbeitsgericht eine Haftungsprivilegierung für Arbeitnehmer im Arbeitsverhältnis entwickelt, die sogenannten Grundsätze des innerbetrieblichen Schadensausgleiches. Es wird dabei auf den Grad des Verschuldens geschaut, den das Verhalten des Arbeitnehmers (hier: der Arbeitnehmerin) aufweist. Bei einem vorsätz-lichen Verhalten der Arbeitnehmerin müsste diese hier den Schaden zur Gänze tra-gen. Davon ist im vorliegenden Fall nicht auszugehen. Else hat den Schadenseintritt nicht billigend in Kauf genommen, ja sie hat nicht einmal einen Gedanken daran verschwendet, dass dies überhaupt möglich sein könnte. Allerdings könnte ihr Ver-halten als fahrlässig einzustufen sein. Hier käme es entscheidend darauf an, ob ihr Verhalten als leicht fahrlässig, fahrlässig im mittleren Grad oder als grob fahrlässig anzusehen ist. Nach den vom Bundesarbeitsgericht entwickelten Grundsätzen haftet die Erzieherin nur bei einem leicht fahrlässigen Handeln, wie es jedem hätte passieren können, nicht. In einem derartigen Fall haftet allein der Arbeitgeber (hier der Träger des Kindergartens). In einem Fall mittlerer Fahrlässigkeit tragen Arbeitgeber und Arbeitnehmerin den Schaden quotal. Bei Vorliegen grober Fahrlässigkeit aufseiten der Arbeitnehmerin muss diese in der Regel den Schaden ebenso wie bei Vorliegen eines vorsätzlichen Verhaltens zur Gänze tragen. Grob fahrlässig ist ein Verhalten dann, wenn nicht beachtet bzw. bedacht wird, was eigentlich jedem hätte einleuch-ten müssen. Auch wenn grobe Fahrlässigkeit vorliegt, kann es allerdings zu einer quotalen Haftung von Arbeitgeber und Arbeitnehmerin kommen. Dies ist dann der Fall, wenn die alleinige Haftungstragung durch die Arbeitnehmerin unbillig (im Sinne von ungerecht) wäre. Um dies zu ermitteln, werden verschiedene Kriterien herangezogen wie beispielsweise die Höhe des Verdienstes der Arbeitnehmerin in Relation zur Höhe des verursachten Schadens, die Unterhaltspflichten der Arbeitnehmerin, auch die Gefahrgeneigtheit der Arbeit (birgt diese die Gefahr [hoher] Schäden in sich?) spielt eine Rolle.

Arbeitsanregung

Diskutieren Sie, ob Elses Verhalten als leicht, mittel oder grob fahrlässig anzusehen ist. Was wäre die jeweilige Konsequenz im Hinblick darauf, wer den Schaden tragen muss?

2.3   Kinder- und Jugendschutz

Damit sozialpädagogische Fachkräfte erzieherisch auf junge Menschen einwirken können, benötigen sie Kenntnisse darüber, mit welchen Bedürfnissen und Fähigkeiten junge Menschen ausgestattet sind. Manchmal aber können junge Menschen ihre Bedürfnisse und Fähigkeiten in ihren jeweiligen Lebenssituationen nicht verwirklichen, weil einem derartigen Handeln gesetzliche Schranken entgegenstehen. Diese gesetzlichen Schranken bestehen deshalb, weil Kinder und Jugendliche vor Gefahren für ihr Wohl geschützt werden sollen. Was diese sind und wie der Schutz vonstattengehen soll, ist immer wieder Gegenstand eines gesellschaftlichen Diskurses. Die ältesten Regelungen finden wir auf dem Gebiet des Jugendarbeitschutzes. Das Jugendarbeitsschutzgesetz soll vor körperlicher und seelischer Überforderung und Gefährdungen des Jugendlichen am Arbeitsplatz schützen. Die Mittel, mit denen dies bewerkstelligt werden soll, sind Arbeitszeitregulierungen, Vorschriften über Ruhezeiten und der Ausschluss bestimmter Arbeiten.

2.3.1 Verantwortung für Kinder und Jugendliche

Junge Menschen sehen sich in zunehmendem Maße der Einwirkung verschiedener Gefährdungen ausgesetzt. Eine Gefährdung, die in den letzten Jahren sehr zugenommen hat, ist das „Parken" des Kindes vor verschiedenen Medien, durch welche es unreflektiert berieselt wird.

Dem Schutz von Kindern und Jugendlichen während der Zeit ihrer Entwicklung und Reifung wird im Grundgesetz für die Bundesrepublik Deutschland ein so hoher Stellenwert beigemessen, dass die in Art. 5 GG garantierte Meinungs- und Informationsfreiheit u. a. durch die gesetzlichen Bestimmungen zum Schutz der Jugend ihre Schranken findet. Wichtigstes Gesetz ist hier das Jugendschutzgesetz (kurz: JuSchG). Ziel dieser gesetzlichen Regelung ist es, Gefährdungen der Entwicklung von Kindern und Jugendlichen, die ihnen in der Öffentlichkeit drohen, möglichst zu verhindern. Das Jugendschutzgesetz richtet sich mit seinen Ge- und Verboten nicht unmittelbar an die jungen Menschen selbst, sondern vielmehr an diejenigen, die in gewerblichen Bereichen Gefährdungen verursachen. Es beschneidet daher die Gewerbefreiheit. Die Gesetzesadressaten sind aufgefordert, die Inhalte der gesetzlichen Regelungen einzuhalten und auf Kinder und

Jugendliche entsprechend einzuwirken, um so in erzieherischem Handeln den notwendigen Schutz der Kinder und Jugendlichen zu verwirklichen. Gleichzeitig will das Gesetz Eltern, aber auch Lehrer, Ausbilder und Erzieherinnen in der Erziehung junger Menschen unterstützen und stärken. Das Jugendschutzgesetz bietet hierzu Erziehenden eine wichtige Orientierungshilfe als Werterahmen.

2.3.2 Jugendschutz – Schutz für alle Minderjährigen

Als Jugendschutzrecht im engeren Sinne gelten das Jugendschutzgesetz, das Jugendarbeitsschutzgesetz und der Jugendmedienschutzstaatsvertrag.

Mit zunehmendem Alter und der damit einhergehenden Reifeentwicklung verringert sich die Schutzbedürftigkeit junger Menschen. Aus diesem Grund sieht das Gesetz verschiedene Altersgrenzen im Hinblick auf die Gestattung bestimmter Verhaltensweisen in der Öffentlichkeit vor.

In Anlehnung an andere jugendrechtliche Vorschriften gibt es für den Jugendschutz drei Altersstufen und zwar für
▌ Kinder bis 14 Jahre,
▌ Jugendliche von 14 bis 16 Jahre und
▌ Jugendliche von 16 bis 18 Jahre.

Die Vorschriften der §§ 2 bis 14 JuSchG gelten nicht für verheiratete Jugendliche. Die Verantwortlichkeit von personensorgeberechtigten oder von erziehungsberechtigten Personen wird da deutlich, wo das Gesetz die Erlaubnis, dass Kinder und Jugendliche bestimmte Dinge in der Öffentlichkeit tun dürfen, von der Begleitung durch solche Personen abhängig macht (z. B. beim Aufenthalt in Gaststätten oder bei Tanzveranstaltungen). Personensorgeberechtigte Person ist, wem allein oder gemeinsam mit einer anderen Person nach den Vorschriften des Bürgerlichen Gesetzbuches die Personensorge zusteht; erziehungsbeauftragte Person ist jede Person über 18 Jahren, soweit sie auf Dauer oder zeitweise aufgrund einer Vereinbarung mit der personensorgeberechtigten Person Erziehungsaufgaben wahrnimmt oder soweit sie ein Kind oder eine jugendliche Person im Rahmen der Ausbildung oder der Jugendhilfe betreut.

2.3.3 Jugendschutz in der Öffentlichkeit

Gaststätten
Es ist Fakt, dass bereits Kinder und viele Jugendliche Alkohol trinken. Dieser oft frühzeitige und übermäßige Alkoholkonsum („Koma-Saufen") birgt unübersehbare Gefahren für Kinder und Jugendliche. Das Jugendschutzgesetz hat in der Neuregelung die bestehenden Bestimmungen zur Bekämpfung des Alkoholmissbrauchs durch Minderjährige beibehalten, zum Teil noch erweitert, weil durch entsprechende Angebote die Gefahr des Alkoholkonsums besonders gegeben ist.

Unproblematisch – Gaststättenbesuch Minderjähriger mit ihren Eltern

So dürfen auch weiterhin Kinder und Jugendliche unter 16 Jahren nur dann eine Gaststätte betreten, wenn eine personensorgeberechtigte oder erziehungsbeauftragte Person sie begleitet oder wenn sie in der Zeit zwischen 5 und 23 Uhr eine Mahlzeit oder ein Getränk einnehmen (§ 4 JuSchG). Jugendlichen ab 16 Jahren darf der Aufenthalt in Gaststätten ohne Begleitung einer personensorgeberechtigten oder erziehungsbeauftragten Person in der Zeit von 24 Uhr und 5 Uhr morgens nicht gestattet werden. Hiervon ausgenommen sind Kinder und Jugendliche, die sich auf Reisen befinden und eine Mahlzeit oder ein Getränk einnehmen wollen. Kinder und Jugendliche dürfen sich auch dann in einer Gaststätte aufhalten, wenn sie an einer Veranstaltung eines anerkannten Trägers der Jugendhilfe teilnehmen. Gaststätte ist

jede gewerblich betriebene Schank- und Speisewirtschaft, soweit alkoholische Getränke ausgeschenkt werden und der Betrieb jedermann oder einem bestimmten Personenkreis zugänglich ist. Darunter fallen auch Eisdielen, Cafés und Diskotheken oder Bierzelte auf Straßenfesten.

Nicht erlaubt ist für Kinder und Jugendliche unter 18 Jahren der Besuch von Nachtbars, Nachtklubs und Ähnlichem.

Tanzveranstaltungen

Fallbeispiel 39

In einer großen Diskothek in Oberhausen werden an einem Wochenende die Anwesenden hinsichtlich ihres Alters kontrolliert. Die Kontrolle findet eine halbe Stunde nach Mitternacht statt. Neben der großen Mehrheit von jungen Erwachsenen sind auch Jugendliche zwischen 15 und 17 Jahren in der Diskothek. Außerdem werden bei der Kontrolle auch zwei unter 18 Jahre alte, aber verheiratete Jugendliche angetroffen und eine 16-Jährige mit ihren Eltern. Eine 17-Jährige ist mit ihrem 18 Jahre alten Bruder da. Ihre Eltern haben ihr erlaubt, dass sie mit ihrem Bruder die Disko besuche, wenn dieser währenddessen „auf sie Acht gebe". Auf die Frage der kontrollierenden Mitarbeiter des Ordnungsamtes und der Polizei, warum sie noch „vor Ort" seien, sie wüssten doch, dass das Gesetz zum Schutze der Jugend in der Öffentlichkeit den Aufenthalt zu dieser Zeit nicht erlaubt, erhalten diese meist die stereotype Antwort: „Um diese Zeit ist doch erst richtig was los."

Arbeitsanregung

Bearbeiten Sie folgende Fragestellungen zum Fallbeispiel:
1. Wie müssen sich die kontrollierenden Mitarbeiter den Jugendlichen gegenüber verhalten bzw. welche Maßnahmen haben sie auf rechtlicher Grundlage zu ergreifen?
2. Wie sehen die Regelungen für die entsprechenden Altersstufen aus?
3. Welche Sonderregelungen gibt es für die verheirateten Minderjährigen?
4. Gelten diese auch für den Fall der anwesenden personensorgeberechtigten oder erziehungsbeauftragten Person?
Lesen Sie hierzu § 5 JuSchG.

Eines der häufigsten Bedürfnisse junger Menschen ist der Besuch von Tanzveranstaltungen, vornehmlich von Diskotheken. Dieser Besuch unterliegt gewissen Einschränkungen. Eine Begründung ergibt sich aus der Tatsache, dass gerade auch die Tanzveranstaltungen oft mit einem hohen Alkoholkonsum verbunden sind. Oftmals wird auch schon in der Gruppe auf dem Weg zu einer solchen Veranstaltung von den Jugendlichen Alkohol getrunken („vorgeglüht"). Jugendlichen wird deshalb ein Besuch solcher Tanzveranstaltungen ohne Begleitung erst ab 16 Jahren gestattet (§ 5 JuSchG). Der Besuch für Jugendliche, die 16 bzw. 17 Jahre alt sind, ist jedoch längstens bis 24 Uhr erlaubt. Abweichend darf die Anwesenheit von Kindern bis 22 Uhr und Jugendlichen unter 16 Jahren bis 24 Uhr gestattet werden, wenn die Tanzveranstaltung von einem anerkannten Träger der Jugendhilfe durchgeführt wird oder der künstlerischen Betätigung oder der Brauchtumspflege dient. Zusätzliche Ausnahmen lassen sich aufgrund eines Antrags des Veranstalters bei den Ordnungsbehörden erreichen. Bei solchen genehmigten Veranstaltungen dürfen ebenfalls Kinder und Jugendliche zugelassen werden. Diese Bestimmungen gelten nur für öffentliche Tanzveranstaltungen, bei denen jedermann Zutritt hat. Bei geschlossenen Veranstaltungen gelten die gesetzlichen Regelungen nicht, es sei denn, die Geschlossenheit wird nicht streng eingehalten. Dann werden sie wie öffentliche Tanzveranstaltungen bewertet und unterliegen ebenso den gesetzlichen Regelungen des Jugendschutzes.

Spielhallen, Glücksspiele

Das Problem der Spielsucht bei Erwachsenen ist längst bekannt. Der Reiz, etwas zu gewinnen, ist selbstverständlich oder gerade auch für Kinder und Jugendliche von erheblicher Bedeutung. Kindern und Jugendlichen darf die Anwesenheit in öffentlichen Spielhallen und ähnlichen Einrichtungen, die vorwiegend dem Spielbetrieb dienen, nicht gestattet werden (§ 6 JuSchG).

Erlaubt ist die Teilnahme an Spielen mit Gewinnmöglichkeiten, wenn folgende Voraussetzungen gegeben sind:

▌ Die Spiele werden auf Veranstaltungen wie Volks- und Schützenfesten, Jahrmärkten Spezialmärkten oder ähnlichen Veranstaltungen angeboten und

▌ der Gewinn besteht in Waren von geringem Wert.

Jugendgefährdende Veranstaltungen und Betriebe

Wenn von einer öffentlichen Veranstaltung oder einem Gewerbebetrieb eine Gefährdung für das körperliche, geistige oder seelische Wohl von Kindern oder Jugendlichen ausgeht, dann kann die zuständige Behörde anordnen, dass der Veranstalter oder Gewerbetreibende Kindern und Jugendlichen die Anwesenheit nicht gestatten darf. Es handelt sich also um eine Ermessensentscheidung. Entscheidend ist das Gesamtgepräge des Betriebes oder der Veranstaltung. So kann die Behörde keinen auf § 7 JuSchG gestützten Verwaltungsakt gegen eine Paintball-Halle verhängen, weil dort Paintball gespielt wird. Auch darf ein Anwesenheitsverbot gegen eine Ausstellung nicht per se verhängt werden, weil dort plastinierte Leichen zu sehen sind. Mildere Mittel als der Ausspruch eines Anwesenheitsverbotes für Kinder und Jugendliche sind die Anordnung von Altersbegrenzungen, Zeitbegrenzungen oder andere Auflagen, wenn dadurch die Gefährdung ausgeschlossen oder wesentlich gemindert wird.

Jugendgefährdende Orte

Grundsätzlich haben junge Menschen je nach Alter und Entwicklungsstand den Wunsch, Gaststätten, Diskotheken, Kinos, Tanzveranstaltungen, Volksfeste oder die Kirmes zu

besuchen. An solchen Orten droht – zwar nicht zwangsläufig –, aber häufig, Kindern und Jugendlichen eine unmittelbare Gefahr für ihr körperliches, geistiges oder seelisches Wohl. Ist dies der Fall, dann ist ein Ort im Sinne des § 8 JuSchG jugendgefährdend. Die Frage, ob Kindern und Jugendlichen Gefahren an bestimmten Orten drohen, hängt vor allem von dem Verhalten der Erwachsenen ab, die sich dort aufhalten. Als eindeutig jugendgefährdend gelten z.B. Straßen mit Bordellbetrieb, Treffpunkte von Drogenhändlern und Ähnliches. Eine vollständige Aufzählung jugendgefährdender Orte ist nicht möglich. Halten sich Kinder und Jugendliche an solchen auf, sind sie
1. zum Verlassen des Ortes anzuhalten,
2. der erziehungsberechtigten Person im Sinne des § 7 Abs. 1 Nr. 6 SGB VIII zuzuführen oder, wenn keine erziehungsberechtigte Person erreichbar ist, in die Obhut des Jugendamtes zu bringen.
In schwierigen Fällen hat die zuständige Behörde oder Stelle das Jugendamt über den jugendgefährdenden Ort zu unterrichten.

Alkoholische Getränke

Fallbeispiele 40 bis 42

Fallbeispiel 40
Der zwölfjährige Peter wird von seinem Vater zum Kiosk an der Ecke geschickt. Er soll dort für ihn drei Flaschen Bier holen.

Fallbeispiel 41
Einige junge Leute im Alter von 17 Jahren halten sich in der Gaststätte auf und bestellen dort Bier und Schnaps. Die Bedienung serviert die Getränke nach jeder Bestellung.

Fallbeispiel 42
Bei einer Familienfeier der Familie T., an der auch Jugendliche unter 18 Jahren teilnehmen, gibt es neben anderen Getränken auch branntweinhaltige Getränke. Einige der Jugendlichen konsumieren diese Getränke ebenfalls.

Arbeitsanregung

Lesen Sie die Fallbeispiele und diskutieren Sie diese vor dem Hintergrund erzieherischer Aspekte.

Ein weiterer Schwerpunkt in der Vorbeugung gegen Alkoholmissbrauch sind neben den teilweisen Verboten bezüglich des Gaststättenbesuchs die Bestimmungen bezüglich der Abgabe alkoholischer Getränke an Kinder und Jugendliche in der Öffentlichkeit (siehe § 9 JuSchG). Nach § 9 JuSchG dürfen an Kinder und Jugendliche unter 16 Jahren in Gaststätten, Verkaufsstellen oder sonst in der Öffentlichkeit

▌ Branntwein, branntweinhaltige Getränke oder Lebensmittel, die Branntwein in nicht nur geringfügiger Menge enthalten,

▌ andere alkoholische Getränke
weder abgegeben noch darf ihnen der Verzehr gestattet werden.

Wein und Bier zählen zu den anderen alkoholischen Getränken. Nach § 9 Abs. 2 JuSchG dürfen diese an Jugendliche ab 14 Jahren abgegeben werden, wenn sie von einer personensorgeberechtigten Person begleitet werden.

Hinsichtlich der Vorbeugung gegen Alkoholmissbrauch ist auch die Bestimmung des § 9 Abs. 3 JuSchG maßgeblich. Danach dürfen alkoholische Getränke in der Öffentlichkeit nicht mehr in Automaten angeboten werden. Davon unberührt bleibt ein Alkoholautomat in gewerblich genutzten Räumen wie Kantinen, in denen durch ständige Aufsicht sichergestellt ist, dass Jugendliche unter 16 Jahren keine alkoholischen Getränke entnehmen können.

Rauchen in der Öffentlichkeit, Tabakwaren

Nach § 10 JuSchG dürfen in Gaststätten, Verkaufsstellen oder sonst in der Öffentlichkeit Tabakwaren an Kinder oder Jugendliche unter 18 Jahren weder abgegeben noch darf das Rauchen gestattet werden. Darüber hinaus dürfen Tabakwaren in der Öffentlichkeit

nicht in Automaten angeboten werden. Das gilt nicht, wenn ein Automat an einem Kindern und Jugendlichen unter 18 Jahren unzugänglichen Ort aufgestellt ist oder durch technische Vorrichtungen oder durch ständige Aufsicht sichergestellt ist, dass Kinder und Jugendliche unter 18 Jahren Tabakwaren nicht entnehmen können.

Daneben existieren auch Nichtrauchergesetze der Länder. Nur nach diesen können Verstöße durch Bußgeldverhängung gegen den Jugendlichen selbst geahndet werden.

2.3.4 Jugendschutz im Bereich der Medien

Filmveranstaltungen

Drei Bedingungen sind für die Frage entscheidend, ob Kindern und Jugendlichen die Anwesenheit bei öffentlichen Filmveranstaltungen erlaubt werden kann oder nicht (siehe § 11 JuSchG):

▮ Der Film muss von der Obersten Landesbehörde für die jeweilige Altersgruppe freigegeben sein.

▮ Für die verschiedenen Altersgruppierungen sind unterschiedliche Zeitgrenzen festgelegt, bis zu denen die Vorführung beendet sein muss.

▮ Diese Zeitgrenzen gelten nicht, wenn Kinder und Jugendliche ab sechs Jahren durch eine personensorgeberechtigte Person begleitet werden und die Filmveranstaltungen ab zwölf Jahre freigegeben und gekennzeichnet sind.

Die Oberste Landesbehörde bedient sich für die Freigabeentscheidungen der „Freiwilligen Selbstkontrolle der Filmwirtschaft/Jugendprüfung" (FSK/J) als gutachterlicher Stelle. Aufgrund einer Vereinbarung der Obersten Landesbehörden mit der Spitzenorganisation der Filmwirtschaft e.V. wird die von dieser Organisation getragene FSK/J tätig.

In der Jugendprüfung im Arbeitsausschuss der FSK/J führt ein ständiger Vertreter der Länder den Vorsitz.

Alle Filme, die geeignet sind, das körperliche, geistige oder seelische Wohl von Kindern und Jugendlichen zu beeinträchtigen, werden mit der Bezeichnung „Nicht freigegeben unter 18 Jahren" gekennzeichnet. Dann ist Kindern und Jugendlichen die Anwesenheit nicht gestattet. Das Gleiche gilt für Filme, die nicht geprüft worden sind und die in der Öffentlichkeit vorgeführt werden.

Im Übrigen gelten für die einzelnen Altersgruppen folgende Regelungen:

▌ Kinder unter sechs Jahren dürfen öffentlich gezeigte Filme dann sehen, wenn sie von einer personensorgeberechtigten oder einer erziehungsbeauftragten Person begleitet werden und der Film „Ohne Altersbeschränkung", also für alle Altersgruppen freigegeben ist.

▌ Wenn ein Film ab sechs Jahren freigegeben ist, dürfen Kinder öffentlich gezeigte Filme dann sehen, wenn sie mindestens sechs Jahre alt sind und die Vorführung um spätestens 20 Uhr beendet ist.

▌ Ein ab zwölf Jahren freigegebener Film darf von Kindern und Jugendlichen dann besucht werden, wenn diese mindestens zwölf Jahre alt sind und die Filmvorführung um spätestens 20 Uhr bzw. für Jugendliche unter 16 Jahren um 22 Uhr beendet ist.

▌ Filme, die ab 16 Jahren freigegeben sind, dürfen von Jugendlichen zwischen 16 und 18 Jahren besucht werden, wenn die Vorführung spätestens um 24 Uhr beendet ist.

Besonders soll hier noch angemerkt werden, dass es eine Verpflichtung zur Bekanntmachung gibt. Der Betreiber eines Filmtheaters ist verpflichtet, die Freigabeentscheidungen deutlich sichtbar und gut lesbar im Aushang des Filmtheaters bekannt zu machen. Hierbei dürfen nur die im Gesetz festgelegten Bezeichnungen benutzt werden. In der Werbung für einen Film und bei dessen Bekanntmachung darf nicht damit geworben werden, dass der Film eventuelle jugendgefährdende Inhalte hat. Auch Anzeigen und Hinweise dürfen nicht so aufgemacht sein, dass sie selbst jugendgefährdend sind.

Bildträger mit Filmen oder Spielen

Es gibt heute kaum einen Haushalt, in dem nicht ein Fernsehgerät, ein Videorekorder, ein Computer oder ein DVD-Player steht. Der Umgang mit der Videokassette und anderer zur Weitergabe geeigneten, für die Wiedergabe auf oder das Spiel an Bildschirmgeräten mit Filmen oder Spielen programmierten Datenträgern (Bildträger) ist fast alltäglich. Die Medientechnik ist zugleich zu einem Symbol für eine neue Jugendgefährdung geworden, da diese Medienträger vielfältige jugendgefährdende Inhalte haben, die geeignet sein können, das körperliche, geistige und seelische Wohl der Kinder und Jugendlichen zu gefährden. Daher ist das Jugendschutzgesetz nach der Neuregelung um den § 12 JuSchG (Bildträger mit Filmen oder Spielen) erweitert worden.

Videokassetten, DVDs und andere zur Weitergabe geeignete, für die Wiedergabe auf oder das Spiel an Bildschirmgeräten mit Filmen oder Spielen programmierte Datenträger (Bildträger) dürfen einem Kind oder einer jugendlichen Person in der Öffentlichkeit nur zugänglich gemacht werden, wenn die Programme von der obersten Landesbehörde oder einer Organisation der freiwilligen Selbstkontrolle im Rahmen des Verfahrens nach § 14 Abs. 6 JuSchG für ihre Altersstufe freigegeben und gekennzeichnet sind, oder wenn es sich um Informations-, Instruktions- und Lehrprogramme handelt, die vom Anbieter mit „Infoprogramm" oder „Lehrprogramm" gekennzeichnet sind. Die Regelung läuft somit parallel zu der die Anwesenheit von Kindern und Jugendlichen bei öffentlichen Filmveranstaltungen betreffenden (s. o.).

Die Kennzeichnung der Alterseinstufung muss fälschungssicher sowohl auf dem Bildträger als auch auf der Hülle deutlich sichtbar angebracht sein. Die Kennzeichnung ist auch von Anbietern von Telemedien, die Filme, Film- und Spielprogramme verbreiten, deutlich in ihrem Programm vorzunehmen. Bildträger, die nicht oder mit „Keine Jugendfreigabe" gekennzeichnet sind, dürfen einem Kind oder einer jugendlichen Person nicht angeboten, überlassen oder sonst zugänglich gemacht werden und nicht im Einzelhandel außerhalb von Geschäftsräumen, in Kiosken oder anderen Verkaufsstellen, die Kunden nicht zu betreten pflegen, oder im Versandhandel angeboten oder überlassen werden.

Bildschirmspielgeräte

Die gesetzliche Regelung über die Zulässigkeit des Spielens an Bildschirmgeräten ohne Gewinnmöglichkeit durch Kinder und Jugendliche findet sich in § 13 JuSchG.

Elektronische Bildschirmspielgeräte dürfen

❚ auf Kindern oder Jugendlichen zugänglichen öffentlichen Verkehrsflächen,

❚ außerhalb von gewerblichen oder in sonstiger Weise beruflich oder geschäftlich genutzten Räumen oder

❚ in deren unbeaufsichtigten Zugängen, Vorräumen oder Fluren nur aufgestellt werden, wenn ihre Programme für Kinder ab sechs Jahren freigegeben und gekennzeichnet oder nach § 14 Abs. 7 JuSchG mit „Infoprogramm" oder „Lernprogramm" gekennzeichnet sind.

Auf das Anbringen der Kennzeichnung auf Bildschirmspielgeräten findet § 12 Abs. 2 Satz 1 und 2 JuSchG entsprechend Anwendung.

Kennzeichnung von Filmen und Film- und Spielprogrammen

Die Kennzeichnung von Filmen und Film- und Spielprogrammen ist in § 14 JuSchG geregelt. Danach steht es den obersten Landesbehörden frei, ein gemeinsames Verfahren für die Freigabe und Kennzeichnung von Filmen sowie Film- und Spielprogrammen zu vereinbaren.
Grundlage sind die Ergebnisse der Prüfung durch von Verbänden der Wirtschaft getragene oder unterstützte Organisationen freiwilliger Selbstkontrolle.

Danach werden die Filme und die Film- und Spielprogramme gekennzeichnet mit:
❚ „Freigegeben ohne Altersbeschränkung",
❚ „Freigegeben ab sechs Jahren",
❚ „Freigegeben ab zwölf Jahren",
❚ „Freigegeben ab sechzehn Jahren" oder
❚ „Keine Jugendfreigabe".

Filme sowie Film- und Spielprogramme, die geeignet sind, die Entwicklung von Kindern und Jugendlichen oder ihre Erziehung zu einer eigenverantwortlichen und gemeinschaftsfähigen Persönlichkeit zu beeinträchtigen, dürfen nicht für ihre Altersstufe freigegeben werden.

Jugendgefährdende Trägermedien

Trägermedien, die geeignet sind, die Entwicklung von Kindern oder Jugendlichen oder ihre Erziehung zu einer eigenverantwortlichen und gemeinschaftsfähigen Persönlichkeit zu gefährden, sind von der Bundesprüfstelle für jugendgefährdende Medien in eine Liste jugendgefährdender Medien aufzunehmen. Dazu zählen vor allem unsittliche, verrohend wirkende, zu Gewalttätigkeit, Verbrechen oder Rassenhass anreizende Medien (siehe Fallbeispiel 43).

Ein Medium darf nicht in die Liste aufgenommen werden:

▮ allein wegen seines politischen, sozialen, religiösen oder weltanschaulichen Inhalts,

▮ wenn es der Kunst oder der Wissenschaft, der Forschung oder der Lehre dient,

▮ wenn es im öffentlichen Interesse liegt, es sei denn, dass die Art der Darstellung zu beanstanden ist.

In Fällen von geringer Bedeutung kann davon abgesehen werden, ein Medium in die Liste aufzunehmen.

Fallbeispiel 43

„Wer am längsten hingucken kann, gilt als der Mutigste." Ein neuer Wettbewerb gewinnt an Beliebtheit: Jungen und Mädchen, manche jünger und viele kaum älter als zehn Jahre, schauen sich häufig gemeinsam die neuesten Horrorfilme auf Video an und betrachten dies als Mutprobe.

Arbeitsanregung

1. Diskutieren Sie das Fallbeispiel 43 unter dem Gesichtspunkt: Wie kommt ein Dreijähriger auf die Idee, einen barbarischen Vorgang wie den des Erhängens nachzuahmen? Wie können Eltern und Erzieherinnen Kindern und Jugendlichen klarmachen, dass solche Dinge kein Kinderspiel sind?
2. Diskutieren Sie das Fallbeispiel 43 unter dem Gesichtspunkt der „Jugendgefährdung". Erstellen Sie einen Katalog von Aspekten der „Jugendgefährdung".
3. Welche Regelungen des Gesetzes verhindern, dass Kinder und Jugendliche solche Medien in ihre Hände bekommen? Überdenken Sie auch die Durchsetzungsmöglichkeit dieser Regelungen und eventuelle Alternativen.

Wenn Trägermedien in die Liste für jugendgefährdende Medien nach § 24 Abs. 3 Satz 1 JuSchG aufgenommen worden sind, dürfen sie einem Kind oder einer jugendlichen Person nicht angeboten, überlassen oder sonst zugänglich gemacht werden.

Weitere Einschränkungen und Verbote sind im § 15 JuSchG aufgelistet.

Arbeitsanregung

Erarbeiten Sie die Vorschriften der §§ 17 bis 25 JuSchG bezüglich der Bundesprüfstelle für jugendgefährdende Medien.

2.4   Gesundheitsschutz

In sozialpädagogischen Einrichtungen sind die Vorgaben des Infektionsschutzgesetzes zu beachten. Bei Auftreten bestimmter Krankheiten ist dies an die zuständige Behörde zu melden.

2.5   Datenschutz für sozialpädagogisch relevante Daten

Hygiene ist insbesondere in U3-Einrichtungen wichtig.

Fallbeispiel 44

Im Kindergarten war Tag der offenen Tür. Um für die Einrichtung zu werben, wurden dabei von der Leiterin, einer passionierten Hobby-Fotografin, mit ihrer Digitalkamera Fotos gemacht und einen Tag später auf der Homepage eingestellt.

Ein wütender Vater ruft daraufhin im Kindergarten an. Weder er noch seine Ehefrau seien vorher gefragt worden, ob Bilder seiner Tochter im Internet veröffentlicht werden dürften. Da die Tochter des Paares ein sehr quirliges Kind ist, ist sie auf nahezu allen Aufnahmen, die die Leiterin an diesem Tag gemacht hat, zu sehen. Schlimmer noch: Auf den Bildern sei auch ganz deutlich ein Button mit dem Vornamen der Tochter zu sehen. Der Button sei am Tag der Offenen Tür mithilfe einer Buttonmaschine hergestellt und an den Pullover des Kindes geheftet worden. Er und seine Ehefrau verwahrten sich strikt dagegen, dass derartige Informationen über das für jeden zugängliche WorldWideWeb in die Welt hinausposaunt würden.

Die Leiterin, die nach wie vor Öffentlichkeitsarbeit für die Einrichtung betreiben möchte, diese Werbemaßnahmen aber bei der Löschung fast aller Bilder („Ein Bild sagt mehr als tausend Worte") als nahezu ineffektiv ansieht, beauftragt daher Sie mit der Prüfung, ob dem Löschungsverlangen der Eltern nachzukommen sei.

In seinem „Volkszählungsurteil" aus dem Jahre 1983 hat das Bundesverfassungsgericht festgehalten, dass das sogenannte allgemeine Persönlichkeitsrecht auch das Recht auf informationelle Selbstbestimmung umfasse. Das allgemeine Persönlichkeitsrecht ergebe sich aus einer Zusammenschau aus Art. 1 Abs. 1 (Menschenwürde) sowie Art. 2 Abs. 1 (allgemeine Handlungsfreiheit) des Grundgesetzes. Beim Datenschutz geht es also nicht – wie aufgrund der Bezeichnung erst einmal vermutet werden könnte – um den Schutz von Daten, sondern um den Schutz von Grundrechtsträgern vor dem Gebrauch sie betreffender personenbezogener Daten. Um diesen Schutz zu gewährleisten besteht ein sogenanntes Verbot mit Erlaubnisvorbehalt. Ein wie auch immer geartetes Anfassen von Daten – etwa ihre Erhebung, Verarbeitung oder Nutzung – ist für einen Dritten erst einmal verboten. Aber: Von diesem Verbot gibt es eben auch Ausnahmen. Eine Ausnahme liegt vor, wenn der Betroffene einwilligt. Oder wenn er zwar nicht einwilligt, es aber eine gesetzliche Grundlage gibt, die ein Erheben, Verarbeiten oder Nutzen von personenbezogenen Daten erlaubt.

Ein solches Beispiel finden wir für das Land Nordrhein-Westfalen in § 12 KiBiz. Die Eltern müssen dem Träger des Kindergartens folgende Daten mitteilen, damit dieser die Aufgaben, die ihm nach dem KiBiz zukommen, erfüllen kann:
1. Name und Vorname des Kindes
2. Geburtsdatum [Anm. d. Aut.: des Kindes]
3. Geschlecht [Anm. d. Aut.: des Kindes]
4. Staatsangehörigkeit [Anm. d. Aut.: des Kindes]
5. Familiensprache
6. Namen, Vornamen und Anschriften der Eltern

Mit Familiensprache ist die Sprache gemeint, die in der Familie vorrangig gesprochen wird. Das kann die Erstsprache des in den Kindergarten aufzunehmenden Kindes sein, muss es aber nicht.

Diese Daten darf der Träger erheben und auch speichern (vgl. § 12 Abs. 2 KiBiz). Der Träger hat sicherzustellen, dass an diese Daten nur Personen herankommen, die Aufgaben nach diesem Gesetz erfüllen.

Die soeben genannten Daten in der Aufzählung darf die Einrichtung auch zum Zweck der Sprachstanderhebung an das zuständige Schulamt übermitteln (vgl. § 14 Abs. 3 KiBiz). Hintergrund dieser Vorschrift ist, dass bei allen Vierjährigen in Nordrhein-Westfalen eine Sprachstanderhebung gemacht wird, um bei nicht ausreichenden Kenntnissen der deutschen Sprache vor der Einschulung noch entsprechend gegensteuern zu können. Einzelne Kinder erhalten sodann noch im Kindergarten eine zusätzliche Sprachförderung. Auch in diesem Fall ist der Träger befugt, Angaben über die Teilnahme an der zusätzlichen Sprachförderung dem Schulamt mitzuteilen.

Fallbeispiel 45

Die nunmehr sechs Jahre alte, schulreife Karla soll nach dem Ende der Sommerferien in die Grundschule in Bonn eingeschult werden. Ihre Kindergartenzeit verbrachte Karla im Kindergarten „Sonnenblume" in Bochum. In den Sommerferien wird die Familie von Karla den Umzug, der aufgrund einer beruflichen Veränderung des Vaters notwendig wurde, vornehmen. Karlas Entwicklungsfortschritte wurden in einem umfassenden Port-folio, das drei Kindergartenjahre umfasst und mit Zustimmung der Eltern angelegt und gepflegt wurde, dokumentiert. Die Erzieherin Ella erinnert sich aus dem Rechtskunde-unterricht noch daran, dass die Einrichtung mit der Grundschule zusammenarbeiten soll, um einen möglichst reibungslosen Übergang der Kinder zwischen Kindergarten und Grundschule zu gewährleisten. Der Übergang erscheint ihr gerade in Karlas Fall, wo noch ein Wohnortwechsel hinzukommt, recht schwierig. Außerdem kennt sie im Gegen-satz zu den Lehrkräften, die an den Bochumer Grundschulen unterrichten, keine/n ein-zigen Grundschullehrer/in aus Bonn. Ella überlegt daher, das Portfolio an die Grundschule im Bonner Stadtteil Bad Godesberg zu übersenden, an der Karlas Eltern ihre Tochter mittlerweile angemeldet haben.

Arbeitsanregung

1. Darf Ella rechtlich so handeln, wie sie es – nur zum Besten von Karla versteht sich – vorhat?
2. Falls Sie zu dem Ergebnis kommen, dass dem nicht so ist – was müsste Ella stattdessen tun?

§ 12 KiBiz regelt die Datenerhebung und -verar-beitung im Kindergarten selbst, § 14 KiBiz die Datenübermittlung zur Durchführung des Sprach-feststellungsverfahrens. Nicht geregelt ist allerdings die im Fallbeispiel beschriebene Konstellation einer Weitergabe des Portfolios. Ella darf dieses daher nicht einfach so weitergeben. Sie hat zunächst die Eltern von Karla zu fragen, ob sie mit der Weiter-gabe des Portfolios an die Schule einverstanden sind. Erst wenn die Eltern ihre Einwilligung gegeben haben, darf Ella die Weitergabe in die Wege leiten.

Große Aufmerksamkeit haben in den letzten Jahren Fälle von Kindesmisshandlungen und/oder sogar -tötungen erregt. Der Deutsche Bundestag sah sich dadurch veranlasst, neue Regelungen auf Bundes-ebene zu schaffen, um mithilfe eines Alarmsystems hier frühzeitig gegenzusteuern. Seit Anfang des

Jahres 2012 ist das „Gesetz zur Stärkung eines aktiven Schutzes von Kindern und Jugendlichen – Bundeskinderschutzgesetz" in Kraft. Das Bundeskinderschutzgesetz (kurz: BKiSchG) hat neben einer Reihe von Neuregelungen im SGB VIII einige Neuerungen im Bereich der Kooperation und Information gebracht. Diese sind im „Gesetz zur Kooperation und Information im Kinderschutz" (kurz: KKG) gebündelt worden.

Wichtig für den Bereich des Datenschutzes ist § 4 KKG. Diese Vorschrift betrifft allerdings wie § 203 StGB (Verletzung von Privatgeheimnissen) nur sogenannte Berufsgeheimnisträgerinnen. Bei Anhaltspunkten für eine Kindeswohlgefährdung sind Berufsgeheimnisträgerinnen befugt, die Daten der betroffenen minderjährigen Person und gegebenenfalls auch der Angehörigen an das Jugendamt zu übermitteln, wenn die in § 4 KKG genannten Voraussetzungen gegeben sind. Es handelt sich allerdings um eine Befugnis, nicht um eine Pflicht. Die Berufsgeheimnisträgerin muss daher erst einmal die Situation abwägen und einschätzen. Wenn das Ergebnis dieser Reflexion allerdings lautet, dass die minderjährige Person Hilfe benötigt, die Berufsgeheimnisträgerin aber dem Kind nicht helfen kann, so ist sie ermächtigt, das Jugendamt einzuschalten ohne die Eltern über die Datenübermittlung zu informieren. Erzieherinnen gehören allerdings nicht zu den in § 203 StGB aufgezählten Berufsgeheimnisträgerinnen.

In Einrichtungen der öffentlichen Hand gelten die Vorschriften zum Sozialdatenschutz gemäß §§ 61 bis 68 SGB VIII. Im Hinblick auf freie Träger gelten diese Vorschriften nicht, da sie keine Träger der öffentlichen Jugendhilfe sind. Als nicht-öffentliche Träger gelten für sie allerdings die Vorschriften des Bundesdatenschutzgesetzes (BDSG). Gegenüber dem Jugendamt verpflichten sich die freien Träger oftmals im Hinblick auf die Einhaltung der in §§ 61 bis 68 SGB VIII normierten Regelungen, anderenfalls erhalten sie auch keine öffentliche Förderung. Auch enthalten viele Betreuungsverträge, die von den freien Trägern verwendet werden, eine Klausel, mit der sich der Träger gegenüber den Eltern des aufzunehmenden Kindes zur Einhaltung der in §§ 61 bis 68 SGB VIII normierten Regelungen verpflichtet.

Die Kirchen haben nach der Verfassung das Recht, ihre inneren Angelegenheiten selbst zu regeln, hierzu gehört auch der Bereich des Datenschutzes. Je nach Trägerschaft des Kindergartens gilt daher das Kirchengesetz über den Datenschutz der Evangelischen Kirche in Deutschland (DSG-EKD) oder die Anordnung über den kirchlichen Datenschutz (KDO) sowie die in der jeweiligen Durchführungsbestimmung enthaltenen Regelungen. Der Inhalt der Bestimmungen ist dabei den staatlichen Regelungen angenähert.

Arbeitsanregung

Überlegen Sie, ob folgende Angaben Daten sind und damit dem Datenschutz unterliegen:
- Augenfarbe
- Charaktereigenschaften
- (un)gepflegtes Äußeres
- Allergien

des Kindes

2.6 Sicherheit

2.6.1 Sicherheitserziehung im Kindergarten

Das folgende Kapitel basiert auf Ausführungen von Torsten Kunz (vgl. Kunz, 2004, S. 6 ff.)

Kinder sollen im Kindergarten nicht nur vor einer unberechtigten Verwendung ihrer Daten, sondern auch vor Unfällen geschützt sein. Die Bewahrung der Kinder vor Unfällen und das Heranführen an einen angemessenen Umgang mit den Gefahren des Alltags ist daher eine weitere wichtige Aufgabe im Kindergarten.
In der Sicherheitserziehung sind die Mittel ähnlich einzusetzen wie in der übrigen Erziehungsarbeit. Auch hier sind die entwicklungsbedingten Besonderheiten der Kinder zu beachten – sowohl im körperlichen als auch im kognitiven Bereich. Auch hier können Spiele eingesetzt werden, auch hier lässt sich die Neugier der Kinder nutzen. Ziel der Sicherheitserziehung muss es sein, den Kindern Gefährdungen bewusst zu machen.
Kennen die Kinder diese, können weitere Gefährdungen auch in Situationen außerhalb des Kindergartens erkannt und beherrscht werden. Schließlich ist der Aufbau eines stabilen Verhaltens das langfristige Ziel der Sicherheitserziehung. Erst dann können Kinder Gefahren erkennen und sie entweder meiden oder angemessen damit umgehen.

Der Schutz der Kinder vor Gefahren ist nicht nur Bestandteil jeder verantwortlichen pädagogischen Arbeit, er ist auch zwingend notwendig im Hinblick auf die Aufsichtsführung.

Wo und unter welchen Bedingungen ereignen sich nun die meisten Unfälle im Kindergarten?

Unfallart					
Sturz an Gegenstand	Sturz in der Ebene	Sturz vom Gegenstand	Unfall durch Stoß oder Schlag	Unfall durch Klemmen	Sonstige Unfälle
34,0 %	16,6 %	19,5 %	15,6 %	5,7 %	8,4 %

(Zahlen entnommen aus: Kunz, 2004, S. 6 ff.)

Betrachtet man die Kinderunfälle genauer, so ist Folgendes zu erkennen: 70 Prozent aller Unfälle sind Sturzunfälle. Meistenteils sind es Stürze, die zu einem Zusammenstoß mit Gegenständen führen sowie Stürze in der Ebene z. B. durch Stolpern. Es ergeben sich dabei häufig Platzwunden im Kopfbereich. Eine Aufteilung der entsprechenden Verletzungen lässt sich anhand der nachfolgenden Grafik erkennen.

Diese Unfälle lassen sich zum Teil vermeiden. Notwendig ist z. B. die Beseitigung von Stolperstellen oder die Abpolsterung von Ecken. Wichtig ist aber primär, die Kinder in die Lage zu versetzen, langfristig in einer weitgehend nicht abgepolsterten Welt zurechtzukommen.

Mangelndes Gefahrenbewusstsein der Kinder ist nur zum Teil für die Unfälle verantwortlich zu machen. Die Kinder sind vielmehr durch ihre körperliche Entwicklung noch nicht in der Lage, sich bei Stürzen mit den Händen abzufangen und so Kopfverletzungen zu vermeiden.

(Zahlen: entnommen aus Kunz, 2004)

Zur Vermeidung dieser Unfälle ist es wichtig, körperliche Eigenschaften und Fähigkeiten wie die Kraft der Arme, die Reaktionsschnelligkeit oder das Gleichgewicht zu fördern. Das gilt ebenso für die Stürze aus der Höhe (von Gegenständen wie z.B. von einem Klettergerüst oder Rutschbahnen herunter). Hier hilft ein altersgerechtes Training körperlicher Eigenschaften und Fähigkeiten, die Unfallzahlen zu senken, ebenso bei Unfällen durch geworfene Gegenstände (mangelnde Fähigkeit zum Zielen) oder durch Klemmen in Türen (zu schwache Kraft in den Armen zum Abfangen einer Tür). Für den Alltag im Kindergarten bedeutet dies fortwährendes Training der Fähigkeiten, aber auch wiederholtes Aufzeigen und Erklären von Gefahren, insbesondere auch derjenigen im Straßenverkehr.

Wegeunfälle machen zwar nur einen geringen Teil der Kindergartenunfälle aus, sie führen aber häufiger zu schweren Folgen. Die Fähigkeit, sich sicher im Straßenverkehr zu bewegen, wird zudem im Freizeitbereich benötigt. Damit wird Verkehrserziehung zu einem wichtigen Teilgebiet der Sicherheitserziehung.

Neben der Sicherheitserziehung hilft auch die Berücksichtigung entsprechender Bestimmungen für Kinderspielgeräte, Unfälle zu vermeiden. Kinderspielgeräte unterliegen dem Gerätesicherheitsgesetz und können durch eine anerkannte Prüfstelle die Bestätigung erhalten, dass sie in Bauart und Konstruktion den sicherheitstechnischen Anforderungen entsprechen (z.B. GS-Zeichen). In Kindergärten ist bei der Beschaffung von Spielgeräten oder deren Herstellung in Eigenarbeit auf eine altersgerechte und den Bedürfnissen der Kinder angemessene Auswahl Rücksicht zu nehmen.

So ist ein Teil des Außengeländes zweckmäßigerweise für den Aufenthalt von U3-Kindern zu gestalten, der speziell auf ihre Konstitution zugeschnitten ist. Es reichen eine kleine Rutsche, eine Nestschaukel und ein Sand-/Matschbereich aus.

Die GUV-SR S2 enthält die „Empfehlungen für den Krippenbereich" der gesetzlichen Unfallversicherungsträger. Dieser Maßnahmenkatalog gilt bundesweit ebenso wie die GUV-V S 2, die Unfallverhütungsvorschrift „Kindertageseinrichtungen". Die GUV-V S 2 gilt sowohl für den Krippenkinderbereich als auch für den Kindergartenbereich (die Drei- bis Sechsjährigen). Daneben gelten ergänzend die Regelungen der jeweiligen Unfallversicherungsträger.

Im Folgenden werden einige Gefahrenquellen visualisiert dargestellt.

2.6.2 Sicherheitsbereich Außengelände

Im Umkreis von Kinderspielgeräten müssen ausreichend bemessene Sicherheitsbereiche frei bleiben, damit Gefährdungen und Behinderungen durch Gerätekonstruktionen oder bauliche Einrichtungen ausgeschlossen sind. Sicherheitsbereiche sind notwendige Freiräume, die sicherstellen sollen, dass Kinder sich beim Springen oder Fallen nicht an benachbarten Bauteilen, Einfassungen, Anpflanzungen oder Geräteteilen verletzten können und Platz haben, sich ungehindert zwischen den einzelnen Kinderspielgeräten zu bewegen.

Bild 1: Sicherheitsbereiche im Umkreis von Spielgeräten

Die Sicherheitsbereiche sind in der Regel dann ausreichend bemessen, wenn in Sprung- oder Fallrichtung Abstände von zwei Metern eingehalten werden (siehe Bild 1)

Kinderspielgeräte und Gerätekombinationen müssen so gebaut oder aufgestellt sein, dass Überschneidungen von Hauptlaufrichtungen und Gerätespielbereichen sowie Behinderungen in Schwungbereichen vermieden werden (siehe Bilder 2, 3 und 4).

Bild 2: Überschneidungen von Hauptlaufrichtungen und Schwungbereichen vermeiden

Bild 3: Sicherheitsbereiche bei Schaukeln

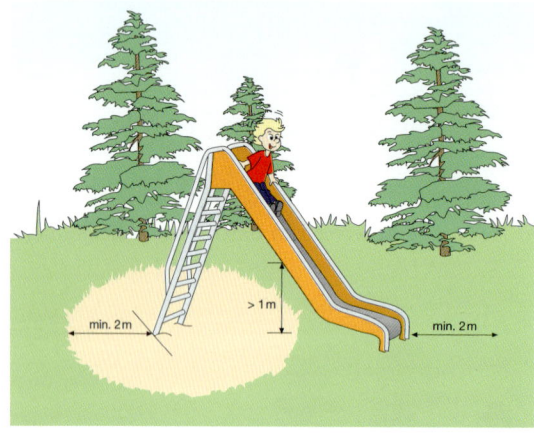

Bild 4: Sicherheitsbereiche bei Rutschen

Hilfestellung

Bild 5: Bei Auswahl, Ausführung und Aufstellung von Kinderspielgeräten ist darauf zu achten, dass an allen Stellen eine Hilfestellung durch das Personal des Kindergartens möglich ist.

Das Außengelände mit seinen Spielgeräten mag unfallträchtiger als der Innenbereich einer Einrichtung sein. Natürlich haben die Unfallversicherungsträger aber auch in den oben genannten Vorschriften Regelungen für den Innenbereich geschaffen.

Hier ist insbesondere der U3-Bereich zu erwähnen, da mit den damit einhergehenden Wickelplätzen neue Ausgestaltungen der bereits vorhandenen Räumlichkeiten erforderlich werden, sofern sich nicht sowieso für einen Neubau entschieden wird.

Idealerweise liegt der Wickelraum nahe dem Gruppenraum.

4. Lernsituation: Traudel will mitmachen!

Die mittlerweile drei Jahre alte Traudel Timmer lebt zusammen mit ihren miteinander verheirateten Eltern auf dem Land. Zwei Grundstücke entfernt befinden sich der örtliche kommunale Kindergarten und die Grundschule. Während in der Grundschule bereits seit einigen Jahren auch im „Gemeinsamen Unterricht" behinderte und nicht behinderte Kinder gemeinsam beschult werden, handelt es sich bei dem Kindergarten um einen sogenannten Regelkindergarten. Zwar ist angedacht, in einigen Jahren auch eine Integrativgruppe zu eröffnen. Zuvor wolle man allerdings eine entsprechende Schulung des Personals durchführen. Traudels Eltern melden im Frühjahr ihre Tochter, deren 21. Chromosom dreifach vorhanden ist (Trisomie 21), für den Kindergarten an.

Traudels Aussehen und Auftreten weist typische Merkmale des sogenannten Downsyndroms auf. Die Eltern erklären der Leiterin, sie hätten für ihre Tochter zwar zunächst eine Förderung im in der Kreisstadt gelegenen Sonderkindergarten in Erwägung gezogen. Da dieser aber 30 Kilometer entfernt liege, würde dies für Traudel eine nahezu zweistündige Fahrtzeit mit dem Bus pro Kindergartentag bedeuten. Dies wollen die Eltern ihrer zarten Tochter nicht zumuten. Außerdem seien sie Befürworter des „Grundsatzes der Inklusion".

Chromosomensatz bei Trisomie 21

Traudel solle mit ihren bisherigen Sandkastenfreunden auch weiterhin zusammenbleiben. Mit diesen habe sie bis dato auch schon auf dem Spielplatz des Kindergartens gespielt, wenn dieser für andere Kinder außerhalb der Öffnungszeiten freigegeben wurde. Das Außengelände der Einrichtung sei Traudel daher bereits wohlvertraut. Die Leiterin gibt den Eltern zu bedenken, dass ihr Personal bis dato noch nie ein behindertes Kind betreut habe. Die Eltern erklären, dies mache nichts, sie hätten vollstes Vertrauen in die Fachlichkeit der Mitarbeiterinnen und dass diese ihre Traudel bestimmt mit vereinten Kräften fördern würden.

Arbeitsanregung

Sollte/muss Traudel mit dem Beginn des neuen Kindergartenjahres in den Kindergarten aufgenommen werden?

Zunehmend mehr behinderte Kinder besuchen den Regelkindergarten. Deswegen ist das neue Lernfeld 3 in die Ausbildung zur Erzieherin aufgenommen worden. Auch von der Erzieherin, die nicht speziell in einer Institution arbeiten will, deren Klienten behinderte Menschen sind, werden daher heute heilpädagogische Kompetenzen erwartet. In der Heilpädagogik geht es nicht darum, etwas zu heilen (dies ist bei einer Krankheit vielleicht möglich, aber nicht bei einer Behinderung, die einem Menschen dauerhaft anhaftet). Es geht vielmehr darum, mithilfe besonderer Erziehungsmethoden ein behindertes Kind so gut wie möglich zu fördern. Das Wort „Heil" wird dabei dahingehend aufgefasst, den behinderten Menschen in einem ganzheitlichen Sinne zu fördern.

In der Kita-Heilpädagogik konzentriert sich der gegenwärtige Diskurs auf den Begriff der Inklusion.

3.1 Inklusion

Seit einigen Jahren ist ein neues Wort – nicht nur für den Kindergarten, sondern auch für den Schulbereich – in aller Munde: Inklusion. Was bedeutet aber dieser Begriff konkret? Meint er vielleicht dasselbe wie der Begriff der Integration, der vorher oft zu hören war?

„Integrative Gruppen" im Kindergarten, in denen neben den „Regelkindern" auch behinderte Kinder Teil der Gruppe sind, gibt es (jedenfalls in NRW) nicht erst seit gestern. Daneben existieren noch die sogenannten Heilpädagogischen Kindergärten. Diese wurden bzw. werden in anderen Bundesländern auch als Sonderkindergärten bezeichnet. Neben Erzieherinnen arbeiten in diesen Sonderkindergärten auch Angehörige der heilpädagogischen und therapeutischen Berufe. Die Kinder erhalten hier speziell auf sie zugeschnittene Leistungen etwa der Physio- und/oder Ergotherapie.

Der Begriff der Inklusion (Einschließung) hängt mit der Stellung von behinderten Menschen in der Gesellschaft zusammen. Früher lebten diese Menschen in sehr vielen Fällen in von Institutionen betriebenen Einrichtungen, die weitab vom Schuss lagen. Ihr Leben (Bildung, Arbeit, Wohnen, Freizeit) fand also weitgehend separiert von dem der nicht behinderten Menschen statt. Allenfalls Angehörige der behinderten Menschen fanden den Weg auf das Gelände. Den einzigen Kontakt zu anderen, nicht behinderten Menschen stellten oftmals die Angehörigen der sozialen Berufe dar, die auf dem Einrichtungsgelände arbeiteten.

Es gab auch behinderte Menschen, die bei ihren Angehörigen zu Hause lebten. Gerade wenn die Kinder noch klein waren, wollten die Eltern diese nicht ab dem Kindergartenalter von ihren Freunden trennen und in separate Institutionen wie den Sonderkindergarten (in einigen Bundesländern auch als Heilpädagogischer Kindergarten bezeichnet) oder die Sonderschule (heute oftmals: Förderschule) schicken. Sie machten sich daher für die Integration ihrer Kinder in das normale Leben stark, beschritten sogar teilweise den Rechtsweg dafür.

Die Eltern, die sich bereits seit den 1970er-Jahren für ein gemeinsames Lernen von behinderten und nicht behinderten Kindern stark machten, sahen sich oftmals sehr allein. Dies änderte sich im Jahr 1981, als die UNO das „Jahr der Behinderten" ausrief. Vielen Menschen wurde hier bewusst, dass sich etwas ändern müsse. Auch in der UN-Kinderrechtskonvention aus dem Jahre 1989 findet sich ein Artikel, der sich mit den besonderen Bedürfnissen behinderter Kinder befasst.

Arbeitsanregung

Besorgen Sie sich eine Übersetzung der Konvention über die Rechte des Kindes und lesen und analysieren Sie den Artikel 23 aus heutiger Sicht.

Die UN-Kinderrechtskonvention ist ein völkerrechtlicher Vertrag und als solcher kein unmittelbar geltendes nationales Recht. Aber die Bundesrepublik Deutschland hat die Konvention ratifiziert. Sie hat sie demnach als verbindlich anerkannt. Sie muss daher die in der Konvention enthaltenen Grundsätze im Wege der Schaffung von neuem und der Überarbeitung des bereits vor der Reform bestehenden innerstaatlichen Rechts umsetzen.

Was sind nun nach der Konvention die Rechte des (gleichviel ob behindert oder nicht behinderten) Kindes?

Die UN-Kinderrechtskonvention enthält unter anderem:
- das Recht auf Überleben und Entwicklung
- die Beachtung des Kindeswohls („the best interest of the child")
- das Recht auf Gleichbehandlung
- das Recht auf Information, Beteiligung, freie Meinungsäußerung

Arbeitsanregung

Suchen Sie die entsprechenden Artikel in der UN-Kinderrechtskonvention.

Diese Rechte sind durch zwei Zusatzprotokolle erweitert und konkretisiert worden. Im ersten Zusatzprotokoll (sogenanntes Kindersoldatenprotokoll) wird der Militäreinsatz von unter Achtzehnjährigen geächtet. Im zweiten Zusatzprotokoll (sogenanntes Kinderhandelprotokoll) geht es um den Kinderhandel, die Kinderprostitution und die Kinderpornografie, die von den Staaten als Straftatbestand ausgestaltet und dementsprechend strafrechtlich verfolgt werden sollen.

Aktuell befindet sich das dritte Zusatzprotokoll zur UN-Kinderrechtskonvention im Ratifizierungsverfahren. Das Protokoll bringt für betroffene Kinder die Möglichkeit, dass sie sich direkt an den UN-Ausschuss für Kinder wenden können, wenn ein Verstoß gegen die ihnen in der Konvention und den beiden Zusatzprotokollen gewährten Rechte seitens des Staates vorliegt. Zwar ist Voraussetzung für diese sogenannte Individualbeschwerde, dass das betroffene Kind zunächst vor den nationalen Gerichten erfolglos versucht hat, diesen Verstoß gerichtlich geltend zu machen. Auch wenn dies kritisch gesehen werden kann, bleibt doch festzuhalten, dass das Individualbeschwerdeverfahren eine Verbesserung der Rechtsschutzmöglichkeiten der einzelnen betroffenen Person darstellt.

Die Bundesrepublik Deutschland hat das dritte Zusatzprotokoll am 28.03.2013 als dritter Staat ratifiziert. Es bedarf noch mindestens sieben weiterer Staaten, die es ratifizieren, damit es Gültigkeit erlangt.

Im familiären Bereich sind die Eltern aufgerufen, die Rechte des Kindes zu wahren, welche ihm nach der UN-Kinderrechtskonvention zustehen. Auch die Erzieherin muss aber im Rahmen ihrer Berufsausübung anstelle der Eltern diese Rechte beachten.

Welche konkreten Auswirkungen hatte nun die UN-Kinderrechtskonvention in der Bundesrepublik Deutschland? Auf kommunaler Ebene wurden Kinderbeauftragte ernannt oder auch sogenannte Kinderparlamente geschaffen, um den in der Konvention enthaltenen Rechten zum Durchbruch zu verhelfen.

Aber zurück speziell zu den behinderten Kindern:
Integration (Einbeziehung) – wie sie in Artikel 23 der Konvention über die Rechte des Kindes erwähnt wird – bedeutet allerdings, dass von einem bisher außerhalb der Gemeinschaft stehenden Menschen eine Anpassungsleistung an seine (neue) Umgebung erwartet wird. Die Anpassungsleistungen können dabei in physischer und/oder sozialer Hinsicht zu erbringen sein. So wurden in der Vergangenheit oftmals Urteile im

Schulbereich damit begründet, die baulichen und personellen Voraussetzungen für einen Gemeinsamen Unterricht seien nicht gegeben. Wenn das behinderte Kind sich hier aufgrund seiner Behinderung nicht anpassen könne, so müsse es eben auf die Förderschule gehen.

Obwohl auch bei einem Besuch der Förderschule alle Schulabschlüsse erreicht werden können, so bleibt dies doch oftmals Theorie. So wurde im Jahre 2010 bundesweit kein einziger (Fach-)Hochschulabschluss an einer Förderschule erreicht. Einen mittleren Abschluss erlangten zwei Prozent der Förderschulabgänger. 22 Prozent erreichten einen Hauptschulabschluss und 75 Prozent erreichten keinen Hauptschulabschluss *(vgl. BMAS, 2013, S. 115)*

Viele Eltern behinderter Kinder erachten daher den Besuch einer Förderschule als für ihre Kinder und ihren schulischen (und später beruflichen) Erfolg als nicht förderlich. Sie befürworten stattdessen den Besuch einer Regelschule.

Arbeitsanregung

Sammeln Sie Argumente für und gegen den sogenannten Gemeinsamen Unterricht von behinderten und nicht behinderten Kindern an einer Regelschule bzw. den Besuch des Kindergartens durch nicht behinderte und behinderte Kinder.

Bereits in der UN-Kinderrechtskonvention aus dem Jahre 1989 findet sich in Artikel 23 Abs. 3 die Verpflichtung der Vertragsstaaten sicherzustellen, dass Erziehung, Ausbildung, Gesundheitsdienste, Rehabilitationsdienste, Vorbereitung auf das Berufsleben und Erholungsmöglichkeiten dem behinderten Kind tatsächlich in einer Weise zugänglich sind, dass es in der Folge zu einer möglichst vollständigen sozialen Integration des behinderten Kindes kommt.

Dies entsprach aber nicht der damaligen Ausgestaltung der Kindertagesbetreuung und der schulischen Situation behinderter Kinder in der Bundesrepublik Deutschland. Wie bereits dargestellt, war die Entwicklung weg von der Segregation behinderter Kinder hin zu einem Weg von mehr Miteinander aufgrund engagierter Elterninitiativen bereits beschritten. Jedoch ging es darum, behinderte Menschen durch eine Fülle kompensatorischer Maßnahmen Menschen ohne Behinderungen möglichst anzunähern, wobei von den behinderten Menschen eine Anpassungsleistung erwartet wurde, um „mitmachen" zu können. Konnte diese nicht erbracht werden, so blieb doch wieder nur die Rückkehr in Sonderkindergarten und -schule. Oftmals scheiterte der Besuch eines Regelkindergartens oder der Regelschule bereits an baulichen Gegebenheiten.

Hier hat sich seit 1989 einiges getan. So müssen Neubauten der öffentlichen Hand sich mittlerweile an den Grundsätzen der „Barrierefreiheit" orientieren. Dies ist nicht nur für behinderte Menschen wichtig, sondern auch für Menschen, die mit einem Kinderwagen, Rollator oder auch Rollgepäck ein öffentliches Gebäude besuchen möchten.

Im Jahre 2009 ratifizierte die Bundesrepublik Deutschland die UN-Behindertenrechtskonvention aus dem Jahr 2006. In

Noch herrscht nicht überall Barrierefreiheit.

der Normenhierarchie ist die Konvention wie ein Bundesgesetz einzuordnen. Die Konvention ist allerdings nicht auf Deutsch verfasst. In der von der Bundesregierung herausgegebenen Übersetzung wurde das in Artikel 24 festgeschriebene „inclusive education system" mit „integrativem Bildungssystem" übersetzt. Hiergegen liefen die Behindertenverbände Sturm. Denn das, was Inklusion gerade ausmacht, drohte damit in der Bundesrepublik Deutschland unterlaufen zu werden. Im Gegensatz zur Integration, die das „Mitmachen" der behinderten Menschen unter den Vorbehalt von Anpassung stellt (s. o.), wird nämlich bei Inklusion davon ausgegangen, dass Diversität zum Leben dazugehört. Von den behinderten Menschen selbst wird daher keine Anpassungsleistung an die Umweltbedingungen (mehr) erwartet. Im Gegenteil wird erwartet, dass die Umweltbedingungen so an die Menschen angepasst werden, dass die Gemeinschaft und Teilhabe aller erreicht werden kann. Dies betrifft sowohl die physischen als auch die sozialen Bedingungen in allen Bereichen des Lebens, also auch den Kindergarten- und Schulbereich. Die Verbände gaben daher eine sogenannte Schattenübersetzung der UN-Behindertenrechtskonvention heraus, in der sie „inclusive education system" mit „inklusives Bildungssystem" übersetzten.

Obwohl sich die Bundesrepublik Deutschland zur Einhaltung der Konvention durch die Ratifizierung verpflichtet hat, gibt es trotzdem noch Gerichte, die der Konvention lediglich politischen Absichtscharakter zusprechen. Solange daher keine konkreten Rechte Einzelner in Bundesgesetzen oder Landesgesetzen festgeschrieben seien, könne sich der Einzelne nicht auf ein Recht zur Inklusion berufen.

Arbeitsanregung

1. Besorgen Sie sich die Entscheidungen des VGH Hessen vom 12.11.2009, 7 B 276/09 sowie des OVG Niedersachsen vom 16.09.2010, 2 ME 278/10 und würdigen Sie diese kritisch.
2. Was bedeutet der Fachterminus „subjektives öffentliches Recht"? Recherchieren Sie.
3. Was bedeutet Barrierefreiheit? Recherchieren Sie. Finden Sie Barrierefreiheit auch in einem Gesetz/in Gesetzen festgeschrieben? Falls dies der Fall sein sollte: Wer muss die Barrierefreiheit herstellen (wer wird durch das Gesetz/die Gesetze dazu verpflichtet)?

Auch § 22a Abs. 4 SGB VIII spricht nur davon, dass Kinder mit und ohne Behinderung in Gruppen gemeinsam gefördert werden sollen, wenn der Hilfebedarf dies zulässt. Einen unbedingten Rechtsanspruch behinderter Kinder gewährt diese Vorschrift somit nicht.

Arbeitsanregung

Seit einigen Jahren steigt der Anteil behinderter Kinder nicht nur in den Regelkindergärten, sondern auch in den Regelschulen (wo er bisher signifikant niedriger war als in den Kindergärten).
Womit könnte diese Entwicklung in Zusammenhang stehen?

Da völkerrechtliche Normen im Inland nicht ohne Weiteres gelten, haben sich die Vertragsstaaten in Artikel 4 Abs. 1 Buchstaben a) und b) verpflichtet, alle geeigneten Gesetzgebungsmaßnahmen zu treffen, um die Verwirklichung der in der UN-Behindertenrechtskonvention zusammengefassten Menschenrechte zu gewährleisten sowie gesetzgeberische und sonstige Maßnahmen zur Änderung und Aufhebung solcher bestehender Gesetze zu treffen, die eine Diskriminierung von Menschen mit Behinderungen darstellen.

Die Bundesrepublik Deutschland hat die UN-Behindertenrechtskonvention (kurz UN-BRK) ohne Vorbehalte unterzeichnet, obwohl diese Möglichkeit bestanden hätte. Sie muss daher das von ihr gesetzte Bundesrecht überprüfen, ggf. entsprechend anpassen und Neuregelungen aus dem Boden stampfen, mit denen die Ziele der UN-Behindertenrechtskonvention erreicht werden können. Wenn innerstaatlich die Länder die Gesetzgebungskompetenz haben, so trifft die Pflicht zur Normprüfung das einzelne Bundesland. Die Länder haben hierfür sogenannte Aktionspläne entworfen.

Auf manche Artikel der UN-Konvention kann sich der Bürger aber auch direkt berufen, da diese sich quasi selbst exekutieren (vollziehen). Denn sonst hätte es jeder Staat in der Hand, einfach die Umsetzung innerstaatlich nicht zu beginnen oder zu verzögern.

Unmittelbar anwendbar ist ein Artikel einer völkerrechtlichen Konvention dann, wenn er ein Recht bzw. eine Verpflichtung enthält, sein Inhalt hinreichend klar und bestimmt ist und er keines weiteren Umsetzungsaktes mehr bedarf.

Das ist – entgegen der anderslautenden Rechtsauffassung von einzelnen Gerichten – anerkannt und wird beispielsweise auch für den Artikel 10 der Konvention (Recht auf Leben) oder Artikel 15 (Verbot der Folter) nicht diskutiert, während dies bei Artikel 24 anders ist.

Der Zweck des Übereinkommens ist es gemäß seinem Artikel 1 den vollen und gleichberechtigten Genuss aller Menschenrechte und Grundfreiheiten durch alle Menschen mit Behinderungen zu fördern, zu schützen und zu gewährleisten sowie die Achtung der ihnen innewohnenden Würde zu fördern.

Weiterhin heißt es in diesem Artikel, dass zu den Menschen mit Behinderungen solche Menschen zählen, die langfristige körperliche, seelische, geistige oder Sinnesbeeinträchtigungen haben, welche sie in Wechselwirkung mit verschiedenen Barrieren an der vollen, wirksamen und gleichberechtigten Teilhabe an der Gesellschaft hindern.

Dagegen wird Behinderung im deutschen Recht in § 2 Abs.1 SGB IX dahingehend definiert, dass sie vorliegt, wenn die körperliche Funktion, die geistige Fähigkeit oder die seelische Gesundheit eines Menschen länger als sechs Monate von dem für das Lebensalter typischen Zustand abweicht und daher die Teilhabe am Leben in der Gesellschaft beeinträchtigt ist.

Behindert im Sinne der UN-BRK und/oder des SGB IX?

Arbeitsanregung

1. Arbeiten Sie die Gemeinsamkeiten/Unterschiede des Behinderungsbegriffes der UN-BRK bzw. des SGB IX heraus.
2. Im Teilhabebericht der Bundesregierung über die Lebenslagen von Menschen mit Beeinträchtigungen vom August 2013 ist die Rede davon, dass im Rahmen der anstehenden Evaluierung geprüft werden müsse, ob der Behinderungsbegriff des SGB IX nicht im Sinne der BRK weiterzuentwickeln sei. Warum?

3.2 Eingliederungshilfe

Der Besuch von Regelkindergärten bzw. Integrativeinrichtungen ist oft nur möglich, wenn das behinderte Kind hier besonders unterstützt wird. Im Regelkindergarten wird dies oft im Wege einer Einzelintegration durch den Einsatz sogenannter Integrationshelfer bewerkstelligt. Die Bezahlung dieser Integrationshelfer kann durch die Träger der öffentlichen Jugendhilfe oder die Träger der Sozialhilfe erfolgen. Gemäß § 35a SGB VIII werden die Kosten bei einem seelisch behinderten Kind vom nach Landesrecht zuständigen Träger der öffentlichen Jugendhilfe getragen. Bei körperlich oder geistig behinderten Kindern ist hingegen der Träger der Leistungen der Eingliederungshilfe (§§ 53 ff. SGB XII) der zuständige Kostenträger. In NRW besteht hier die Besonderheit, dass die Landschaftsverbände als überörtliche Träger der Sozialhilfe agieren. In NRW sind dies der Landschaftsverband Rheinland (abgekürzt LVR) für den westlichen Landesteil und der Landschaftsverband Westfalen-Lippe (abgekürzt LWL) für den östlichen Landesteil. Beide Landschaftsverbände machen den Trägern dabei Vorgaben, bevor sie Mittel gewähren (beispielsweise Reduzierung der Anzahl der Kinder in einer integrativen Gruppe), haben sich aber nicht auf eine landesweit einheitliche Handhabung einigen können.

In den sogenannten Sonderkindergärten läuft die Finanzierung hingegen rein über die Eingliederungshilfe als einer besonderen Form der Sozialhilfe. Sonderkindergärten (in NRW als Heilpädagogische Kindergärten bezeichnet) sind daher vom Anwendungsbereich des KiBiz ausdrücklich ausgenommen (vgl. § 1 Abs. 1 Satz 2 KiBiz NRW).

Insbesondere in Bayern und Baden-Württemberg gibt es noch die Einrichtung der sogenannten (Förder-)Schulkindergärten. Vorteil für die Eltern ist, dass hier keine Elternbeiträge erhoben werden. Die Betreuung findet aber auch nur an 185 Schultagen im Jahr statt. Die Anzahl der Kinder, die einen Schulkindergarten besuchen, ist zwischen 1998 und 2009 leicht gestiegen *(vgl. BMFSFJ, 2013, S. 316)*

Arbeitsanregung

1. Der Vorschrift des § 35a SGB VIII begegnen seit Jahren großen Bedenken. Können Sie sich vorstellen, warum?
2. Rund zwei Drittel aller Kinder mit einem Eingliederungshilfebedarf sind Jungen. Wie erklären Sie sich diesen Umstand?

Die Zuweisung zu unterschiedlichen Rehabilitationsträgern hat auch Auswirkungen bei der Heranziehung der Eltern zu den Kosten. Läuft die Unterstützung über die Sozialhilfe, so erfolgt nach § 92 SGB XII eine Eingrenzung und Pauschalierung auf die Einsparung häuslicher Kosten. In der Kinder- und Jugendhilfe nach dem SGB VIII werden hingegen in den letzten Jahren die Eltern in stärkerem Maße als bisher zum Kostenersatz herangezogen.

Es wird diskutiert, dass für alle behinderten Kinder unabhängig von der Art ihrer Behinderung künftig nur noch der Träger der öffentlichen Jugendhilfe der Kostenträger sein soll (sogenannte „Große Lösung SGB VIII").

Arbeitsanregung

1. Wie erklären Sie sich die (derzeit) unterschiedlichen Folgen im Bereich des Kostenersatzes?
2. Worin lägen Ihrer Meinung nach die Vorteile der sogenannten „Großen Lösung SGB VIII"?

Die Bundesregierung gibt jedes Jahr einen Teilhabebericht über die Lebenslagen von Menschen mit Beeinträchtigungen heraus. Der Teilhabebericht vom August 2013 enthielt auch eine Statistik nach Bundesländern über den Anteil der Kinder von drei bis unter acht Jahren, die Eingliederungshilfe in Kindertageseinrichtungen erhalten. Der Anteil der Kinder, die diese Förderung erhielten, betrug an allen gleichaltrigen Kindern zwischen 7 Prozent (Berlin) bis 1,2 Prozent (Baden-Württemberg).

Arbeitsanregung

1. Recherchieren Sie, was Eingliederungshilfe im Kindergarten konkret an Förderung (Leistungsübernahme) beinhalten kann.
2. Wie erklären Sie sich den unterschiedlichen Anteil der durch Eingliederungshilfe geförderten Kinder in den verschiedenen Bundesländern? Suchen Sie nach einem Erklärungsansatz/Erklärungsansätzen.
3. Wie erklären Sie sich, dass der Anteil der Drei- bis unter Achtjährigen, der in einer „Tageseinrichtung für behinderte Kinder" gefördert wird, von 19 Prozent im Jahre 2008 auf 13 Prozent im Jahre 2011 absank?

3.3 Medikamentengabe

Behinderte Kinder müssen oft dauerhaft Medikamente einnehmen. Manche Kinder benötigen jeden Tag Medikamente – auch und gerade während der Zeit, in der sie den Kindergarten besuchen. Aus haftungsrechtlichen Gründen sollte jede einzelne Medikamentengabe schriftlich dokumentiert werden. Viele Einrichtungen halten hierfür auch Bögen vor. Neben dem verabreichten Medikament sind die Dosis, das Datum und die Uhrzeit zu notieren. Liegt allerdings für die Medikamentengabe keine (aus Beweisgründen zweckmäßigerweise schriftliche) Einwilligungserklärung vor, so unterlässt die Erzieherin eine Medikamentengabe und auch den Einsatz von Medizinprodukten (wie Pflaster etc.). In Notfällen mag dies anders aussehen. Es empfiehlt sich allerdings, mit den Eltern auch das Verhalten in Notfällen abzusprechen, damit es hier nicht beispielsweise zu allergischen Reaktionen (die bereits durch das harmlose Aufkleben eines Pflasters ausgelöst werden können) kommt.

Fallbeispiel 46

Das Kind Anna hat Asthma und ein Inhalator nebst Mittel wird daher im Kindergarten in einem Medikamentenschrank für sie vorgehalten. Auch das Kind Benny, ein Vetter von Anna, der in dieselbe Kindergartengruppe geht, zeigt ähnliche Symptome. Öfter einmal ringt er während des Kindergartentages nach Luft. Die Erzieherin Beatrix Hase spricht Bennys Eltern darauf bei einem sogenannten Tür-und-Angel-Gespräch an. Die Eltern erklären der Erzieherin, dass sie nicht an eine Erkrankung ihres Sohnes glaubten. Annas Erkrankung sei sicherlich eine Strafe Gottes für deren Eltern, da diese ohne Trauschein zusammenlebten. Eine Woche nach diesem Gespräch erleidet Benny einen starken Anfall von Atemnot. Während die Zweitkraft noch nach dem Notarzt telefoniert, beginnen Bennys Lippen bereits bläulich anzulaufen. Erzieherin Hase eilt zum Medikamentenschrank, ergreift den für Anna bestimmten Inhalator und sprüht Benny das Mittel in den Rachenraum. Der Anfall verebbt daraufhin.

Arbeitsanregung

Prüfen Sie die rechtliche Zulässigkeit des Handelns der Erzieherin.

3.4   Jugendstrafrecht

Neben behinderten und kranken Kindern weichen auch delinquente Kinder und Jugendliche vom Normalbild eines jungen Menschen ab.

5. Lernsituation: Don´t drink and drive

Zwei junge Männer (17 und 20 Jahre alt) fahren nach einem Kneipenbesuch erheblich alkoholisiert mit dem Auto nach Hause. Unterwegs kommt es zu einem Frontalzusammenstoß mit einem entgegenkommenden Pkw. Beide werden schwer verletzt, der Fahrer des anderen Pkw verstirbt noch an der Unfallstelle an den Folgen seiner Verletzungen.

Nach ihrer Genesung müssen sich die beiden jungen Männer bei Gericht für ihre Tat verantworten.

Sie wissen nicht, was auf sie zukommt und haben viele Fragen. Der 17-Jährige wohnt zurzeit in einem Heim, in dem Sie als Erzieherin im Praktikum arbeiten. Da er weiß, dass im Rahmen Ihrer Ausbildung auch rechtliche Inhalte eine Rolle spielten, fragt er Sie um Rat.

Arbeitsanregung

1. Machen Sie sich für die Situation mit den unterschiedlichen Sanktionsmaßnahmen des Jugendgerichtsgesetzes vertraut.
2. Diskutieren Sie angemessene Sanktionsmaßnahmen vor dem Hintergrund dieses Gesetzes. Lesen Sie dazu die §§ 5, 9, 10, 12, 13–16 und 17–18 JGG.
3. Nehmen Sie Kontakt mit der Jugendgerichtshilfe beim Jugendamt oder bei den Vereinigungen für Jugendhilfe auf und bitten Sie um einen Termin in der Schule, um die praktische Seite der Arbeit der Jugendgerichtshilfe kennenzulernen.
4. Besuchen Sie (nach vorheriger Vorbereitung dieses Termins) eine oder mehrere strafrechtliche Verhandlungen am Amtsgericht.

Der junge Mensch hat seine Entwicklung in der Regel noch nicht abgeschlossen. Begeht er eine Straftat, sind es meist kleinere Delikte. Solche Delikte lassen die Entfaltung einer manifesten kriminellen Energie nicht erkennen, sondern geschehen aus einem Über-die-Stränge-Schlagen zur Auslotung von Grenzen. Daher sind erzieherische Maßnahmen erfolgversprechender als die Verhängung einer Strafe. Ihr Ziel ist, dass künftige Straftaten dieser Delinquenten unterbleiben. Die einzelnen möglichen Maßnahmen sind im Jugendgerichtsgesetz niedergelegt.

3.4.1 Erscheinungsformen der Jugendkriminalität

Es lassen sich folgende Erscheinungsformen der Jugendkriminalität feststellen:

▌ Eigentumskriminalität: Sie kann als Schwerpunkt der Jugendkriminalität angesehen werden. Hierunter fallen Diebstahl und die Sachbeschädigung fremden Eigentums.

▌ Gewaltkriminalität: Hierunter fallen Delikte wie Körperverletzung, aber auch Raub, Totschlag und Mord. Die Gewalttaten von Kindern und Jugendlichen sind oft unerklärlich, da ihnen kein bestimmtes Motiv zugrunde zu liegen scheint.

▌ Drogenkriminalität: Hierunter fallen Verstöße gegen das Betäubungsmittelgesetz und Delikte, die unter dem Einfluss von Rauschgiften, sowie Delikte, die im Zusammenhang mit der Beschaffung von Rauschgiften begangen werden (sogenannte Beschaffungskriminalität).

▌ Bandenkriminalität: Hierunter sind jene Delikte zu verstehen, die durch eine Gruppe, in der Gemeinschaft von Jugendlichen begangen werden.

Sachbeschädigung durch Graffiti ist ein typisches Jugenddelikt.

Arbeitsanregung

Reflektieren Sie in einer Klassendiskussion folgende Fragen:

▌ Ist eine Umkehrung der staatlichen Drogenpolitik notwendig und wie begründen Sie Ihren Standpunkt?

▌ Sollen Ihrer Meinung nach sogenannte weiche Drogen freigegeben werden?

▌ Welche Argumente sprechen dafür und welche dagegen, dass staatliche Stellen Abhängigen von „harten" Drogen die Ersatzdroge Methadon kostenlos unter ärztlicher Aufsicht zur Verfügung stellen?

3.4.2 Geltungsbereich des Jugendgerichtsgesetzes

Das Jugendgerichtsgesetz, nachfolgend kurz JGG genannt, befasst sich mit dem Jugendlichen bzw. dem Täter, der zur Tatzeit das 14., aber noch nicht das 18. Lebensjahr vollendet hat, und mit dem Heranwachsenden bzw. mit dem Täter, der zur Tatzeit das 18., aber noch nicht das 21. Lebensjahr vollendet hat (§ 1 Abs. 2 JGG).

Das JGG verlangt bei einem jugendlichen Täter grundsätzlich die Prüfung, ob er für die vorgeworfene Tat strafrechtlich zur Verantwortung gezogen werden kann. Diese Prüfung erfolgt nicht bei Heranwachsenden. Ein Jugendlicher ist strafrechtlich verantwortlich (§ 3 JGG), wenn er zum Tatzeitpunkt nach seiner sittlichen und geistigen Entwicklung reif genug ist, das Unrecht der Tat einzusehen und nach dieser Einsicht zu handeln. Das setzt eine gewisse Einsichtsfähigkeit und das Vorhandensein bestimmter sittlicher Wertvor- stellungen voraus. Sie machen den Jugendlichen strafmündig. Wenn der Jugendliche diese Fähigkeiten (noch) nicht hat, so wird er einem noch nicht 14-Jährigen gleichgestellt, das heißt, er wird dann als schuldunfähig angesehen. In diesem Fall kann der Jugend- richter nur Erziehungsmaßnahmen nach dem SGB VIII anordnen (§ 3 Satz 2 JGG).

Der Heranwachsende ist immer strafmündig. Er steht bei jedem Strafverfahren vor dem Jugendgericht. Dieses hat aber zu entscheiden, ob er nach allgemeinem Strafrecht oder nach Jugendstrafrecht verurteilt wird (§ 105 Abs. 1 JGG).

Fallbeispiel 47

Eine Bande von 18- bis 20-Jährigen soll angeklagt werden, weil sie in Bussen die Leder- polster aufgeschlitzt, mehrere Pkw aufgebrochen, darin liegende Wertgegenstände ent- wendet, aber auch einige Pkw gestohlen haben.

Arbeitsanregung

Lesen Sie für das Fallbeispiel den § 105 Abs. 1 JGG. Worauf kommt es nach diesen Bestimmungen bei einem Heranwachsenden an?

3.4.3 Verfahren nach dem JGG

Arbeitsanregung

Bevor es im Fallbeispiel zur Anklage und zur Verhandlung kommt, muss eine Vorstufe im Verfahren abgewickelt werden.

Überprüfen Sie im § 44 JGG, welche Maßnahme erfolgen muss, und diskutieren Sie die möglichen Auswirkungen der in §§ 45 JGG ff. getroffenen Regelungen.

Wird das Verfahren gegen einen Jugendlichen nicht folgenlos eingestellt, kommt es zum Hauptverfahren. Die Verhandlung vor dem Gericht einschließlich der Verkündigung der Entscheidung ist nicht öffentlich.

Die sogenannte Diversion beschreibt die Umleitung und Erledigung des Verfahrens in eine davorliegende, informelle Verfahrenserledigung. Dies kann z.B. durch die

Staatsanwaltschaft geschehen. § 45 JGG bietet der Staatsanwaltschaft hierzu drei verschiedene Möglichkeiten. Auch dem Richter bietet § 47 JGG insgesamt sogar vier Möglichkeiten.

Arbeitsanregung

1. Stellen Sie in Gruppen die verschiedenen Möglichkeiten der Diversion für die Staatsanwaltschaft/den Richter und ihre jeweiligen Voraussetzungen zusammen.
2. Stellen Sie Vor- und Nachteile der Diversion zusammen und halten Sie diese in Tabellenform fest.
3. Überlegen Sie, was die Gründe dafür sind, dass im Gegensatz zu Strafverhandlungen gegen Erwachsene das gerichtliche Verfahren nicht öffentlich ist.

Für die Entscheidungen hat der Jugendrichter nach § 5 JGG drei Gruppen von Sanktionsmöglichkeiten, mit denen er auf eine Straftat reagieren kann. Es sind dies die

▌ Erziehungsmaßregeln (§§ 9–12 JGG),
▌ Zuchtmittel (§§ 13–16 JGG) und
▌ Jugendstrafe (§§ 17–19 JGG).

Bevor ein Jugendrichter eine der Sanktionsmöglichkeiten ausspricht, muss er entscheiden, wie weit der Jugendliche in seiner Entwicklung ist, beispielsweise bei der Frage, ob er verantwortlich im Sinne von § 3 JGG ist. Für eine solche Aufgabe hat er als Jurist nicht die Ausbildung. Um den Richter bei seiner Entscheidungsfindung zu unterstützen, gibt es daher die Institution der Jugendgerichtshilfe. Eine entsprechende gesetzliche Regelung findet sich im § 38 JGG.

Fallbeispiel 48

In der Hauptverhandlung vor dem Jugendgericht beim Amtsgericht Geldern – angeklagt war die 15-jährige Britta wegen Ladendiebstahls in acht Fällen – wurde auch die Jugendgerichtshelferin des Jugendamtes gehört. Sie gab in der Verhandlung einen ausführlichen Bericht zur Persönlichkeit, Entwicklung und Umwelt der minderjährigen Britta. Abschließend schlug sie eine der möglichen Sanktionen nach dem Jugendgerichtsgesetz vor.

Arbeitsanregung

Lesen Sie das Fallbeispiel und erarbeiten Sie die Aufgaben der Jugendgerichtshilfe.
1. Erstellen Sie einen Katalog dieser Aufgaben. Sehen Sie dazu die §§ 38 Abs. 1–3 und 43 JGG.
2. Welche Rechte hat die Jugendgerichtshilfe? Beachten Sie dazu die §§ 38 Abs. 2 und 3, 43 Abs. 1, 50 Abs. 3, 43 Abs. 1, 70 und 97 JGG.
3. Zu welchen Sachverhalten sollte sich die Jugendgerichtshilfe in ihrem Bericht äußern? Sehen Sie dazu die §§ 3, 17, 27, 105 und 106 JGG sowie §§ 21 und 63 StGB.

4. Welche Sanktionen kann die Jugendgerichtshilfe vorschlagen? Vergleichen Sie dazu §§ 7 ff., 9 Nr. 1 und Nr. 2, 10, 11, 13 Abs. 2 Nr. 2 und Nr. 3, 15 Abs. 1 Nr. 2, 16, 17, 21 bis 25 und 27 JGG.

5. Überprüfen Sie Ihre Erarbeitungen mit den nachfolgenden Ausführungen.

Zur 1. Frage: Welche Aufgaben hat die Jugendgerichtshilfe?

Die Jugendgerichtshilfe soll im Verfahren gegen Jugendliche und Heranwachsende besonders die erzieherischen, sozialen und fürsorgerischen Gesichtspunkte zur Geltung bringen. Hierfür erforscht sie die Persönlichkeit, aber auch die Entwicklung und das soziale Umfeld des Beschuldigten. Dabei stehen die Lebens- und Familienverhältnisse zunächst im Vordergrund. Schließlich werden das bisherige Verhalten und der Werdegang des Delinquenten für eine Beurteilung seiner seelischen, geistigen und charakterlichen Eigenart ermittelt. Das Ergebnis wird den beteiligten Behörden wie Polizei, Staatsanwaltschaft und dem Gericht mitgeteilt. Gleichzeitig äußert sich die Jugendgerichtshilfe zu den zu ergreifenden Maßnahmen.

Zur 2. Frage: Welche Rechte hat die Jugendgerichtshilfe?

- Mitwirkungsrecht im gesamten Verfahren, § 38 Abs. 3 JGG

- Recht auf Anwesenheit in der Hauptverhandlung, §§ 50 Abs. 3, 48 Abs. 2 JGG

- Recht auf Äußerung zu den zu ergreifenden Maßnahmen, §§ 31 Abs. 2, 50 Abs. 3 JGG

- Recht auf Anhörung in der Hauptverhandlung und vor Erteilung von Weisungen, §§ 50 Abs. 3, 38 Abs. 3

- umfassendes Verkehrsrecht mit dem Beschuldigten, §§ 93 Abs. 3 JGG, 148 StPO

- Recht auf Antrag, den Jugendlichen und seinen gesetzlichen Vertretern von der Hauptverhandlung auszuschließen, § 51 JGG

- Recht und Pflicht der Überwachung von Aufgaben und Weisungen, § 38 Abs. 2 JGG

- Recht auf frühestmögliche Unterrichtung von der Straftat, § 43 Abs. 1 JGG

- Recht auf laufende Unterrichtung über das Jugendstrafverfahren, § 70 JGG

- Recht auf Anträge zur Strafmakelbeseitigung, § 97 JGG

Zur 3. Frage: Zu welchen Sachverhalten sollte sich die Jugendgerichtshilfe in ihrem Bericht äußern?

Der Bericht sollte Auskunft darüber geben, was die Jugendgerichtshilfe gemäß den Aufgaben (siehe 1. Frage) recherchiert hat. Darüber hinaus ist bei Bedarf zu den folgenden speziellen Fragen Stellung zu nehmen:

- Strafmündigkeit (§ 3 Satz 1 JGG); Folge des Fehlens: familiengerichtliche Maßnahmen (§ 3 Satz 2 JGG)

- Schuldfähigkeit (§§ 20, 21 StGB); Folge des Fehlens: Unterbringung in einem psychiatrischen Krankenhaus (§ 63 StGB)

- Verantwortlichkeit von Heranwachsenden nach Erwachsenenstrafrecht (§§ 105, 106 JGG); Folge des Fehlens: Anwendung von Jugendstrafrecht (§ 105 JGG)

▌ Vorliegen von „schädlichen Neigungen" (§ 17 JGG); Folge des Fehlens: Keine Jugendstrafe (§ 17 JGG); Folge der Nichtfeststellbarkeit: Schuldfeststellung (§ 27 JGG)

Die Jugendgerichtshilfe ist eine Pflichtaufgabe der Jugendämter. Nachfolgende Übersicht zeigt, nach welchen Kriterien entschieden wird, ob es zu einem gerichtlichen Verfahren kommt und welche Sanktionen verhängt werden.

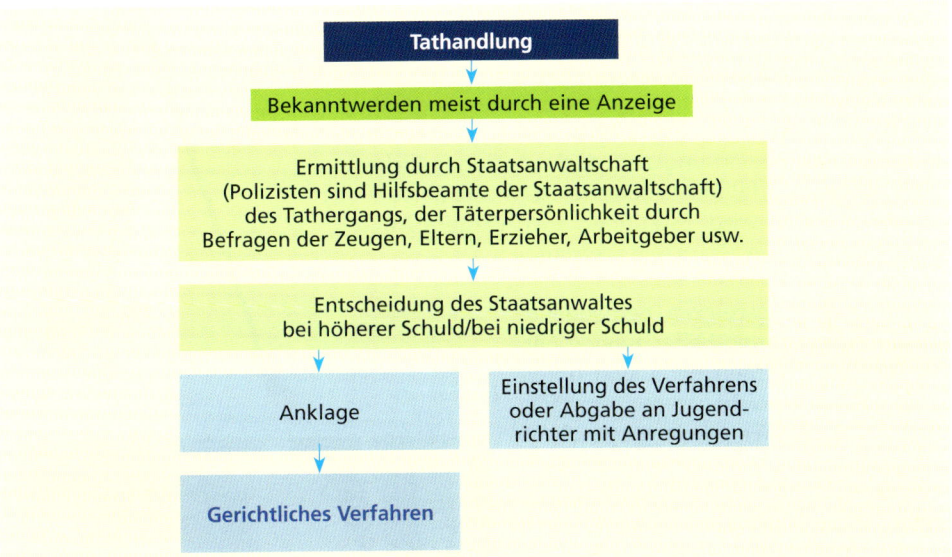

Voraussetzung	Verfahrensart	Folge
Täter mangels Reife nicht verantwortlich oder bereits erzieherische Maßnahmen getroffen oder Täter bemüht sich um einen Ausgleich mit dem Verletzten	Staatsanwalt führt das Verfahren ohne Einschaltung des Jugendrichters	eventuell Hilfen nach dem SGB VIII
Jugendlicher ist geständig, Jugendrichter ermahnt den Jugendlichen, erteilt Weisungen (nur Arbeitsleistungen, Täter-Opfer-Ausgleich, Verkehrsunterricht), Auflagen	Staatsanwalt regt formloses Verfahren beim Jugendrichter an (§ 45 JGG)	Nach Erledigung der jugendrichterlichen Anordnung, Einstellung des Verfahrens durch Staatsanwalt
Antrag des Staatsanwalts auf vereinfachtes Verfahren (§ 76 JGG), wenn keine größere Beweisaufnahme und nur Weisungen (ohne Heimunterbringung), Erziehungsbeistandschaft, Zuchtmittel, Fahrverbot, Entziehung der Fahrerlaubnis mit Sperrfrist bis zu zwei Jahren, Verfall, Einziehung zu erwarten ist	Hauptverhandlung in der Regel ohne Staatsanwalt	Vollstreckung der vom Jugendrichter angeordneten Maßnahme (kein Eintrag ins polizeiliche Führungszeugnis)
Wegen Art der Rechtsverletzung muss mit Jugendstrafe oder mit Heimunterbringung (oder betreutem Wohnen) zu rechnen sein	Reguläre Hauptverhandlung	Vollstreckung des Urteils – bei Jugendstrafe bis zu zwei Jahren Strafaussetzung zur Bewährung möglich

Strafaussetzung zur Bewährung

Kurze Freiheitsstrafen werden in der Regel nicht vollstreckt. Es muss sie aber geben, weil es für einige Straftaten angesichts der Schwere der Schuld ungerecht wäre, wenn auf sie nur mit Zuchtmitteln oder Erziehungsmaßregeln reagiert würde. Die Strafaussetzung zur Bewährung ist in diesen Fällen eine mögliche Lösung.

Jugendstrafen bis zu zwei Jahren können zur Bewährung ausgesetzt werden. Dagegen werden Jugendstrafen von mehr als zwei Jahren nicht ausgesetzt. Während der Bewährungszeit darf der Jugendliche nicht wieder straffällig werden, weil sonst die Bewährung widerrufen wird. Es können auch weitere Auflagen oder Weisungen erteilt werden.

Für die Bewährungszeit wird dem Jugendlichen ein Bewährungshelfer zugeordnet, der den Jugendlichen berät und unterstützt, damit er nicht wieder straffällig wird. Da es immer wieder Jugendliche geben wird, die die in sie gesetzten Hoffnungen nicht erfüllen, können diese nach einem Widerruf der Bewährung sich auch in der Jugendhaft wiederfinden. Die Jugendhaft wird in speziellen Justizvollzugsanstalten (getrennt von den erwachsenen Straftätern) verbüßt.

Es gibt Justizvollzugsanstalten nur für Jugendliche.

Arbeitsanregung

1. Lesen Sie hierzu § 26 JGG.
2. Was meinen Sie, warum der Jugendstrafvollzug getrennt vom Erwachsenenstrafvollzug vor sich geht?

Der Bewährungshelfer kann nur dann seinen Aufgaben gerecht werden, wenn er genügend Zeit für den Einzelnen hat. Oft muss er jedoch 60 und mehr Jugendliche betreuen, sodass ihm dann oft die notwendige Zeit zu einer effektiven Betreuung des Jugendlichen fehlt.

Lernfeld 4:
Sozialpädagogische Bildungsarbeit in den Bildungsbereichen professionell gestalten

6. Lernsituation: Marvin und Clarissa

Die altersgemischte Gruppe im örtlichen Kindergarten besuchen unter anderem die folgenden Kinder:

Marvin ist fünf Jahre alt. Oft fährt er mit seinem Fahrrad allein durch die Straßen seines Stadtteils planlos hin und her, manchmal trifft er sich auch mit seinen Freunden aus dem Kindergarten. Sonst sieht er viel fern. Wenn er sich schlecht benommen hat, erhält er von seinen Eltern Fernsehverbot. Einen Personalcomputer nennen die Eltern ebenso wenig ihr Eigen wie viele Bücher. Die Mutter vertieft sich lieber in die Publikationen der Regenbogenpresse, während der Vater zu seinen Kumpels am Stammtisch in der nahe gelegenen Kneipe entschwindet.

Clarissa ist vier Jahre alt. Sie ist Mitglied im Turnverein ihres Stadtviertels und geht außerdem einmal die Woche zur musikalischen Früherziehung in die städtische Musikschule. Ihre Eltern arbeiten bei einem Verlag und bekommen dort viele Bücher mit Personalrabatt, sodass ihr Heim bereits mehr einer Bibliothek als sonst etwas ähnelt.

Arbeitsanregung

1. Welches der Kinder kommt aus einem sogenannten bildungsnahen, welches aus einem bildungsfernen Milieu?
2. Was können Sie im Kindergarten tun, um die Bildungschancen der Kinder zu verbessern?

4.1 Bildungsauftrag in der Kinder- und Jugendhilfe

4.1.1 Bildungsbegriff in der Kindertagesbetreuung

In § 22 SGB VIII finden wir die Förderungstrias von erziehen, bilden und betreuen. Bildung erscheint hier erst an zweiter Stelle und war auch lange Zeit nicht das erste Ziel im beruflichen Alltag in der Kindertagesbetreuung. In den 1990er-Jahren wurde erstmals der Rechtsanspruch auf einen Kindergartenplatz gesetzlich festgeschrieben. Es ging daher in den 1990er-Jahren zunächst erst einmal darum, die entsprechenden Kapazitäten überhaupt zu schaffen. Fragen insbesondere nach dem Kindergarten als einem ersten Ort elementarer Bildung spielten demgegenüber eine eher untergeordnete Rolle. Dies änderte sich schlagartig aufgrund des sogenannten PISA-Schocks. Fragen der Bildung waren auf einmal in aller Munde, der Kindergarten als ein Ort elementarer Bildung entdeckt. Dies auch hinsichtlich des Fremdsprachenerwerbs, der nach Erkenntnissen der Forschung nie wieder im Leben so leicht sein soll wie im Vorschulalter.

Das SGB VIII ist ein Bundesgesetz, welchem durch Ausführungsgesetze der Bundesländer erst konkret Leben eingehaucht wird. Es regelt die Kinder- und Jugendhilfe.

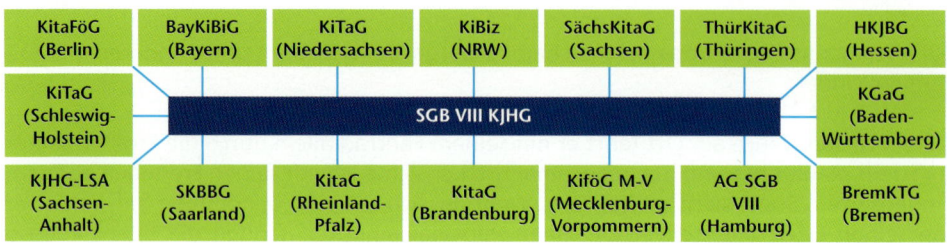

(Berger, 2014, S. 267)

Nach dem PISA-Schock wurde in einigen Ländern die Zuständigkeit für die Kindertagespflege vom Sozial- auf das Kultusministerium verlagert. Andere Länder vereinten die Zuständigkeit von Schul- und Kindergartenbereich in einem neuen Bildungsministerium. Trotz dieser Zusammenlegung darf nicht vergessen werden: Nach deutscher Tradition ist der Kindergarten keine „kleine Schule", auch wenn das in anderen Ländern außerhalb der Bundesrepublik Deutschland anders sein mag. Während in der Schule vor allen Dingen die geistige Entwicklung der Kinder angeregt und fortgebildet werden soll, ist der Bildungsansatz im Kindergarten umfassender. Die Länder gingen daran, den Bildungsauftrag des Kindergartens mit Bildungsplänen (in einigen Ländern auch als Rahmenplan, Orientierungsplan oder Bildungs- und Erziehungsplan bezeichnet) zu konkretisieren.

Widmen wir uns aber zuerst einmal dem bundesgesetzlichen Auftrag wie er im SGB VIII niedergelegt ist und dessen Vorgaben alle Bundesländer beachten müssen.

Mit der sogenannten Förderungstrias aus Erziehung, Bildung und Betreuung des Kindes soll dem Förderungsauftrag der Kindertagesbetreuung nachgekommen werden. Die Ziele dieses Auftrages sind gemäß § 22 Abs. 2 SGB VIII:
1. die Entwicklung des Kindes zu einer eigenverantwortlichen und gemeinschaftsfähigen Persönlichkeit
2. die Erziehung und Bildung in der Familie zu unterstützten und zu ergänzen
3. den Eltern dabei zu helfen, Erwerbstätigkeit und Kindererziehung besser miteinander vereinbaren zu können.

Dabei ist vordringlichstes Ziel die in Nummer 1 niedergelegte Entwicklung des Kindes zu einer eigenverantwortlichen und gemeinschaftsfähigen Persönlichkeit. Leitziel des Förderauftrages ist also die gesellschaftliche Teilhabe des Kindes.

Gemäß § 22 Abs. 3 SGB VIII soll sich die Förderung am Alter und Entwicklungsstand, den sprachlichen und sonstigen Fähigkeiten, der Lebenssituation sowie den Interessen und den Bedürfnissen des einzelnen Kindes orientieren und seine ethnische Herkunft berücksichtigen.

Arbeitsanregung

Ein ehrgeiziges Programm! Entwickeln Sie in der Gruppe Vorschläge, wie Sie als Erzieherinnen diesem bei Marvin und Clarissa aus der sechsten Lernsituation nachkommen können.

§ 22a SGB VIII ergänzt die Fordergrundsätze des § 22 SGB VIII um spezifische Vorgaben für Tageseinrichtungen. Zwar wendet sich die Vorschrift des § 22a SGB VIII ausdrücklich nur an Träger der öffentlichen Jugendhilfe. Jedoch sind die dort niedergelegten Vorgaben mittelbar auch für die freien Träger der Jugendhilfe verpflichtend, da die Träger der öffentlichen Jugendhilfe sicherzustellen haben, dass der Förderauftrag auch in den Einrichtungen anderer Träger realisiert wird. Geeignete Maßnahmen im Sinne des § 22a Abs. 5 SGB VIII sind in der Rechtspraxis meistens der Abschluss vertraglicher Vereinbarungen.

In NRW hat der Landesgesetzgeber im Gesetz zur frühen Bildung und Förderung von Kindern (kurz: KiBiz) ganz bewusst in Abkehr von der Reihenfolge des § 22 SGB VIII die Bildung an die erste Stelle der Förderungstrias in § 1 Abs. 1 KiBiz gesetzt. Jedoch meint Bildung im Bereich der Kindertagesbetreuung nicht Vermittlung von Wissen anhand eines curricularen Lernplanes wie dies in der Schule der Fall ist. Vielmehr wird der Bildungsauftrag ganzheitlicher verstanden.

Die Eigenständigkeit des Bildungsauftrages des Kindergartens ergibt sich aus der Eigenart der Kinder im Kindergartenalter und aus dem Bildungsangebot des Kindergartens als Ergänzung der Familienerziehung. Diese Zielsetzung wird auch durch die verschiedenen weltanschaulichen Grundrichtungen der Familie geprägt. Das zeigt auch die Trägervielfalt.

Als Landesgesetz gilt das KiBiz nur auf dem Gebiet des Bundeslandes Nordrhein-Westfalen. Die entsprechenden Gesetze anderer Bundesländer sind aber von ähnlichen Erwägungen geprägt. Dazu gehört neben der Gleichrangigkeit von Kindertageseinrichtung und Kindertagespflege insbesondere die Formulierung eines Auftrages für die frühkindliche Bildung.

Mit dem KiBiz wurde der Kindergarten als Ort für frühkindliche Bildung gestärkt. Im Hinblick auf den individuellen Bildungsprozess des einzelnen Kindes spricht man auch vom Elementarbereich. Auf Basis eines eigenen Bildungs- und Erziehungskonzeptes wird beobachtet und die Entwicklung der Kinder für deren individuelle Förderung dokumentiert. Die regelmäßige, ausführliche und systematische Beobachtung des einzelnen Kindes und die Dokumentation seiner Entwicklung ist insbesondere im Fall eines hochbegabten Kindes wichtig. Hochbegabte Kinder nehmen Bildungsangebote schneller auf und sind vielseitig interessiert. Sie stellen schneller Bezüge zwischen einzelnen Bildungsinhalten her, da sie ein höheres Abstraktionsvermögen haben. Die Förderung des hochbegabten Kindes setzt daher eine Vielzahl abwechslungsreicher und sich ergänzender Bildungsangebote voraus.

Keine Bildungsdokumentation ohne Zustimmung!

Die Dokumentation setzt die schriftliche Zustimmung der Eltern voraus (vgl. § 13 Abs. 5 Satz 2 KiBiz sowie die Erläuterungen zum Datenschutz in Lernfeld 2).

Das pädagogische Konzept des Trägers muss Ausführungen zur Sprachförderung als einem zentralen Element frühkindlicher Bildung enthalten.

4.1.2 Bildungspläne

Die Basiskompetenzen Selbstkompetenz, Sozialkompetenz sowie Sach-/Methodenkompetenz des Kindes sollen anhand von sogenannten Bildungsplänen (in manchen Bundesländern auch Orientierungsplan oder Rahmenplan genannt) entwickelt werden. Im Bereich der Sozialkompetenz soll der Inklusionsgedanke auch schon bei kleinen Kindern gefördert werden (vgl. Art. 8 UN-BRK).

Das Kind soll Sozialkompetenz erwerben.

In Nordrhein-Westfalen ist vom Landesministerium ein Entwurf von Grundsätzen zur Bildungsförderung für Kinder erarbeitet worden. In diesem finden sich die folgenden zehn Bildungsbereiche:
1. Bewegung
2. Körper, Gesundheit und Ernährung
3. Sprache und Kommunikation

4. soziale, kulturelle und interkulturelle Bildung
5. musisch-ästhetische Bildung
6. Religion und Ethik
7. mathematische Bildung
8. naturwissenschaftlich-technische Bildung
9. ökologische Bildung
10. Medien

Die Bildungsbereiche sind aber nicht dahin gehend zu verstehen, dass sich eine Einrichtung auf bestimmte von diesen festlegen müsste. Die Einrichtung entwickelt ihr Konzept und auch die dabei gesetzten Schwerpunkte der pädagogischen Arbeit selbst. Jedoch sollen die Bildungsbereiche Anstöße zum Nachdenken über die Umsetzung des Konzeptes und die Durchführung der pädagogischen Arbeit bieten.

Der Bildungsplan muss auf die Fähigkeiten und Bedürfnisse des einzelnen Kindes abgestimmt werden. So sind hochbegabte Kinder ebenso wie behinderte Kinder anders zu fördern als die anderen.

Gleich ob hochbegabt oder beeinträchtigt – jedes Kind muss individuell gefördert werden.

In anderen Bundesländern ist der jeweilige Bildungsplan hingegen verpflichtend ausgestaltet. Gemeinsam ist allen Plänen, dass alle Kinder vermehrt Sprachförderung erhalten sollen, die Dokumentation und die Erziehungspartnerschaft mit den Eltern sich verbessern soll ebenso wie die Zusammenarbeit mit der Grundschule, damit der Übergang besser bewältigt wird.

Arbeitsanregung

Welche Bildungsbereiche sind Ihrer Meinung nach Eltern, die ihr Kind in einem sogenannten Waldkindergarten anmelden, besonders wichtig?

Fallbeispiel 49

Bertha Bequem hat mal wieder ihre Arbeitsstelle aufgrund mangelnden Einsatzes verloren. Da sie gehört hat, dass im Bereich der Kindertagesbetreuung jetzt auch unter Dreijährige einen Rechtsanspruch auf einen Platz in der Kindertagespflege haben, beschließt sie, sich selbstständig zu machen. Sie möchte drei Wickelkinder für jeweils 20 Stunden die Woche bei sich in der Wohnung aufnehmen. Zum einen da sie in ihrer Wohnung nur Platz für drei Gitterbetten hat, und zum anderen weil sie davon ausgeht, dass „die sowieso viel schlafen und falls mal nicht, können sie sich in der Zwischenzeit das Mobile anschauen, das ich über ihren Betten anbringe". So äußert sie sich auch gegenüber der Dame vom Jugendamt, als sie dort vorstellig wird, auf dass dieses ihr Eltern vermittle. Die Dame vom Jugendamt teilt ihr mit, dass sie für die von ihr geplante Kindertagespflege eine Erlaubnis brauche, die ihr aufgrund des soeben Geäußerten allerdings wohl nicht erteilt werde. Zu Recht?

Auch in der Kindertagespflege müssen die Kinder Bildung erfahren, die Förderungstrias des § 22a SGB VIII gilt für sie genauso. Auch in der Kindertagespflege müssen also (Bildungs-)Konzepte vorliegen, damit eine Erlaubnis zur Kindertagespflege nach § 43 SGB VIII erteilt werden kann.

Lernfeld 5:
Erziehungs- und Bildungspartnerschaften mit Eltern und Bezugspersonen gestalten sowie Übergänge unterstützen

7. Lernsituation: Max und Moritz

Sie arbeiten als Anerkennungsjahrpraktikantin in einem Kindergarten. In die Gruppe, in der Sie eingesetzt werden, gehen auch die beiden dreijährigen Zwillinge Max und Moritz. Obwohl Sie erst seit Kurzem dabei sind, fiel Ihnen bereits auf, dass die Zwillinge oft nicht gepflegt erscheinen. Die alleinerziehende Mutter haben Sie noch nie gesehen, die Kinder kommen und gehen ohne Begleitung zu zweit in den Kindergarten. Auch heute erschienen die Kinder wieder allein, erkennbar ungewaschen und in mit Essensresten übersäter, dem Wetter nicht angemessener Kleidung. Die Gruppenleiterin informiert Sie darüber, dass der Vater der Zwillinge diese heute vom Kindergarten abhole, um einen Umgangskontakt wahrzunehmen. Sie waschen daher den Kindern notdürftig mit einem Waschlappen Gesicht und Hände, kämmen ihnen die (fettigen) Haare und klopfen die Kleidung notdürftig aus. Der Vater ist vom Zustand der Kinder dennoch nicht sehr angetan. Er beginnt aus diesem Grunde mit Ihnen ein Gespräch über seine „Ex", von der er sich noch vor der Geburt der Zwillinge getrennt habe, weil sie „erkennbar ein Alkoholproblem ausgebrütet habe". Bereits vor der Schwangerschaft habe sie regelmäßig „zu tief ins Glas geschaut". Auf seine mehrfachen Bitten, den Alkoholgenuss während der Schwangerschaft zu unterlassen, habe sie nicht reagiert. Wahrscheinlich sei sie da bereits körperlich abhängig gewesen. Da seine „Ex" der Wahrheit, dass sie mittlerweile Alkoholikerin sei, nach wie vor nicht ins Auge sehe und sogar noch vor einer Woche ihm gegenüber am Telefon behauptet habe, sie könne „jederzeit aufhören", mache er sich Sorgen um die Zukunft der Kinder. Er wohne ja nur im nächsten Ort, und wenn die Kinder bei ihm lebten, könnten sie auch nach wie vor hier in die Gruppe gehen, in die sie sich gut eingelebt hätten. Er wolle einen Antrag beim zuständigen Familiengericht auf Übertragung des Sorgerechts für die Kinder auf ihn allein stellen. Die Kinder hätten aber nie mit ihm zusammengewohnt. Sicherlich werde daher auf ihn „so einiges zukommen". Er fragt daher Sie, ob es für ihn nicht möglich sei, dabei Unterstützung und Hilfe zu bekommen.

Arbeitsanregung

1. Lesen Sie § 1626a BGB. Wird der Antrag des ledigen Vaters Ihrer Ansicht nach vor Gericht durchkommen?
2. Welche Antwort/en können Sie dem Vater von Max und Moritz auf seine Frage geben?

5.1   Rechtsstellung von Kindern und Jugendlichen

Im obigen Fallbeispiel geht es um zwei minderjährige Kinder, deren Wohl gefährdet erscheint. Über Gedanken des Helfens hinaus darf aber nicht vergessen werden, dass die beiden Kinder vielleicht auch eigene Vorstellungen und Rechte haben. Wenn man vom jungen Menschen als Rechtspersönlichkeit spricht, muss man bei der Betrachtung der Rechtsstellung mit der Rechtsfähigkeit anfangen.

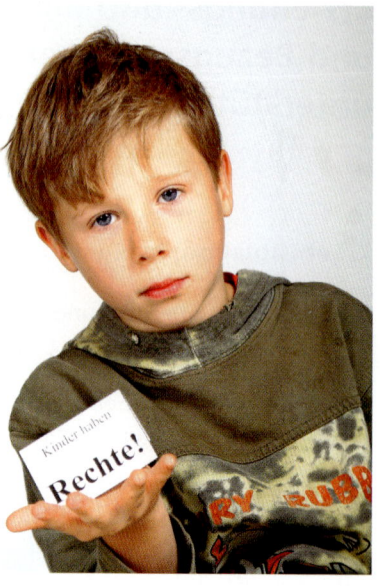

Fallbeispiele 50 bis 51

Fallbeispiel 50
Frau Vogel setzt ihren über alles geliebten Wellensittich Pucki in ihrem Testament als ihren Alleinerben ein.

Fallbeispiel 51
Frau Vogel setzt ihre über alles geliebte zweijährige Enkeltochter Julia in ihrem Testament als ihre Alleinerbin ein.

Arbeitsanregung

Nehmen Sie an, Frau Vogel verstirbt. Hat Pucki bzw. Julia jeweils rechtswirksam geerbt?

5.1.1 Das Kind – eine natürliche Person im Rechtssinne

Von allen Lebewesen ist nur der Mensch rechtsfähig, d. h. Träger von Rechten und Pflichten (s. o. unter Lernfeld 1).

Der Wellensittich im Fallbeispiel gilt nach gültiger Gesetzeslage zwar nicht als Sache, wird aber rechtlich wie eine solche behandelt (§ 90a BGB). Er ist daher nicht Rechtssubjekt, sondern lediglich ein Rechtsobjekt.

Einen Menschen nennt man in der juristischen Fachsprache auch eine natürliche Person (im Gegensatz zur juristischen Person, die ein reines Gedankenkonstrukt ist – s. u.).

Die Rechtsfähigkeit des Kindes beginnt mit seinem vollständigen Austritt aus dem Mutterleib und es muss danach gelebt haben. Der Nachweis der Lebendgeburt ergibt sich aus der Tatsache, dass das Kind irgendein Zeichen von Leben von sich gegeben hat. Das kann sein: Schreien oder Öffnen der Augen; aber auch nur das Einsetzen der Atmung, das Schlagen des Herzens. Lebensfähigkeit ist dagegen nicht notwendig. Wenn das Kind nur einmal geatmet hat und dann stirbt, war es rechtsfähig. Wichtig ist dies deshalb, weil es möglicherweise ein Vermögen des Kindes unter seinen Erben zu verteilen gibt (§ 1923 Abs. 2 BGB). Damit das Kind seinerseits Erbe werden konnte, muss es aber zumindest für kurze Zeit außerhalb des Mutterleibes gelebt haben. Wichtig: Die Rechtsfähigkeit endet nur mit dem Tode des Menschen! D.h., die Rechtsfähigkeit kann nicht aberkannt oder eingeschränkt werden. Auf die Rechtsfähigkeit kann auch nicht verzichtet werden.

Im folgenden Abschnitt wird der Mensch als Rechtspersönlichkeit dargestellt. Damit verbunden sind eine Vielzahl von Rechten und Pflichten, die er von Geburt an zunächst als Teilmündigkeiten, dann als volle Mündigkeit gesetzlich erhält, um am Rechtsverkehr teilnehmen zu können. Zuvor soll aber noch kurz auf die sogenannten juristischen Personen eingegangen werden.

Juristische Personen
Selbstständig am Rechtsverkehr teilnehmen und rechtswirksam handeln muss nicht nur der Mensch als Einzelperson. Auch für Zusammenschlüsse von Personen kann sich diese Notwendigkeit ergeben.
Wenn sich mehrere Personen – z.B. als Erziehungsberechtigte – zusammenschließen, um sich dafür einzusetzen, dass mehr Kindergärten geschaffen werden, und wenn dann nach einiger Zeit der Diskussionen und Beratungen das Ergebnis dieses Einsatzes ist, selbst einen Kindergarten zu errichten, dann müssen sich die Erziehungsberechtigten eine Möglichkeit schaffen, mit der sie alle zusammen am Rechtsverkehr teilnehmen können. Nicht ein Erziehungsberechtigter, sondern alle zusammen mieten einen Raum zur Betreuung der Kinder. Nicht einer, alle müssen diesen Raum entsprechend einrichten. Nicht einer, alle müssen sozialpädagogische Fachkräfte anstellen, damit die Betreuung der Kinder gewährleistet ist. Das heißt aber, dass jedes Mal, wenn ein Erziehungsberechtigter ausscheidet oder ein anderer dazukommt, die Verträge abgeändert werden müssten. Das Einfachste ist es daher, wenn sich die Erziehungsberechtigten einen rechtsfähigen Zusammenschluss schaffen. Durch Gesetz gibt es die Möglichkeit der Schaffung einer juristischen Person (§§ 21 ff. BGB). Der Zusammenschluss der Erziehungsberechtigten könnte beispielsweise durch die Eintragung in das Vereinsregister eine eigene Rechtsfähigkeit als Verein erlangen. Damit kann der Verein unabhängig von seinen Mitgliedern durch seinen Vorstand (§ 26 Abs. 1 BGB) im Rahmen der Satzung (§ 25 BGB) handeln, als ob er ein Mensch wäre (§ 26 Abs. 2 BGB).

5.1.2 Minderjährigkeit – Volljährigkeit

Im § 2 des Bürgerlichen Gesetzbuches wird der Beginn der Volljährigkeit geregelt. Personen, die das 18. Lebensjahr vollendet haben, sind volljährig. Daraus lässt sich schließen, dass alle anderen natürlichen Personen minderjährig sind. Die Rechtsstellung des Minderjährigen als zusammenhängende Regelung sucht man im Gesetz vergeblich. Es gibt vielfältige Vorschriften in vielen Gesetzen. An dieser Stelle sollen nur einige beispielhaft genannt werden.

Beginn der Geburt:
▮ Ende des Schutzes vor Abtreibung nach § 218 StGB
▮ Beginn des Schutzes vor vorsätzlicher Tötung, §§ 211 ff. StGB

Ab Vollendung der Geburt:
▮ Beginn der Rechtsfähigkeit, § 1 BGB
▮ Beginn der (vollen) Grundrechtsfähigkeit
▮ Beginn der Parteifähigkeit, § 50 Abs. 1 Satz 1 ZPO

Ab Vollendung des 1. Lebensjahres:
▮ Aufnahme in Kindergärten als Rechtsanspruch, § 24 Abs. 2 SGB VIII

Ab Vollendung des 6. Lebensjahres:
▮ Beginn der Schulpflicht
▮ Besuch von Filmveranstaltungen bis 20 Uhr erlaubt, § 11 Abs. 3 Nr. 2 und Abs. 4 Nr. 1 JuSchG

Ab Vollendung des 7. Lebensjahres:
▮ Beginn der beschränkten Geschäftsfähigkeit, § 106 BGB
▮ Beginn der beschränkten Deliktsfähigkeit, § 828 Abs. 2 BGB

Ab Vollendung des 10. Lebensjahres:
▮ Anhörungsrecht nach § 2 Abs. 3 RelKErzG

Ab Vollendung des 12. Lebensjahres:
▮ Beginn der beschränkten Religionsmündigkeit, § 5 Satz 2 RelKErzG

Ab Vollendung des 14. Lebensjahres:
▮ Beginn der strafrechtlichen Verantwortlichkeit als Jugendlicher, §§ 1 Abs. 2, 3 JGG
▮ Beginn der Religionsmündigkeit, § 5 Satz 1 RelKErzG

Ab Vollendung des 15. Lebensjahres:
▮ eigene Antragstellung und Entgegennahme von Sozialleistungen, § 36 Abs. 1 SGB I

Ab Vollendung des 16. Lebensjahres:
▮ Beginn der bedingten Ehemündigkeit, § 1303 Abs. 2 BGB
▮ Beginn der Eidesfähigkeit und der Fähigkeit, in einem Rechtsstreit als Partei vernommen zu werden, §§ 393 Nr. 1, 455 Abs. 2 ZPO, § 60 Nr. 1 StPO
▮ Verpflichtung zum Besitz eines Personalausweises, § 1 des Gesetzes über Personalausweise

Ab Vollendung des 18. Lebensjahres:
▮ Volljährigkeit, § 2 BGB, damit verbunden:
  – Beginn der vollen Geschäftsfähigkeit, § 106 BGB,
  – Beginn der vollen Prozessfähigkeit, §§ 51, 52 ZPO,
  – Beendigung des elterlichen Sorgerechts, § 1626 BGB,
  – volle Ehemündigkeit, § 1303 Abs. 1 BGB,
  – volle Deliktsfähigkeit, § 828 Abs. 2 BGB

Teilmündigkeit Minderjähriger

Nachfolgende Erklärungen sind vor allem für Erzieherinnen wichtig, die mit der Erziehung und Bildung von Kindern und Jugendlichen außerhalb der Familie betraut sind.

In zahlreichen (familien-)rechtlichen Situationen wird den Eltern vorzeitig die Entscheidungsbefugnis entzogen und dem beschränkt geschäftsfähigen jungen Menschen zugewiesen.

Fallbeispiele 52 bis 54

Fallbeispiel 52
In einer konfessionsverschiedenen Ehe mit zwei Kindern im Alter von 15 und 17 Jahren stirbt der evangelische Ehepartner. Der katholische Ehepartner möchte, da die Kinder bisher auch evangelisch sind, für diese einen religiösen Bekenntniswechsel veranlassen.

Fallbeispiel 53
Die 16-jährige Andrea möchte sich mit ihrem Freund verloben. Sie bittet ihre Eltern um deren Einwilligung. Die Eltern haben gegen die Verbindung nichts einzuwenden und geben ihre Einwilligung. Die Eltern von Andrea möchten, dass der Verlobte vor der Eheschließung mit ihrer Tochter seine Meisterprüfung macht, und finanzieren diese in Erwartung der Eheschließung mit 4 090,35 Euro. Kurz vor der erwarteten Hochzeit löst der Bräutigam die Verlobung mit Andrea wegen eines anderen Mädchens.

Fallbeispiel 54
Die 16-jährige Anja ist im vierten Monat schwanger. Anja möchte ihren Freund heiraten, damit das Kind ehelich zur Welt kommt. Die Eltern erlauben die Hochzeit nicht und verweigern ihre Einwilligung. Sie begründen ihre Ablehnung mit der Unreife Anjas und meinen, dass das zu erwartende Kind auch ohne die Eheschließung Anjas gesund und wohlbehütet in ihrer Familie aufwachsen kann. Eine spätere Eheschließung würden sie, wenn Anja ein paar Jahre älter sei, akzeptieren. Bis dahin aber würden auch sie sich um das Enkelkind kümmern.

Arbeitsanregung

1. Kann der Elternwille zum Konfessionswechsel der Kinder im Fallbeispiel durchgesetzt werden? Begründen Sie Ihre Antwort.
2. Können die Eltern von Andrea gegen dem Verlobten im Fallbeispiel Ansprüche bezüglich der 4 090,35 Euro geltend machen? Lesen Sie hierzu § 1298 BGB.
3. Beurteilen Sie das Problem im Fallbeispiel 54 und nehmen Sie zur Rechtssituation in diesem Beispiel Stellung. Welche möglichen Konsequenzen ergeben sich für Anja?
4. Welche Gründe sprechen für, welche gegen die Befreiung von der Ehemündigkeit in diesem Fallbeispiel?

Verlöbnisfähigkeit

Die Verlobung ist ein Begründungsakt und durch den Brautstand entsteht ein Gemeinschaftsverhältnis. Sie spielt heute kaum noch eine Rolle und wird daher hier nicht mehr erläutert. Anders dagegen die Ehefähigkeit.

Ehefähigkeit

Voraussetzung der Ehefähigkeit sind die Ehemündigkeit und die entsprechende volle Geschäftsfähigkeit oder – bei beschränkt Geschäftsfähigen – die Einwilligung der gesetzlichen Vertreter, wenn der Minderjährige mindestens 16 Jahre alt ist und der Ehepartner volljährig ist, d.h. die volle Geschäftsfähigkeit besitzt. Für die Eheschließung wird ein Mindestalter verlangt. Es ist für Männer und Frauen auf 18 Jahre festgesetzt. Mit Erreichen dieses Alters sind junge Menschen ehemündig. Vom Erfordernis der Ehemündigkeit kann das Familiengericht Befreiung unter der Voraussetzung erteilen, dass die minderjährige Person einen entsprechenden Antrag stellt, selbst das 16. Lebensjahr vollendet hat und sein zukünftiger Ehepartner volljährig ist (§ 1303 Abs. 2 BGB). Dem Anspruch der Gleichberechtigung entsprechend ist es gleichgültig, ob der Mann oder die Frau der volljährige und somit voll geschäftsfähige Ehepartner ist. Die Befreiung von der Ehemündigkeit für junge Menschen im Alter von 16 und 17 Jahren soll nur ausnahmsweise in Betracht kommen. Das Familiengericht hat demnach sorgfältig zu prüfen, ob die minderjährige Person die zur Führung einer Ehe erforderliche Reife hat und ob die Befreiung mit dem Wohl des/der Jugendlichen vereinbar ist. Ob die Befreiung von der Ehemündigkeit zum Wohle des/der Jugendlichen ist, darf nicht davon abhängig gemacht werden, dass die Geburt eines Kindes bevorsteht, was früher nicht selten der Grund für eine Befreiung war. Für die Befreiung sind Beurteilungskriterien wie ausreichende Vorstellung vom Wesen der Ehe und der Pflichten der Ehegatten, die Fähigkeit, sich in eine Lebensgemeinschaft einordnen zu können, die wirtschaftlichen Verhältnisse und die Dauer der Bekanntschaft viel wichtiger.

Das Wohl des Minderjährigen wird nur bewahrt, wenn durch die Ehe seine Persönlichkeitsentwicklung nicht nachhaltig gestört wird, wenn er den Anforderungen der Ehe gewachsen ist und die Ehe voraussichtlich Bestand haben wird.

Wir können drei Stufen der Ehemündigkeit unterscheiden:

- Minderjährige sind bis zur Vollendung des 16. Lebensjahres eheunmündig.
- Minderjährige im Alter von 16 und 17 Jahren sind bedingt ehemündig.
- Volljährige sind ehemündig.

Eine weitere Voraussetzung ist bei Minderjährigen neben der Befreiung von der Ehemündigkeit die Einwilligung des/der gesetzlichen Vertreter(s), also in der Regel der Eltern. Sollte(n) der/die gesetzliche(n) Vertreter die Einwilligung versagen, so kann der Heiratswillige beantragen, dass das Familiengericht die Einwilligung ersetzt. Voraussetzung ist, dass die Einwilligung ohne triftigen Grund verweigert wird (§ 1303 Abs. 3 BGB).

Sonstige Mündigkeiten

Neben den bisher besprochenen gibt es weitere Mündigkeiten, sie werden hier nur kurz behandelt. Dazu gehören die prozessualen Mündigkeiten wie:

- Parteifähigkeit,
- Prozessfähigkeit,
- die Zeugnis- und Eidesfähigkeit.

Fallbeispiele 55 bis 57

Fallbeispiel 55
Das von Anja im Fallbeispiel 54 geborene Kind erhält von seinem Vater keinen Unter-halt. Die Eltern von Anja sind zwar bereit, ihre Tochter und das Enkelkind finanziell zu unterstützen, stehen jedoch auf dem Standpunkt, dass auch der Vater des Kindes seinen Verpflichtungen nachkommen soll. Das Kind von Anja klagt deshalb gegen den Vater auf Zahlung von Unterhalt.

Fallbeispiel 56
Der siebenjährige Andreas wird beim Überqueren des Zebrastreifens von einem fahr-lässig handelnden Autofahrer mit der Stoßstange des Wagens angefahren und leicht verletzt. Es entsteht ein Personenschaden von 2 300,00 Euro. In dem nachfolgenden Gerichtsverfahren auf Anerkennung von Schadenersatz tritt Andreas als Kläger auf.

Fallbeispiel 57
Im Prozess wird Andreas vor Gericht zum Hergang des Verkehrsunfalls gehört. Er schil-dert den Sachverhalt, der Grundlage für eine eventuelle Verurteilung des beklagten Autofahrers auf Schadenersatz ist.

Arbeitsanregung

1. Kann Anjas Kind im Fallbeispiel 55 als Kläger auftreten? Ist das Kind bereits parteifähig?
2. Wer kann in dem Fallbeispiel mit dem Verkehrsunfall die prozessuale Handlungsfähig-keit (Prozessfähigkeit) ausüben?
3. Kann Andreas aus dem Fallbeispiel rechtswirksam als Zeuge aussagen?
4. Könnte Andreas seine Aussage eventuell auch beeiden?

Vergleichen Sie zu den Aufgabenstellungen die §§ 52 Abs. 1, 60 Nr. 1 und 393 Nr. 1 ZPO sowie die untenstehenden Ausführungen.

Prozessuale Mündigkeiten

Auch junge Menschen werden von gerichtlichen Verfahren betroffen. Um in einem sol-chen Verfahren selbstständig handeln zu können, muss man prozessual mündig sein. Dabei bedarf es der Parteifähigkeit und der Prozessfähigkeit. Wichtig ist in diesem Zusammenhang auch die Zeugnis- und Eidesfähigkeit. Es geht um die Fähigkeit, Rechte mit gerichtlicher Hilfe durchzusetzen oder Ansprüche in einem Gerichtsverfahren abwehren zu können.

Man muss dazu folgende Fragen klären:
- Wer kann vor Gericht Partei sein?
- Wer kann einen Prozess selbst führen?
- Wer kann als Zeuge vor Gericht aussagen?
- Wer kann vor Gericht vereidigt werden?

Die ersten beiden Fragen sind in den verschiedenen Prozessordnungen geregelt, primär in der für das Verfahren vor den Zivilgerichten geltenden Zivilprozessordnung (ZPO). Für die Verfahren vor dem Familiengericht, dem Arbeitsgericht, dem Sozialgericht, dem

Verwaltungsgericht, dem Finanzgericht und dem Bundesverfassungsgericht gelten entsprechende Verfahrensordnungen. Sie verweisen meist auf die Vorschriften der Zivilprozessordnung und regeln nur Besonderheiten für ihre Verfahrensart.

Parteifähigkeit

Parteifähigkeit ist die Fähigkeit, als Kläger oder Beklagter in einem Rechtsstreit aufzutreten. Nach § 50 Abs. 1 ZPO ist parteifähig, wer rechtsfähig ist. Die Parteifähigkeit ist das prozessuale Gegenstück zur Rechtsfähigkeit. Wir können auch sagen, dass sie die prozessuale Rechtsfähigkeit ist.

Wenn nach § 1 BGB der Mensch mit der Vollendung der Geburt die Rechtsfähigkeit erlangt, dann ist er von Geburt an auch parteifähig.

Im Fallbeispiel kann Anjas Kind ohne Rücksicht auf sein Alter entsprechend dieser Vorschriften als Kläger auftreten.

Prozessfähigkeit

Der § 52 Abs. 1 ZPO bestimmt, dass „eine Person insoweit prozessfähig ist, als sie sich durch Verträge verpflichten kann". Die Prozessfähigkeit entspricht der Geschäftsfähigkeit. Wir sprechen in diesem Zusammenhang auch von einer prozessualen Handlungsfähigkeit. Unter der Prozessfähigkeit verstehen wir die Fähigkeit, einen Prozess selbstständig zu führen, d.h. alle Prozesshandlungen selbst wirksam vorzunehmen. Wer nicht prozessfähig ist, muss den Prozess in seinem Namen durch seine gesetzlichen Vertreter führen lassen. Im Fallbeispiel kann Andreas demnach als Kläger auftreten, den Prozess aber nicht selbstständig führen.

Wie für die Geschäftsfähigkeit gilt auch für die Prozessfähigkeit die Unterscheidung von drei Stufen:

- Prozessunfähig sind alle nichtgeschäftsfähigen und alle beschränkt geschäftsfähigen Personen.

- Als beschränkte Prozessfähigkeit bezeichnet man die in bestimmten Verfahren oder Bereichen bestehende Prozessfähigkeit beschränkt geschäftsfähiger Personen.

- Wer volljährig ist, ist voll prozessfähig.

Auf die beschränkte Prozessfähigkeit soll hier nicht näher eingegangen werden. Auch die Anhörungs- und Antragsrechte werden nicht näher erläutert.

Zeugnis- und Eidesfähigkeit

Die Zeugnis- und Eidesfähigkeit gehören ebenfalls zu den prozessualen Mündigkeiten. Es gibt keine Bestimmungen darüber, wer Zeuge sein kann. In keiner Verfahrensordnung ist Entsprechendes geregelt. Somit können nur allgemeine Anforderungen bestimmen, wer Zeuge in einem Prozess sein kann. Grundsätzlich gilt, dass alle Menschen die Fähigkeit haben, Zeuge zu sein, wenn sie
- genügend Intelligenz und Reife besitzen, um ein Geschehen zu erfassen,
- in der Lage sind, sich durch Sprache darüber zu äußern und
- verstehen können, dass sie die Wahrheit sagen müssen.

Danach können auch Kinder Zeugen sein. Eine feste Altersgrenze gibt es nicht. In diesem Zusammenhang muss beachtet werden, dass die gesetzlichen Vertreter keinen Einfluss auf die Zeugnispflicht des Minderjährigen haben; d.h., es kommt nicht darauf an, ob sie mit der Vernehmung einverstanden sind, weil eine staatsbürgerliche Zeugnispflicht

besteht. Wichtig ist, dass bei der Vernehmung Minderjähriger eine besondere Sorgfaltspflicht besteht, damit sie keinen Schaden nehmen, besonders dann, wenn das Kind
selbst Betroffener durch eine Straftat geworden ist. Was die Eidesfähigkeit anbelangt,
ist die Darstellung einfach: Jugendliche unter 16 Jahren sind eidesunmündig. Sie dürfen
vor Gericht nicht schwören (§ 393 Nr. 1 ZPO und § 60 Nr. 1 StPO). Ab 16 Jahren sind junge
Menschen eidesmündig und können in einem Prozess vereidigt werden.

Geschäftsfähigkeit
Die Geschäftsfähigkeit ist die Fähigkeit, Rechtsgeschäfte rechtswirksam abschließen zu
können. In erster Linie dient die Regelung der Geschäftsfähigkeit dem Schutz der Minderjährigen. Mit ihr sollen vermögensrechtliche Nachteile verhindert werden, da junge
Menschen durch fehlende Reife und Unerfahrenheit, ja auch durch leichte Beinflussbar-
keit gefährdet sind.

Rechtsgeschäfte
Rechtsgeschäfte kommen durch Abgabe mindestens einer Willenserklärung zustande.
Wenige Rechtsgeschäfte kommen durch einseitige Willenserklärung zustande. Die Kündigung, das Testament und der Rücktritt sind Beispiele hierfür.
Die meisten Rechtsgeschäfte benötigen jedoch zwei Willenserklärungen. Diese werden
herkömmlicherweise Angebot (das Gesetz spricht allerdings in § 145 BGB vom Antrag)
und Annahme genannt. Man spricht hier von einem Vertrag.

1. Willenserklärung: **Angebot**

2. Willenserklärung: **Annahme**

(Hartmann-Netzer/Biermann, 2011, S. 20)

Nachfolgende Erläuterungen über die Geschäftsfähigkeit sind auf die Vorschriften der
§§ 104 ff. BGB abgestellt.
Eine natürliche Person kann nicht, nur beschränkt oder voll geschäftsfähig sein.

Stufen der Geschäftsfähigkeit
Das Gesetz unterscheidet Menschen, die geschäftsunfähig, beschränkt oder voll geschäftsfähig sind.

▮ Geschäftsunfähig sind (§ 104 BGB):
  – Kinder unter sieben Jahren
  – Personen mit dauernder krankhafter Störung der Geistestätigkeit

▮ Beschränkt geschäftsfähig sind (§ 106 BGB):
  – Minderjährige zwischen sieben und 17 Jahren

▮ Voll geschäftsfähig sind:
  – alle volljährigen, nicht geisteskranken Personen

Da die meisten Menschen voll geschäftsfähig sind, regeln die §§ 104 ff. BGB nur die
unterschiedlichen Fähigkeiten von geschäftsunfähigen und beschränkt geschäftsfähigen
Personen, Willenserklärungen abzugeben und Verträge abzuschließen.

Geschäftsunfähige Personen

Geschäftsunfähige können selbst keine Rechtsgeschäfte vornehmen, also auch keine Verträge schließen. Erklärungen der Geschäftsunfähigen sind immer nichtig (§ 105 BGB).

Bei Vorliegen bestimmter Voraussetzungen können geschäftsunfähige Volljährige allerdings Geschäfte des täglichen Lebens rechtswirksam tätigen (vgl. § 105a BGB). Somit kann beispielsweise ein sechsjähriges Kind selbst von seinem Taschengeld kein Spielzeug kaufen. Denn die Vorschrift des § 105a BGB gilt aufgrund ihres eindeutigen Wortlautes nur für Volljährige, im Umkehrschluss also nicht für Minderjährige.

Wird trotzdem jeweils Geld bzw. das Spielzeug überreicht, haben sich der Verkäufer (durch das Geld) und das Kind (durch das Spielzeug) ungerechtfertigt bereichert. Es kann nunmehr eine Rückabwicklung erfolgen. Sollte wegen der Beschaffenheit des Gutes, z.B. gelutschte Bonbons, eine Rückgabe nicht mehr möglich sein, entfällt die Herausgabe.

Bei solchen unbedeutenden Rechtsgeschäften setzen sich die Beteiligten (hier: der Verkäufer und die Eltern des Kindes) jedoch in der Rechtspraxis meistens über das Gesetz hinweg und behandeln die Verträge stillschweigend als rechtswirksam. Anders sieht das aus, wenn der geschäftsunfähige Minderjährige als Bote eine fremde Willenserklärung übermittelt. Solche Willenserklärungen sind rechtswirksam, eine Rückabwicklung ohne Weiteres demnach nicht möglich.

Beschränkte Geschäftsfähigkeit

Fallbeispiel 58

Der 17-jährige Knut hat von seiner Großmutter 200,00 Euro geschenkt bekommen. Damit dürfe er sich einen Wunsch erfüllen. Die Eltern von Knut sind verreist. Knut begibt sich zu dem Fahrradhändler H., um sich ein neues Fahrrad zu kaufen. Auf dem Weg dorthin trifft Knut seinen Freund Andreas, der zweifelt: „Du kannst doch nicht ohne Zustimmung deiner Eltern ein Fahrrad kaufen!" Knut meint: „Sie werden schon einverstanden sein." Anschließend erwirbt Knut das Fahrrad, das er auch sofort bezahlt.

Arbeitsanregung

Erarbeiten Sie schriftlich das Fallbeispiel mit folgenden Leitfragen:
1. Ist Knut tatsächlich Eigentümer des Geldes geworden, das seine Großmutter ihm geschenkt hat? Müssen seine Eltern mit der Schenkung einverstanden sein?
2. Kann Knut den geplanten Kauf des Fahrrades ohne Zustimmung seiner Eltern wirksam abschließen? Müssten die Eltern ihre etwa erforderliche Zustimmung vor dem Kauf erteilen oder würde es genügen, wenn sie sich nachträglich mit dem Kauf einverstanden erklären?
3. Ist es wichtig, ob der Fahrradhändler H. weiß oder sich denken kann, dass Knut noch nicht volljährig ist? Begründen Sie Ihre Antwort.

Beachten Sie dabei die §§ 106, 107, 108, 183, 184 BGB. Überprüfen Sie Ihre Erarbeitung mit dem nachfolgenden Text zur beschränkten Geschäftsfähigkeit.

Willenserklärungen von beschränkt Geschäftsfähigen sind nicht von vornherein nichtig. Willenserklärungen von beschränkt Geschäftsfähigen bedürfen aber grundsätzlich der Zustimmung ihres gesetzlichen Vertreters (§§ 107, 108 BGB), um rechtswirksam zu sein bzw. zu werden. Die vorherige Zustimmung heißt Einwilligung (§ 183 BGB), die nachträgliche Zustimmung heißt Genehmigung (§ 184 BGB). Durch diese gesetzliche Regelung wird der Minderjährige vor Nachteilen, insbesondere Vermögensnachteilen, geschützt. Man kann daher auch von einer Schutzfunktion der §§ 106 ff. BGB sprechen. In den §§ 107 und 108 Abs. 1 BGB geht das Gesetz von dem Grundsatz aus, dass die Willenserklärung eines beschränkt Geschäftsfähigen nur dann wirksam ist, wenn die gesetzlichen Vertreter ihr zustimmen; d.h. ein Vertrag, den ein Minderjähriger mit Einwilligung seiner gesetzlichen Vertreter schließt, ist von Anfang an voll wirksam. Schließt ein Minderjähriger dagegen einen Vertrag ohne vorherige Zustimmung ab, hängt dessen Wirksamkeit von der Genehmigung der gesetzlichen Vertreter ab (§ 108 Abs. 1 BGB). Das Rechtsgeschäft ist schwebend unwirksam. Wird die Genehmigung verweigert, führt das zur endgültigen Unwirksamkeit der Willenserklärung und damit zur Nichtigkeit des Rechtsgeschäfts (wie bei einem Geschäftsunfähigen).

Von dem genannten Grundsatz gibt es aber (wenige) Ausnahmen, d.h., Willenserklärungen von beschränkt Geschäftsfähigen können auch ohne Zustimmung des gesetzlichen Vertreters gültig sein.

Geschäfte mit lediglich rechtlichem Vorteil

Wenn die Willenserklärung eines beschränkt Geschäftsfähigen diesem lediglich einen rechtlichen Vorteil erbringt, ist sie sofort wirksam. Rechtlich vorteilhaft sind aber nur solche Rechtsgeschäfte, durch die der Minderjährige etwas ohne jede rechtliche Verpflichtung erlangt. In der Hauptsache sind das Geschenke ohne Auflagen des Schenkenden.

Taschengeldparagraf

Die Willenserklärung eines beschränkt Geschäftsfähigen im Rahmen eines Vertrages gilt dann von Anfang an als wirksam, wenn die vertragsmäßige Leistung mit Mitteln bewirkt wird, die dem beschränkt Geschäftsfähigen zu diesem Zweck oder zur freien Verfügung vom gesetzlichen Vertreter oder mit dessen Zustimmung von einem Dritten überlassen wurden. Dies ist in § 110 BGB geregelt (Taschengeldparagraf). Diese Bestimmung verbindet in besonderer Weise den Schutz der Minderjährigen mit dem Erziehungszweck. Der Taschengeldparagraf ermöglicht dem Minderjährigen, sich allmählich auf seine volle Geschäftsfähigkeit und Selbstverantwortlichkeit vorzubereiten. Danach kann ein Minderjähriger nur Verträge mit umgehender Bezahlung abschließen. Bei teilweiser Zahlung des Kaufpreises und gleichzeiti-

Mithilfe sogenannter Taschengeldgeschäfte soll der Minderjährige lernen, wie man Verträge schließt und durchführt.

gem Abschluss eines Ratenzahlungsvertrages ist das nicht der Fall, auch dann nicht, wenn die Raten aus freien Mitteln gezahlt werden sollten.

Dienst- oder Arbeitsverhältnis

Durch die Ermächtigung nach § 113 BGB erhält der Minderjährige die Handlungsfreiheit zum Eingehen und Lösen von Dienst- und Arbeitsverhältnissen. Hierdurch kann er alle Arbeitsbedingungen selbst vereinbaren. Außerdem kann er seinen Verdienst selbst entgegennehmen und darüber selbst verfügen, soweit das zur Erfüllung des Arbeitsverhältnisses nötig ist (Berufskleidung, Fahrgeld, Arbeitsmittel). Der restliche Lohn unterliegt weiter der elterlichen Verwaltung.

Anders als die Ermächtigung nach § 112 BGB bedarf die Ermächtigung nach § 113 BGB nicht der Zustimmung durch das Familiengericht. Sie kann im Übrigen nach § 113 Abs. 2 BGB jederzeit von den gesetzlichen Vertretern zurückgenommen oder eingeschränkt werden.

Zusammenfassung

- Geschäftsfähigkeit ist die Fähigkeit, Rechtsgeschäfte wirksam abschließen zu können.
- Alle Willenserklärungen von Geschäftsunfähigen sind nichtig (§ 105 BGB).
- Wird die vertragsmäßige Leistung mit Mitteln bewirkt, die der beschränkt geschäftsfähige Minderjährige zur freien Verfügung erhalten hat, gilt seine Willenserklärung als von Anfang an wirksam.

Grundzüge des Schadensrechts

Bei der Deliktsfähigkeit geht es darum, wieweit ein Mensch für Schäden, die aufgrund seiner Handlungen entstanden sind, haftbar gemacht werden kann. Hier geht es um die Frage, ob auch der junge Mensch zum Ersatz von Schäden, die er verursacht hat, herangezogen werden kann.

Wer haftet?

Schadenersatzansprüche aufgrund unerlaubter Handlungen

Fallbeispiel 59

Eine fast alltägliche Situation! Der 15-jährige Wolfgang befährt mit seinem Fahrrad die Straße. An einem Fußgängerüberweg ist er unachtsam. Eine ältere Dame überquert dort die Straße und wird von dem Jugendlichen angefahren. Die Frau fällt so unglücklich zu Boden, dass sie mit einem Beinbruch mehrere Tage im Krankenhaus zubringen muss.

Es ist unstreitig, dass es sich hier um eine unerlaubte Handlung handelt. Entscheidend ist, ob der 15-Jährige die Reife besitzt, das Unrecht seiner Handlung zu erkennen, sodass er für den entstandenen Schaden Ersatz leisten muss.

Stufen der Deliktsfähigkeit

Fallbeispiel 60

Die 14-jährige Monika betreut nachmittags den dreijährigen Franz aus der Nachbarschaft in der Wohnung der Eltern des Kindes. Diese haben ihr gegenüber erklärt, sie dürfe schalten und walten wie sie wolle. Diese Betreuung macht Monika bereits seit zwei Monaten. Eines Tages holt Monika für Franz aus der Küche etwas zu trinken. Bei dieser Tätigkeit fällt aufgrund von Unachtsamkeit die Kaffeemaschine von der Arbeitsplatte.

Arbeitsanregung

Entscheiden Sie, ob der im Fallbeispiel beschriebene Schaden ersetzt werden muss und wer die Verantwortung dafür trägt.

Die Deliktsfähigkeit richtet sich wie die Geschäftsfähigkeit nach Altersstufen. Sie sind identisch:

▮ Bis zur Vollendung des siebten Lebensjahres besteht Deliktsunfähigkeit.

▮ Vom siebten bis zum neunten Lebensjahr ist ein Kind für den Schaden, den es bei einem Unfall mit einem Kraftfahrzeug, einer Schienenbahn oder einer Schwebebahn einem anderen zufügt, nicht verantwortlich. Dies gilt nicht, wenn es die Verletzung vorsätzlich herbeigeführt hat.

▮ Wer das siebte, aber noch nicht das 18. Lebensjahr vollendet hat, ist für den Schaden, den er einem anderen zufügt, dann verantwortlich, wenn er bei der Begehung der schädigenden Handlung die zur Erkenntnis der Verantwortlichkeit erforderliche Einsicht hat.

▮ Nach Vollendung des 18. Lebensjahres ist der Mensch grundsätzlich voll deliktsfähig, d. h. voll schuldfähig und damit für seine Handlungen voll verantwortlich.

Deliktsunfähigkeit und beschränkte Deliktsfähigkeit

Kinder unter sieben Jahren brauchen in der Regel einen von ihnen verursachten Schaden nicht zu ersetzen (Ausnahme: Billigkeitshaftung nach § 829 BGB). Sie sind nach § 828 Abs. 1 BGB für einen Schaden nicht verantwortlich. Das Gleiche trifft auch dann zu, wenn Kinder im Alter von sieben bis neun Jahren bei einem Unfall mit einem Kraftfahrzeug, einer Schienenbahn oder einer Schwebebahn einem anderen einen Schaden zugefügt haben, es sei denn, sie haben vorsätzlich gehandelt. In letztem Fall kommt es entscheidend auf die Einsichtsfähigkeit des Kindes an, das den Schaden verursacht hat, denn dieses ist beschränkt deliktsfähig.

Die beschränkte Deliktsfähigkeit erfordert Einsicht im Sinne des § 828 Abs. 3 BGB. Bei einer eventuellen Schadensverursachung kommt es nicht darauf an, ob der Minderjährige einsehen wollte, dass seine Handlung Unrecht war, und dass er für die Folgen in irgendeiner Weise einstehen muss, sondern darauf, dass er die geistige Reife dazu besaß, dies zu erkennen. D. h., im Gegensatz zur Geschäftsfähigkeit werden bei der beschränkten Deliktsfähigkeit die Erfahrungen und die Erziehung sowie das Abschätzen der

Gefährlichkeit einer Tätigkeit bei der Beurteilung von Einsicht berücksichtigt. Lässt sich feststellen, dass eine Schädigung für den beschränkt deliktsfähigen Minderjährigen vorhersehbar war, dann ist er für sein Tun verantwortlich und muss den Schaden ersetzen.

5.2   Die Familie

In der Lernsituation, die dieses Lernfeld einleitet, geht es um Rechtsfragen aus dem Bereich der Familie. Als Erzieherin müssen Sie Bescheid wissen um die Institution der Familie und ihrer Aufgabe für den Minderjährigen unter dem Aspekt, dass der Minderjährige eine Rechtspersönlichkeit ist. Anderenfalls können Sie Ihre Position als weitere Person im Geflecht zwischen Eltern und ihrem Kind/ihren Kindern nicht fachgerecht verstehen und ausfüllen.

Zunächst muss geklärt werden, was Familie bedeutet. Im Recht gibt es keine eigene Definition des Begriffs Familie.

Drei Generationen einer Familie

In erster Linie hat der Gesetzgeber die Beziehungen zwischen den Mitgliedern der „Kernfamilie" im Eherecht und im Kindschaftsrecht geordnet. Unter Kernfamilie soll hier die aus den Ehegatten oder aus Eltern und ledigen Kindern bestehende Familie gemeint sein.

Ihr wird nach Art. 6 GG oder etwa Art. 5 VerfNRW der verfassungsrechtliche Schutz des Staates zugesprochen. Das gilt nicht nur für die vollständige Familie, sondern auch für die sogenannte Halbfamilie, der Gemeinschaft eines Elternteils mit einem Kind. Das Elternteil innerhalb der Halbfamilie wird auch oft Alleinerziehende/r genannt.

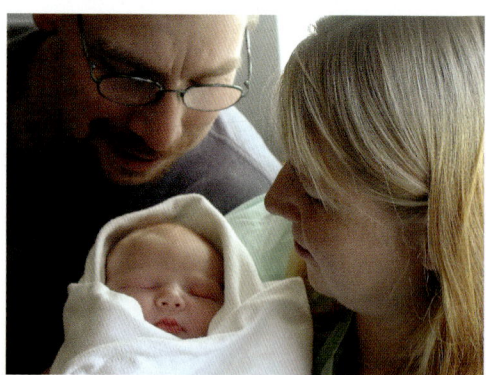

Gegenstand gesetzlicher Regelungen ist in erster Linie die Kernfamilie.

Neben der Kern- und Halbfamilie gibt es noch andere Formen des Zusammenlebens, von denen die sogenannte Patchworkfamilie die verbreitetste sein dürfte. Daneben gibt es auch Kinder, die in Pflegefamilien oder bei (eingetragenen) Lebenspartnern aufwachsen, sowie Kinder, die bei nahen Verwandten (etwa den Großeltern oder Tanten oder Onkeln) aufwachsen. So wendet sich die jugendrechtliche Leistung der Förderung der Erziehung in der Familie denn auch nicht nur an die Kern- oder Halbfamilie.

In der Personengemeinschaft der Familie besteht ein Netz aus Rechten und Pflichten:
▌ Pflicht zur ehelichen Lebensgemeinschaft
▌ Unterhaltspflichten

- Pflege, Erziehung, Beaufsichtigung der Kinder durch die Eltern
- gegenseitige Pflicht zu Beistand und Rücksichtnahme
- Pflicht zur Haushaltsführung
- Dienstleistungspflicht der Kinder

Es gibt viele Gesetze, in denen es Vorschriften gibt, die die Familie betreffen. Es wird unterschieden zwischen Gesetzen, die die Rechtsbeziehungen der Familienmitglieder untereinander betreffen (Privatrecht und Familienrecht im eigentlichen Sinn), und Gesetzen, die die Stellung der Familie gegenüber dem Staat angehen (öffentliches Recht). Ein Beispiel für letzteres ist das Sozialgesetzbuch VIII, in dem die Kinder- und Jugendhilfe geregelt ist.

Die Familie im öffentlichen Recht

Die wichtigsten Vorgaben enthält Art. 6 GG. Der Familie wird ein Freiraum zugesagt. Für Sachverhalte, in denen die schwächeren Familienmitglieder, d. h. die Kinder, gefährdet werden, wurde von

Genießt ebenfalls staatlichen Schutz: die Halbfamilie

den Vätern und Müttern des Grundgesetzes in Art. 6 GG ein „staatliches Wächteramt" verankert.

Alle Gesetze und Verordnungen, die außerhalb der verfassungsrechtlichen Regelung des Art. 6 GG geschaffen werden, müssen mit den Prinzipien der Verfassung in Einklang stehen. Wir können hier von einer wertentscheidenden Grundsatznorm sprechen. Somit setzt der Art. 6 GG Maßstäbe für die Gesetzgebung, für die Verwaltung und für die Rechtsprechung. Das heißt weiter, dass Sozialarbeiter und Sozialpädagogen im Jugendamt, im Sozialamt oder im Gesundheitsamt diese Grundsatznorm beachten müssen. Diese Grundsatznorm gilt auch für sozialpädagogische Fachkräfte in Kindergärten, Horten und Kinderheimen. Alle Fachkräfte müssen danach zunächst die Familie fördern und in den Stand versetzen, ihre Probleme weitgehend ohne staatliche Eingriffe zu lösen. Vom „staatlichen Wächteramt" ist erst dann Gebrauch zu machen, wenn das Schutzbedürfnis des Kindes größer wird als der Anspruch der Familie auf Eigenständigkeit. Vorher sind andere Mittel, insbesondere die Hilfen, die im SGB VIII geregelt sind, auszuschöpfen. Da die verschiedenen Hilfen nach dem SGB VIII die Kooperationsbereitschaft der Beteiligten voraussetzen, können sie im Fall, dass es an dieser fehlt, allerdings nicht durchgeführt werden.

Die Familie im Privatrecht

Die wichtigste Rechtsquelle ist das vierte Buch des BGB, in dem sich die Abschnitte Ehe, Verwandtschaft und Vormundschaft finden.

5.2.1 Unterhaltspflicht zwischen Eltern und Kindern

Nachfolgend werden nur die allgemeinen Vorschriften der Unterhaltspflicht beschrieben. Spezielle Sachverhalte werden ausgeklammert.

Den Unterhaltsanspruch des Kindes regelt das Gesetz in den §§ 1601 bis 1603 BGB als Unterfall der Unterhaltspflicht zwischen Verwandten und nicht als Folge eines Eltern-Kind-Verhältnisses im Kindschaftsrecht. Kinder und Eltern sind Verwandte in gerader Linie und haben dadurch gegenseitig Anspruch auf Unterhalt. Die Kinder haben Anspruch gegen die Eltern; die Eltern haben Anspruch gegen die Kinder. Dieser Anspruch gilt auch für Kinder, deren Eltern nicht miteinander verheiratet sind (§ 1615a BGB).

Die nachfolgende, sogenannte Düsseldorfer Tabelle zeigt die Höhe für einen Unterhaltsanspruch in Bezug auf das Alter des Kindes und die Höhe des Einkommens des Unterhaltsverpflichteten.

DÜSSELDORFER TABELLE[1]

A. Kindesunterhalt

Nettoeinkommen des Barunterhaltspflichtigen (Anm. 3, 4)		Altersstufen in Jahren (§ 1612a Abs. 1 BGB)				Prozent-satz	Bedarfskontroll-betrag (Anm. 6)
		0–5	6–11	12–17	ab 18		
Alle Beträge in Euro							
1.	bis 1.500	317	364	426	488	100	800/1000
2.	1.501 – 1.900	333	383	448	513	105	1.100
3.	1.901 – 2.300	349	401	469	537	110	1.200
4.	2.301 – 2.700	365	419	490	562	115	1.300
5.	2.701 – 3.100	381	437	512	586	120	1.400
6.	3.101 – 3.500	406	466	546	625	128	1.500
7.	3.501 – 3.900	432	496	580	664	136	1.600
8.	3.901 – 4.300	457	525	614	703	144	1.700
9.	4.301 – 4.700	482	554	648	742	152	1.800
10.	4.701 – 5.100	508	583	682	781	160	1.900
ab 5.101	nach den Umständen des Falles						

(OLG Düsseldorf, 2013, www.olg-duesseldorf.nrw.de [10.02.2014])

---

[1] *Die neue Tabelle nebst Anmerkungen beruht auf Koordinierungsgesprächen, die unter Beteiligung aller Oberlandesgerichte und der Unterhaltskommission des Deutschen Familiengerichtstages e. V. stattgefunden haben.*

Voraussetzungen für einen Unterhaltsanspruch

Fallbeispiel 61

Kevin ist 19 Jahre alt und geht noch zur Schule. Seine Großeltern haben ihm 8 000,00 Euro geschenkt, die in Pfandbriefen angelegt sind. Hieraus erhält Kevin jährliche Zinsen in Höhe von 360,00 Euro.

Arbeitsanregung

Überlegen Sie auf Grundlage des § 1602 BGB, ob Kevin von seinen Eltern Unterhalt verlangen kann, auch wenn er über eigenes Vermögen verfügt.

Unterhaltsberechtigt ist nur derjenige, der außerstande ist, sich selbst zu unterhalten (§ 1602 BGB). Jeder muss also erst einmal für seinen Lebensunterhalt selbst sorgen. Nicht bedürftig ist, wer seinen Lebensunterhalt mit Einkünften aus seiner Erwerbstätigkeit oder seinem Vermögen bestreiten kann. Ob also ein zum berechtigten Personenkreis gehörendes Kind oder ein Elternteil Unterhalt verlangen kann, hängt von seiner Bedürftigkeit ab, aber auch von der Leistungsfähigkeit des Verpflichteten. Die Bedürftigkeit hat derjenige nachzuweisen, der Unterhalt verlangt.

Für den Unterhaltsanspruch ist erforderlich, dass der Unterhaltsberechtigte und der Unterhaltsverpflichtete miteinander in gerader Linie verwandt sind. Da Kevin im Fallbeispiel 61 noch zur Schule geht und keine Einkünfte aus einer Erwerbstätigkeit hat, müssen die Eltern ihrem Sohn Unterhalt zahlen. Das ergibt sich aus § 1602 BGB. Dort heißt es, wer außerstande ist, sich selbst zu unterhalten, ist unterhaltsberechtigt; und dass ein minderjähriges Kind von seinen Eltern, auch wenn es Vermögen hat, die Gewährung des Unterhalts insoweit verlangen kann, als die Einkünfte seines Vermögens und der Ertrag seiner Arbeit zum Unterhalt nicht ausreichen. Einen Ertrag aus einer Erwerbstätigkeit hat Kevin nicht. Insofern müssen die Eltern ihrem Sohn Unterhalt leisten. Kevin hat aber Vermögen. Die Frage ist, ob er sich die Zinserträge bei der Unterhaltsleistung anrechnen lassen muss. Hinsichtlich der Bedürftigkeit sind unverheiratete Kinder gegenüber ihren Eltern bevorzugt. Aus § 1602 Abs. 2 BGB geht hervor, dass das Stammvermögen des Minderjährigen nicht angetastet werden darf, wohl aber die Einkünfte seines Vermögens. Da Zinsen Einkünfte aus Vermögen sind, muss sich Kevin 30,00 Euro monatlich anrechnen lassen, wenn die Eltern als Unterhaltsverpflichtete dies verlangen würden, was aus dem Fallbeispiel jedoch nicht hervorgeht.

Rangordnung der Unterhaltsberechtigten

Ein Unterhaltsverpflichteter kann von mehreren Unterhaltsberechtigten gleichzeitig in Anspruch genommen werden, etwa von Kindern und Eltern. Die Rangordnung der Berechtigten regelt § 1609 BGB.

Fallbeispiel 62

Klaus ist 23 Jahre alt und besucht die Fachhochschule. Er verlangt von seinem Vater Unterhalt für:

1. *die Miete für das Zimmer im Studentenwohnheim,*

2. *die Kosten des Studiums (Bücher usw.),*

3. *den Unterhalt für seine Frau, die sich aus Bafög-Mitteln neben ihm ein Zimmer gemietet hat,*

4. *die Kosten für Ernährung, Körperpflege, Taschengeld,*

5. *die monatlichen Raten, die er zur Abzahlung eines Darlehens zugunsten seiner Frau aufbringen muss,*

6. *einen monatlichen Betrag für eine Lebensversicherung zugunsten seiner Frau; Klaus möchte die sich hieraus errechnende Summe vierteljährlich im Voraus erhalten.*

7. *Außerdem verlangt er einen einmaligen Betrag für eine Studienreise der Fachhochschule nach Spanien.*

Klaus' Vater bezahlt bereits den beiden Geschwistern von Klaus, welche beide noch minderjährig sind, Unterhalt.

Arbeitsanregung

Kann Klaus Unterhalt beanspruchen? Erarbeiten Sie sich die Antwort auf diese Frage mithilfe der §§ 1602, 1610, 1612 und 1613 BGB.

Grundsätzlich kann ein Unterhaltsverpflichteter von mehreren Unterhaltsberechtigten gleichzeitig in Anspruch genommen werden, etwa von Kindern und Eltern. Die Leistungsfähigkeit des Unterhaltsverpflichteten wird meist jedoch nicht ausreichen, um alle zu befriedigen. Deshalb gibt es eine Rangordnung der Unterhaltsberechtigten, die im § 1609 BGB aufgeführt ist.

Nur wer leistungsfähig ist, kann zum Unterhalt verpflichtet werden; d.h., Unterhalt braucht nur derjenige leisten, der seinen eigenen Lebensbedarf angemessen abgesichert hat und darüber hinaus über freie Mittel (§ 1603 Abs. 1 BGB) verfügt. Dagegen ist nicht leistungsfähig, wer unter Berücksichtigung seiner sonstigen Verpflichtungen keine ausreichenden Mittel für den eigenen angemessenen Lebensbedarf hat.

5.2.2 Inhalt und Umfang der elterlichen Sorge

Die elterliche Sorge ist eine differenzierte, zahlreiche Rechte und Pflichten umfassende Rechtsstellung der Eltern gegenüber ihren Kindern. Sie soll dem „Wohl des Kindes" dienen. Zum Wohl des Kindes gehört auch der Umgang mit beiden Elternteilen sowie mit Personen, zu denen das Kind Bindungen besitzt, wenn ihre Aufrechterhaltung für

seine Entwicklung förderlich ist (§ 1626 Abs. 3 BGB).
Die Ausgestaltung des elterlichen Sorgerechts erfolgt in den §§ 1626 ff. BGB.

Die Kernvorschriften über die Beziehung des Kindes zu seinen Eltern im Rahmen der elterlichen Sorge sind im Gesetz wie folgt gegliedert:

- ▌ §§ 1626–1630 Allgemeines zur elterlichen Sorge insgesamt,

- ▌ §§ 1631–1633 Personensorge,

- ▌ §§ 1638–1649 (sowie §§ 1698–1698b) Vermögenssorge,

- ▌ § 1664 Haftung der Eltern,

- ▌ §§ 1666–1667 Gefährdung des Kindeswohls sowie des Kindesvermögens und

- ▌ §§ 1693–1696 Störungen im Eltern-Kind-Verhältnis.

5.2.2.1 Elterliche Sorge über eheliche Kinder

Die Ehe
Nach § 1303 Abs. 1 Satz 1 BGB kommt eine Ehe zustande, wenn sie vor einem Standesbeamten geschlossen wird (Zivilehe). Eine Eheschließung ausschließlich vor einem Geistlichen (kirchliche Trauung) ist zwar zulässig, hat aber keine zivilrechtlichen Konsequenzen. Die Kinder aus einer solchen Ehe sind daher nichtehelich.
Eine Ehe endet infolge des Todes eines der beiden Ehepartner, Scheidung oder durch ihre Aufhebung. Die Aufhebung einer Ehe ist sehr selten. Genauso wie bei der Scheidung ist hierfür ein rechtskräftiges[2] richterliches Urteil erforderlich.

Nach § 1626 Abs. 1 BGB haben Vater und Mutter als Ehepaar gemeinsam die elterliche Sorge. Sie wird primär als Pflicht und sekundär als Recht der Eltern angesehen; früher war es umgekehrt.

Im Bürgerlichen Gesetzbuch ist eine „automatische" gemeinsame elterliche Sorge nur für den Fall vorgesehen, dass die Eltern verheiratet sind oder einander nach der Geburt des Kindes heiraten.

Der Vater eines Kindes, der mit der Mutter des Kindes nicht verheiratet ist, kann die elterliche Sorge auf dem Wege einer gemeinsamen Erklärung erlangen. Durch sie erklären die nicht miteinander verheirateten Eltern, dass sie die Sorge gemeinsam übernehmen wollen (Sorgeerklärung). Jedoch werden nach wie vor die meisten Kinder in einer Ehe geboren.

---

[2] *Rechtskraft bedeutet, dass gegen ein Urteil keine Rechtsmittel mehr eingelegt werden können.*

Jedoch stellen die nichtehelich geborenen Kinder schon lange keine zahlenmäßig kleine Gruppe mehr da. Ungefähr ein Drittel aller Kinder in den alten Bundesländern wird nicht in einer Ehe geboren, in den neuen Bundesländern machen nichteheliche Kinder schon beinahe zwei Drittel aller Geburten aus. Dabei leben über 80 Prozent der Eltern zum Zeitpunkt der Geburt zusammen. Was aber, wenn sich die Eltern (mittlerweile) nicht mehr gut verstehen und die Mutter keine Sorgerechtserklärung abgeben will? Gibt es für den nichtehelichen Vater hier die

Vor der Familiengründung erfolgt in den meisten Fällen die Eheschließung.

Möglichkeit, trotzdem zu einer gemeinsamen elterlichen Sorge zu gelangen? Dies ist seit dem Jahr 2013 der Fall. Der nichteheliche Vater kann beim Familiengericht (einer Unterabteilung des Amtsgerichtes[3] einen Antrag auf Übertragung der elterlichen Sorge im Ganzen oder nur zum Teil auf ihn und die Mutter stellen (vgl. § 1626a BGB). Da der Vater des nichtehelichen Kindes einen Antrag beim Familiengericht stellen muss, spricht man auch vom sogenannten Antragsmodell.

Dann hätte er die elterliche Sorge nach § 1627 Satz 1 BGB in eigener Verantwortung und im gegenseitigen Einvernehmen mit der Mutter auszuüben. Bei Meinungsverschiedenheiten müssen die Eltern gemäß § 1627 Satz 2 BGB versuchen, sich zu einigen. Die elterliche Sorge besteht aus der Pflicht und dem Recht, für die Person (Personensorge) und das Vermögen (Vermögenssorge) des Kindes zu sorgen. Zur elterlichen Sorge gehört auch die Vertretung des Kindes in beiden Bereichen im Rechtsverkehr. Die Eltern können demnach rechtserhebliche Erklärungen für das Kind abgeben. Eine derartige Erklärung im Bereich der Personensorge wäre etwa die Einwilligung in eine Operation, der das Kind unterzogen wird.

Es gibt aber viele Situationen, in denen das gemeinsame Beschließen und Handeln nicht möglich ist. Das ist auch gar nicht notwendig, weil bei Angelegenheiten von geringerer Bedeutung davon ausgegangen werden kann, dass der eine entscheidende oder handelnde Elternteil sich nach den mit dem anderen Elternteil gemeinsam aufgestellten Grundsätzen richtet. In wichtigen Angelegenheiten jedoch müssen die Eltern gemeinsam entscheiden.

Arbeitsanregung

1. Neben dem so genannten Antragsmodell wie es schließlich in § 1626a BGB festgelegt wurde, wurde im Gesetzgebungsverfahren auch die sogenannte „große Lösung" diskutiert. Dies hätte bedeutet, dass auch beim nichtehelichen Kind genauso wie beim ehelichen Kind automatisch ab Geburt eine gemeinsame Sorge beider Elternteile bestanden hätte. Was wären Ihrer Meinung nach die Vor- und Nachteile der großen Lösung gegenüber dem sogenannten Antragsmodell gewesen?

2. Lesen Sie nochmals das Fallbeispiel in Lernfeld 1 der minderjährigen Sigrid M., die so gern Erzieherin werden möchte. Überlegen Sie mithilfe der §§ 1626 Abs. 1 und 1627 Satz 1 in Verbindung mit §§ 1628, 1631a Abs. 1 BGB, wie eine Entscheidung im Fallbeispiel getroffen werden könnte. Begründen Sie Ihre Ansicht.

---

[3] *vgl. hierzu bereits oben Lernfeld 1*

Das oben beschriebene Antragsmodell beschreibt den Fall, dass ein Kind geboren wird, welches keinen rechtlichen Vater hat. Nun gilt aber für jedes eheliche Kind, dass rechtlicher Vater der Ehemann ist, selbst wenn er nicht der leibliche Vater sein sollte.

Auch diese Konstellation wurde im Jahr 2013 vom Gesetzgeber einer neuen Regelung zugeführt. Dem leiblichen, nicht aber rechtlichen Vater steht ein Umgangs- und Auskunfts-

recht zu. Damit dieses Recht geltend gemacht werden kann, muss im entsprechenden familiengerichtlichen Verfahren zuvor eine erbbiologische Abstammungsuntersuchung durchgeführt werden.

Das Umgangs- und Auskunftsrecht des leiblichen Vaters ist nicht davon abhängig, dass dieser Unterhaltszahlungen für das Kind leistet.

Fallbeispiel 63

Der draufgängerische Dieter Dattel lernt die verheiratete Veronika Vohwinkel in einer Diskothek kennen. Die Diskothek hatte Veronika, in deren Ehe mit Emil es nach der Geburt des ersten Kindes kriselt, aufgesucht, um ihre Sorgen zu vergessen und einfach nur Spaß zu haben. Nur zu gern ließ sie sich daher auf Dieters Avancen ein. In der irrigen Annahme, das Stillen werde sie vor einer Schwangerschaft schon zuverlässig schützen, unterließen Dieter und Veronika Verhütungsmaßnahmen. Als Veronika merkt, dass sie wieder schwanger ist, beichtet sie Emil alles. Emil reagiert relativ gelassen, ist die Ehekrise doch mittlerweile überwunden und er aufgrund eines in der Zwischenzeit erlittenen nahezu tödlich verlaufenen Autounfalls zeugungsunfähig geworden. Er versichert Veronika, dass er in dem neuen Baby das Geschwisterchen für ihren Sohn sehe, das ihnen das Schicksal doch noch gewähre. Angesichts der Todesnähe, die er erfahren habe, sei ihm völlig gleichgültig, dass er wahrscheinlich nicht der leibliche Vater sei. Er werde das Baby genauso lieben wie ihren älteren Sohn. Nach der Geburt der Tochter Grace tritt allerdings alsbald Dieter auf den Plan. Dieter mutmaßt sehr richtig, dass Grace seine leibliche Tochter ist. Er möchte unbedingt Kontakt zu ihr halten. Leider könne er aufgrund der Tatsache, dass er nur von einer kleinen Erwerbsminderungsrente lebe, nichts zum Unterhalt von Grace beitragen. Als Dieter mit seinem Begehren bei Veronika und Emil vorstellig wird, verweisen diese darauf, dass Grace ihre Tochter sei und Dieter gefälligst „dahin verschwinden solle, wo er hergekommen" sei.

Dieter überlegt, welche rechtlichen Möglichkeiten er in dieser Situation hat.

Nicht nur der Fall eines leiblichen, aber nicht rechtlichen Vaters kommt vor. Auch die (Fortpflanzungs-)Medizin bietet immer neue Möglichkeiten.

Lesbisches Paar

Eine Frau gilt als Vater

Ein lesbisches Paar darf sich laut einem Urteil des Kölner Oberlandesgerichts als Vater und Mutter eines gemeinsamen Kindes eintragen lassen. Der lesbische „Vater" war als Junge zur Welt gekommen und hatte vor der Geschlechtsumwandlung noch eine Samenspende abgegeben.

Köln – Kann eine Frau Vater eines Kindes sein? Das Oberlandesgericht findet ja und ermöglicht es der Kölnerin Brigitte U., sich als Vater des Sohnes mit Irene A. ins Geburtsregister des Standesamtes eintragen zu lassen. So der Beschluss vom 30. November 2009 (Aktenzeichen 16 Wx 94/09). Allerdings steht in der Akte als Name des Vaters nicht etwa Brigitte, sondern Bernd – denn der Gerichtsentscheid hat eine Vorgeschichte. Brigitte U. war im Jahre 1969 als Junge zur Welt gekommen und hatte dabei den Namen Bernd erhalten. Erst im Alter von 28 Jahren ließ Bernd sein Geschlecht operativ umwandeln, weswegen das Amtsgericht ein Jahr später den Vornamen in Brigitte umändern ließ. Bevor Bernd Brigitte wurde, hatte er Sperma bei einer Samenbank einlagern lassen.
Als Brigitte nun eine Beziehung mit Irene A. einging, ließ sich ihre Partnerin im Jahr 2006 in einer belgischen Klinik mit dem Samen des vormaligen Bernd künstlich befruchten. Im Januar 2007 kam Sohn Jonas als Kind zweier Frauen auf die Welt. Die beiden gingen eine gleichgeschlechtliche Lebenspartnerschaft ein, und Brigitte erkannte vor dem Jugendamt ihre Vaterschaft für Jonas an. Das Standesamt zweifelte allerdings an, ob dies möglich ist, denn nach dem Bürgerlichen Gesetzbuch kann nur eine männliche Person ein Vaterschaftsanerkenntnis abgeben. Schließlich entschied das Gericht – fernab jeder biologischen Prüfung, rein nach dem Wortlaut des Gesetzes. Denn im Transsexuellengesetz gibt es einen Paragrafen, nach dem das Verhältnis zu den Kindern des Umgewandelten durch die neue Geschlechtszuordnung unberührt bleiben soll. Deshalb sei Brigitte der Vater des Kindes, auch wenn sie inzwischen eine Frau ist. Trotzdem sei der Name „Bernd" in die Geburtsurkunde einzutragen, so das Gericht, damit das Dokument keinen Anlass zu Spekulationen über die Transsexualität eines Elternteils gebe. [...]

(Rudolph, Rainer, in: Kölner Stadtanzeiger, 30.09.2010, www.ksta.de [14.02.2014])

Auch in derartigen Konstellationen, die immer häufiger werden dürften, ist der Gesetzgeber möglicherweise in Zukunft gefordert. Wenden wir uns daher nun etwas ausführlicher der derzeitig gültigen Rechtslage zu.

5.2.2.2 Familienrechtliche Zuordnung eines Kindes

Fallbeispiel 64
Der Ehemann von Frau M. ist Seemann. Nach einer sechsmonatigen Seereise kommt er nach Hause. Seine Frau überrascht ihn mit der Mitteilung, dass sie schwanger sei und in etwa drei Monaten von dem Kind entbunden wird. Der Ehemann ist verunsichert, ob er der Vater des Kindes ist. Er weiß nicht, was er davon halten soll. Seine Frau hat ihn in der Vergangenheit schon einmal mit einem anderen Mann betrogen.

Fallbeispiel 65
Eine 22-jährige unverheiratete Frau ist schwanger. Kurz vor der Geburt des Kindes heiratet sie den Erzeuger des Kindes. Das Kind wird vier Wochen nach der Eheschließung geboren.

Fallbeispiel 66
Eine Ehefrau hat eine Affäre mit einem anderen Mann. Die Ehefrau lässt sich scheiden und heiratet ihren Liebhaber. Da sie nach dem Scheidungstermin allerdings in der emotional aufgeheizten Atmosphäre einen kleinen Rückfall hatte und noch einmal mit ihrem „Ex" im nahe dem Amtsgericht gelegenen Bahnhofshotel intim wurde, weiß sie nicht, ob ihr früherer oder ihr jetziger Ehemann der biologische Vater des Kindes ist.

Arbeitsanregung

Lesen Sie die Fallbeispiele und bearbeiten Sie folgende Aufgaben:
1. Beurteilen Sie das erste Fallbeispiel hinsichtlich der Beiwohnungsvermutung.
2. Welche familienrechtliche Zuordnung wird für das Kind aus dem zweiten Fallbeispiel vorgenommen?
3. Wer ist rechtlicher Vater des Kindes aus dem dritten Fallbeispiel? Kann hier rechtlich etwas unternommen werden, um die Abstammung zu klären?

Überprüfen Sie Ihre Erarbeitungen mit folgenden Ausführungen.

Wem ein Kind als rechtlicher Vater/rechtliche Mutter zugeordnet wird, hängt entscheidend vom (Nicht-)Vorliegen einer Ehe ab.

Die alleinstehende Rita Reich ist finanziell äußerst gut abgesichert. Nur eines fehlt noch zu ihrem Glück: ein Kind. Sie findet in Annemarie Arm eine Frau, die bereit wäre, als Leihmutter gegen Zahlung von 50 000,00 Euro zu fungieren. Ritas Vetter Rüdiger, der Arzt ist und seiner Cousine helfen möchte, setzt Annemarie daher eine mit seinem Sperma befruchtete Eizelle von Rita ein. Als das Baby Bertha auf die Welt kommt, stellt

Annemarie fest, dass sie während der Schwangerschaft mütterliche Gefühle für das kleine Mädchen entwickelt hat. Auch ihr Ehemann Anton möchte Bertha, die „kleine Prinzessin", gern behalten, da das Ehepaar drei ältere Söhne hat und bisher vergeblich versucht hatte, eine Tochter zu bekommen. Rita tobt. Sie fordert die Herausgabe von Bertha von dem Ehepaar. Zu Recht?

Wer die Mutter eines Kindes ist, steht zweifelsfrei fast immer fest. Mutter eines Kindes ist die Frau, die es geboren hat (§ 1591 BGB). Dagegen ist die Feststellung der Vaterschaft oft eine Angelegenheit, die erst noch geklärt werden muss.

Vater eines Kindes ist der Mann (§ 1592 BGB),
1. der zum Zeitpunkt der Geburt mit der Mutter des Kindes verheiratet ist,
2. der die Vaterschaft anerkannt hat oder
3. dessen Vaterschaft nach § 1600d BGB gerichtlich festgestellt ist.

§ 1593 BGB trifft eine Regelung zur Frage der rechtlichen Vaterschaft bei Auflösung einer Ehe durch Tod oder Scheidung.

Alle Kinder, die von einer verheirateten Frau geboren werden, sind grundsätzlich „ehelich". Dabei spielt keine Rolle, ob die Frau das Kind vor oder während der Ehe empfangen hat. Das gilt selbst bei solchen Kindern, die schon deshalb nicht vom Ehemann gezeugt sein können, weil er während der Empfängniszeit abwesend war. Daher ist das Kind des Seemannes „ehelich".

Das Kind im nächsten Fallbeispiel ist auch ehelich, denn der biologische Vater heiratet noch vor der Geburt des Kindes die Mutter.

Das Kind im Disko-Fall ist deshalb auch ehelich. Die biologische Vaterschaft des Ehemannes wird erst dann wichtig, wenn der Ehemann sie bestreitet und die Ehelichkeit des Kindes anficht. Wird die Ehelichkeit des Kindes in unserem Fallbeispiel nicht infrage gestellt, bleibt das Kind ehelich, obwohl der Ehemann nicht der biologische Vater ist. Bestreitet er die Ehelichkeit, dann muss sie vor dem Familiengericht angefochten werden.

5.2.2.3 Anfechtung der Ehelichkeit

Fallbeispiel 68

Ein rheinischer Ehemann hat Zweifel, ob das von seiner Ehefrau am Jahresende geborene Kind tatsächlich seines oder ein „Karnevalsbaby" ist, da es weder seiner Mutter noch ihm ähnlich sieht. Infolge ficht er seine Vaterschaft vor Gericht mit Erfolg an.

Arbeitsanregung

Welche Möglichkeiten gibt es, damit das Kind im Fallbeispiel einen rechtlichen Vater bekommt? Erarbeiten Sie sich den § 1600 BGB mit seinen Bestimmungen.

Nach § 1600 BGB sind berechtigt, die Vaterschaft anzufechten,

▌ der Mann, dessen Vaterschaft nach §§ 1592 Nr. 1 und 2, 1593 BGB besteht,
▌ die Mutter
▌ das Kind.

Ist das Kind geschäftsunfähig oder in der Geschäftsfähigkeit beschränkt, kann nur der gesetzliche Vertreter anfechten (§ 1600a Abs. 3 BGB).

Für die Erhebung der Anfechtungsklage gelten verschieden lange Fristen mit unterschiedlichem Fristbeginn, auf die hier nicht näher eingegangen wird (§ 1600b BGB). Die Entscheidung trifft das Familiengericht als eine Unterabteilung des Amtsgerichtes.

Wenn ein möglicher Vater sicher sein will, dass er der Vater eines Kindes ist und daran persönliche Zweifel hat, kann er mit einem Gen-Gutachten die Vaterschaft tatsächlich ganz sicher feststellen lassen. In einem Gerichtsprozess dürfen für die Feststellung der Vaterschaft privat eingeholte Gen-Gutachten aber nicht vorgelegt werden, wenn das betroffene Kind nicht zugestimmt hat. Der Bundesgerichtshof hat solche heimlich eingeholten Gutachten als unzulässig erklärt. Er begründet seine Entscheidung mit dem Recht des Kindes auf informationelle Selbstbestimmung[4]. Der Wunsch des mutmaßlichen Vaters nach Gewissheit muss vor dem Recht des Kindes zurücktreten.

Fallbeispiel 69

Anton Alt ist ein 90 Jahre alter bettlägeriger Mann deutscher Staatsangehörigkeit, der zu Hause von der russischen Pflegekraft Raissa Rumanowskaja gepflegt wird. Raissa wohnt in einer Einliegerwohnung auf dem Nachbargrundstück, wo die Nichte von Anton zusammen mit ihrem Ehemann ein Haus gebaut hat. Raissa ist schwanger von ihrem in Russland verbliebenen Freund, möchte aber nicht zu diesem und nach Russland zurückkehren. Ihr Wunsch wäre es, in Deutschland zu bleiben und hier für sich und das Kind ein neues Leben aufzubauen. Sie berichtet Anton von ihrer Zwickmühle und auch, dass sie immer so Probleme mit der Ausländerbehörde wegen ihres Aufenthaltes habe. Da Anton Raissa und ihre pflegerischen Leistungen sehr schätzt, kommen die beiden überein, dass Raissa nach der Geburt ihrer Tochter Anton als ihren Vater angeben solle. So geschieht es. Unterhalt zahlt Anton für Antonia, wie Raissa ihre kleine Tochter genannt hat, nicht. Raissa wohnt nach der Geburt zusammen mit Antonia weiterhin in der Einliegerwohnung. Während der Zeit, in der sie Anton pflegt, kümmern sich ihre Vermieter, die auch schon im Rentenalter und ungewollt kinderlos geblieben sind, gern um Antonia, welche sie als die Enkeltochter ansehen, die sie nie hatten. Behördlicherseits keimt der Verdacht, dass es hier doch nicht „mit rechten Dingen zugehe".

Könnte die Behörde im vorliegenden Fall etwas veranlassen?

Gemäß § 1600 Abs. 1 Nr. 5 BGB könnte auch die zuständige Behörde die Anfechtung einer Vaterschaft veranlassen, wenn durch eine Vaterschaftsanerkennung gezielt das Aufenthaltsrecht umgangen wurde. Das Bundesverfassungsgericht hat mit Beschluss vom 17.12.2013 zwar den Zweck, dies zu verhindern, als legitim angesehen *(vgl. BVerfG-Pressestelle, 30.01.2014, www.bundesverfassungsgericht.de [14.02.2014])*. Jedoch hat es

---

4   *Dieses Recht wurde bereits oben im Lernfeld 2 beim Datenschutz behandelt.*

die Regelung in ihrer bis dahin bestehenden Form als verfassungswidrig und daher nichtig angesehen. Es bleibt abzuwarten, ob der Gesetzgeber hier eine Neuregelung schaffen wird, die den vom Bundesverfassungsgericht aufgezeigten Vorgaben genügt.

Zusammenfassung

- Die Ehelichkeit eines Kindes kann angefochten werden. Berechtigt zur Anfechtung sind:
  - der rechtliche Vater,
  - die Mutter,
  - das Kind.
- Für die Anfechtung sind Fristen zu beachten.

5.2.2.4 Adoption

Gleichgültig, ob ein Kind in eine Ehe hineingeboren wird oder nicht – für eine Adoption ist immer die Einwilligung beider biologischer Elternteile nötig. Denn die Adoption verändert die familienrechtliche Zuordnung eines Kindes. Durch die Adoption (Annahme als Kind) bekommt das Kind eine neue Verwandtschaft als rechtliches Kind des oder der Annehmenden. Das rechtliche Band zu den biologischen Eltern wird durch die Adoption durchschnitten und zu der oder den annehmenden Person/en neu geknüpft. Früher verfolgte der Annehmende mit der Adoption oftmals ein Interesse an einer Weitergabe seines Namens und/oder Vermögens. Heute hingegen dient die Adoption ausschließlich dem Wohl des Kindes durch seine Eingliederung in einen neuen Familienverbund. Es werden also nicht passende Kinder für Eltern gesucht, sondern passende Eltern für Kinder.

Fallbeispiel 70

Nach der Ehescheidung heiratet die Frau zum zweiten Mal. Das aus erster Ehe stammende Kind wird nach Einwilligung des leiblichen Vaters von dem zweiten Ehemann adoptiert.

Arbeitsanregung

Zum Fallbeispiel lesen Sie bitte die §§ 1741, 1744, 1746, 1747, 1750 und 1754 BGB.

Die Adoption ist die Aufnahme eines Kindes in die Familie mit allen Rechtsfolgen, die auch die Geburt eines leiblichen Kindes mit sich bringt. Sie ist zulässig, wenn sie dem Wohl des Kindes entspricht und zu erwarten ist, dass zwischen der/den annehmenden Person/en und dem Kind ein Eltern-Kind-Verhältnis entsteht (§ 1741 BGB).
Zur Annahme ist einerseits die Einwilligung des Kindes (§ 1746 BGB) und andererseits die Einwilligung der Eltern des Kindes erforderlich (§ 1747 BGB). Für Kinder, deren Eltern nicht miteinander verheiratet sind und die keine Sorgerechtserklärung abgegeben haben, kann die Einwilligung des Vaters bereits vor der Geburt erteilt werden. Wenn

der Vater die Übertragung der gemeinsamen Sorge oder die Übertragung (zumindest eines Teils) der Sorge oder auch die Alleinsorge (§ 1747 BGB) beantragt hat, darf eine Annahme erst ausgesprochen werden, nachdem über den Antrag des Vaters entschieden worden ist. Im Fallbeispiel müssen sowohl der geschiedene Ehemann als auch die Mutter des Kindes einer Adoption durch den zweiten Ehemann zustimmen. Die Einwilligung kann erst erteilt werden, wenn das Kind acht Wochen alt ist (§ 1747 Abs. 2 Satz 1 BGB). Eine Adoption im Fallbeispiel ist demnach zulässig. Die Einwilligung nach §§ 1746 und 1747 BGB ist dem Familiengericht gegenüber zu erklären. Sie bedarf der vorherigen notariellen Beurkundung, um wirksam zu sein.

Die Annahme als Kind wird dann vom Familiengericht ausgesprochen (§ 1752 BGB – sogenannte Dekretadoption). Danach erhält das Kind die rechtliche Stellung eines gemeinschaftlichen Kindes der Ehegatten (§ 1754 BGB) oder eines Kindes der es annehmenden Einzelperson. Das Kind erhält sodann als Geburtsnamen den Familiennamen des/der Annehmenden (§ 1757 Abs. 1 BGB). Mit der Annahme erlöschen die Verwandtschaftsverhältnisse des Kindes zu den bisherigen Verwandten und die sich daraus ergebenden Rechte und Pflichten (§ 1755 Abs. 1 BGB).

Sehr im Fluss ist die Rechtslage im Hinblick auf die Adoption innerhalb einer eingetragenen Lebenspartnerschaft. Nach Inkrafttreten des Lebenspartnerschaftsgesetzes war hier die Adoption nur durch einen der beiden Lebenspartner als Einzelperson möglich. Hier liegen mittlerweile Entscheidungen des Bundesverfassungsgerichtes vor, welches die gesetzlichen Regelungen im Hinblick auf die Vereinbarkeit mit Art. 3 des Grundgesetzes zu prüfen hat.

Arbeitsanregung

Erarbeiten Sie die aktuelle Rechtslage unter Einbeziehung der Entscheidungen des Bundesverfassungsgerichtes und der einschlägigen Vorschriften (BGB, Lebenspartnerschaftsgesetz) auch im Hinblick auf die Stiefkindadoption und die sogenannte Sukzessivadoption.

Fallbeispiel 71

Vater Veit und Mutter Martha haben neben vier gesunden Kindern auch das behinderte Kind Berthold. Die ledige Patentante Pauline, eine Studienfreundin von Martha, adoptiert Berthold. Später wird die Ehe von Veit und Martha unter anderem deshalb geschieden, weil die Adoption eigentlich gegen den Wunsch von Veit war, Martha ihn aber bedrängte. Denn während Martha die besondere Fürsorge, der Berthold bedarf, als stetige Belastung empfand, hatte Veit hiermit kein Problem. Im Gegenteil gehörte Berthold deshalb sogar in besonderem Maße sein Herz. Martha bekommt im Einvernehmen mit Veit das Sorgerecht für die vier gesunden Kinder. Veit heiratet einige Zeit später die fürsorgliche Pauline. Er möchte nun Berthold adoptieren. Geht das?

Zusammenfassung

Die familienrechtliche Zuordnung eines Kindes kann sich durch Adoption ändern. Durch die Adoption erhält das Kind eine neue Verwandtschaft als rechtliches Kind mit allen damit einhergehenden Rechten und Pflichten ehelicher Kinder.

Das rechtliche Band zwischen Veit und Berthold wurde durch die Adoption Bertholds durch Pauline zerschnitten. Berthold hat augenblicklich keinen rechtlichen Vater. Daher kann Veit sein „eigen Fleisch und Blut" adoptieren.

Kehren wir aber nun zurück zur elterlichen Sorge.

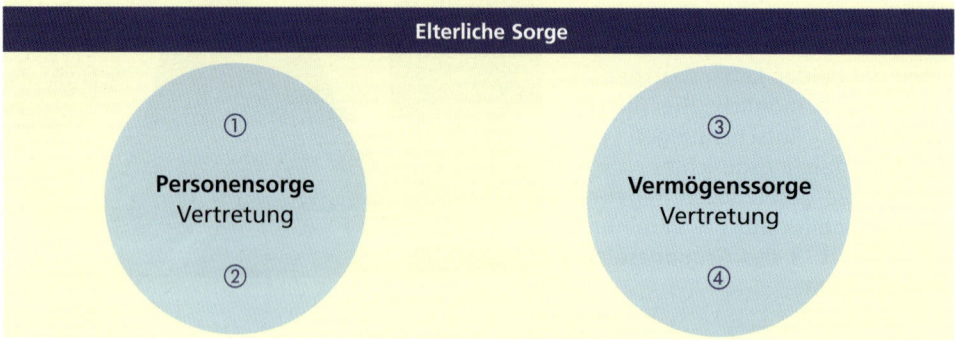

Zur Personensorge ① gehören z.B. die Pflege, die Erziehung, die Aufenthaltsbestimmung und der Herausgabeanspruch (§§ 1631 Abs. 1, 1631a, 1631b, 1632 BGB). Hier wurde die Formulierung „insbesondere das Recht und die Pflicht" geändert und primär die Pflicht in den Vordergrund gestellt und sekundär das Recht genannt. Im § 1631 BGB wird hinsichtlich der elterlichen Sorge an erster Stelle von der Pflege des Kindes gesprochen. Darunter wird die physische und psychische Entwicklung, das heißt das leibliche und seelische Wohl des Kindes verstanden. Dazu zählen die Gewährung von Nahrung, die Unterkunft und Sauberkeit, die Beschaffenheit und Instandhaltung der Kleidung. Zur Pflege des Kindes gehört aber auch die emotionale Zuwendung, die zur gesunden Entwicklung des Kindes absolut notwendig ist.

Ein Beispiel für die Vertretung des Kindes im Bereich der Personensorge ②: Der Onkel der 13 Jahre alten Celina ist eine stadtbekannte „Milieugröße". Die Eltern verbieten daher den Umgang von Celina mit dem Onkel.

Zur Vermögenssorge ③ gehören vermögenserhaltende und vermögensvermehrende Maßnahmen. Dazu zählen z.B. das Zahlen von Taschengeld und der Umgang mit Taschengeld. Zur Vermögenssorge gehört auch die Entscheidung, wie vorhandenes Vermögen des Kindes angelegt werden soll. Zur Vertretung in Vermögensangelegenheiten ④ zählen alle Tätigkeiten, die sich auf die Vermögenssorge beziehen, bei denen jedoch rechtliche Maßnahmen im Außenverhältnis erforderlich sind; z.B. das Anlegen von Geld auf einem Sparbuch oder die Vermietung einer Wohnung auf dem Hausgrundstück des minderjährigen Kindes.

Pflege des Kindes

Fallbeispiel 72

Dem örtlichen Jugendamt wird von Nachbarn der Familie R. mitgeteilt, dass Frau R., Mutter von zwei Kindern im Alter von einem und von drei Jahren, häufig für längere Zeit die Wohnung verlässt und die Kinder dann allein sind. Die Kinder würden oft weinen, wenn die Mutter stundenlang fort wäre. Der Vater der Kinder verbüße zurzeit eine längere Strafe in der Justizvollzugsanstalt. Die Sozialarbeiterin des Jugendamtes findet bei ihrem Besuch der Familie R. die Kinder erheblich unterernährt, verdreckt und verwahrlost vor. Zum Schlafen legen sich die Kinder auf Matratzen, welche auf dem Boden liegen. Im Bad findet sich keine Toilettenbrille. Auf Nachfrage erklärt Frau R., dass diese schon vor einigen Wochen zerbrochen sei. Sie habe aber noch keine Zeit gefunden, eine neue zu besorgen. Insgesamt bietet sich der Sozialarbeiterin ein Bild der Vernachlässigung.

Arbeitsanregung

Wie beurteilen Sie das Fallbeispiel hinsichtlich der Verpflichtung zur Pflege des Kindes nach § 1631 BGB? Begründen Sie Ihre Meinung und überlegen Sie, falls Maßnahmen notwendig werden, welche sinnvoll sind. Halten Sie Entscheidungen nach § 1666 BGB für angemessen? Behalten Sie dabei stets im Auge, dass ein vollständiger Entzug der elterlichen Sorge nur das letzte Mittel sein darf.

Elterliche Sorge und Kindertagesbetreuung

Die elterliche Sorge besteht auch dann fort, wenn das Kind eine Kindertagesbetreuung besucht. Zwar hat die Kindertagesbetreuung einen eigenständigen gesetzlichen Erziehungsauftrag erhalten. Dabei hat sie allerdings die von den Personensorgeberechtigten bestimmte Grundausrichtung der Erziehung, die Rechte der Personensorgeberechtigten sowie die des Kindes (oder des Jugendlichen) bei der Bestimmung der religiösen Erziehung zu wahren (§ 9 SGB VIII).

Zusammenfassung

Zur Personensorge zählen

- die Pflege,
- die Erziehung,
- die Beaufsichtigung,
- das Aufenthaltsbestimmungsrecht und
- die Umgangskontrolle.

Zur Vermögenssorge zählen

- die Verwaltung,
- die Erhaltung,
- die Anlage und Vermehrung des Kindesvermögens.

Die Vertretung des Kindes umfasst Angelegenheiten der Personensorge und der Vermögenssorge durch die Abgabe von Willenserklärungen, für die das Kind in der Rechtsstellung (noch) beschränkt ist.

Schranken der elterlichen Sorge

Bisher wurden die Inhalte des elterlichen Sorgerechts dargestellt. Im folgenden Abschnitt geht es darum, dass dem elterlichen Sorgerecht im Laufe des Lebens junger Menschen Schranken auferlegt werden, die rechtlich formuliert sind.

Die elterliche Sorge für jeden Minderjährigen von der Geburt an bis zur Volljährigkeit mit dem 18. Lebensjahr voll anzuwenden, würde den minderjährigen Kindern nicht gerecht. Denn sie vollziehen im Laufe der Jahre Reifungsprozesse und entwickeln sich durch Erziehung und Sozialisation zu eigenständigen Persönlichkeiten. Das heißt, dass die elterliche Sorge sich nicht in den starren Grenzen von Minderjährigkeit und Volljährigkeit (im Sinne eines Alles oder Nichts) vollziehen lässt. Elterliche Sorge muss bis zur Volljährigkeit entsprechend der zunehmenden Reife des Kindes und dem wachsenden Bedürfnis zu selbstständigem verantwortungsbewusstem Handeln einem allmählichen Abbau unterliegen. Hinsichtlich der Schranken der elterlichen Sorge können wir unterscheiden:

- den allmählichen Abbau der elterlichen Sorge im Bereich der Personensorge,
- allgemeine Schranken der elterlichen Sorge und
- Beschränkungen im Bereich der Vermögenssorge.

Allmählicher Abbau der elterlichen Personensorge

Fallbeispiel 73

Die Mutter des 14-jährigen Klaus möchte, dass ihr Sohn bestimmte Kleidungsstücke, die ihm gefallen, nicht trägt. Sie versucht daher, beim Einkauf auf seinen persönlichen Geschmack Einfluss zu nehmen.

Arbeitsanregung

Diskutieren Sie die Situation des Fallbeispiels. Nennen Sie erstens Gründe, die die Mutter in dieser Situation hat, um ihre Ansicht ihrem Sohn gegenüber deutlich zu machen; zweitens: Welche Ansichten könnte Klaus seiner Mutter benennen?

Die nach und nach wachsende Selbstständigkeit junger Menschen, das zeigt das Fallbeispiel, kann nicht vornehmlich an den umfangreichen Teilmündigkeiten gemessen werden, wie sie oben bereits behandelt worden sind. Wenn für die Personensorge insgesamt starre Altersgrenzen festgelegt würden, wie dies bei den Teilmündigkeiten der Fall ist, könnten sachgerechte Entscheidungen nur schwer getroffen werden, weil sie den persönlichen Entwicklungsstand des Kindes unberücksichtigt ließen. Sehr deutlich wurde das für den Bereich der Aufsichtspflicht. Was dort gesagt wurde, gilt auch für die Personensorge insgesamt. Das hat auch der Bundesgerichtshof ausgeführt, wenn er sagt, dass in bestimmten Angelegenheiten dem Minderjährigen schon vor Eintritt der Volljährigkeit ein eigener Verantwortungsbereich einzuräumen ist. So wird im § 1626 Abs. 2 BGB geregelt, dass die Eltern bei der Pflege und Erziehung die wachsenden Fähigkeiten und das wachsende Bedürfnis des Kindes zu selbstständigem verantwortungsbewusstem Handeln zu berücksichtigen haben. Sie besprechen mit dem Kind, soweit es nach dessen Entwicklungsstand angezeigt ist, Fragen der elterlichen Sorge und streben Einvernehmen an. Hiermit hat der Gesetzgeber den Eltern eine besondere Verpflichtung auferlegt. Eltern haben nicht einfach zu bestimmen, sondern müssen Fragen der Personensorge dem Entwicklungsstand des Kindes angemessen klären. Erst damit wird die Personensorge der jugendlichen Persönlichkeit gerecht.

Fallbeispiel 74

Eine junge Frau hat mit 16 Jahren geheiratet, weil ein Kind unterwegs war. Kurz nach der Heirat verliert die junge Frau allerdings das Baby, weil sie ihr Mann in alkoholisiertem Zustand vor einer Kneipe krankenhausreif geschlagen hat. Die Scheidung wird aufgrund des besonderen Härtefalls vom zuständigen Familiengericht innerhalb eines Vierteljahres nach dem Vorfall ausgesprochen. Der Ex-Ehemann ist in eine andere Stadt gezogen. Die Eltern der jungen Frau fordern diese nachdrücklich auf, zu ihnen zurückzuziehen. Sie möchte aber lieber in der bisherigen Ehewohnung bleiben, in der sie sich sehr wohlfühlt.

Arbeitsanregung

Haben die Eltern der jungen Frau nach dem Scheidungsurteil über diese wieder die elterliche Sorge?

Gemäß § 1633 BGB beschränkt sich die Personensorge für einen Minderjährigen, der verheiratet ist oder war, auf die Vertretung in den persönlichen Angelegenheiten, d.h., dass die Personensorge für ein verheiratetes minderjähriges Kind entfällt. Das gilt in unserem Fallbeispiel auch für die Zeit nach der Ehescheidung der jungen Frau. Beispielsweise können die Eltern nicht mehr über ihren Aufenthalt bestimmen.

Andere allgemeine Schranken der elterlichen Sorge ergeben sich aus den bereits erörterten Teilmündigkeiten und auch aus anderen gesetzlichen Beschränkungen.

Fallbeispiel 75

Die Eltern der achtjährigen Sandra gehen häufiger an das Sparvermögen (13 000,00 Euro), das Sandra von den Großeltern bereits zu ihren Lebzeiten geschenkt bekommen hat. Sie decken damit ihre eigenen Schulden ab.

Arbeitsanregung

Überlegen Sie, welche Auswirkungen die Situation im Fallbeispiel für die elterliche Sorge über das minderjährige Kind hat. Vergleichen Sie Ihre Überlegungen mit § 1667 BGB.

Zur Vermögensverwaltung der Eltern im Rahmen der Vermögenssorge hat der Gesetzgeber klare Vorgaben gemacht. Hier nur einige Beschränkungen:

▮ Die Eltern dürfen aus dem Vermögen des Kindes keine Schenkungen machen (§ 1641 BGB).

▮ Das Geld des Kindes haben die Eltern mündelsicher anzulegen (§§ 1642, 1807 BGB).

▮ Bei entsprechenden Anordnungen des Erblassers oder Schenkers erstreckt sich die Vermögensverwaltung durch die Eltern nicht auf das ererbte oder geschenkte Vermögen des Kindes (§§ 1638, 1639 BGB).

▮ Die Eltern haben über das Vermögen des Kindes, welches dieses erbt, ein Verzeichnis dem Familiengericht einzureichen (§ 1640 BGB). Liegt der Vermögenswert unter 15 000,00 Euro, so muss dies allerdings nicht geschehen.

Im Fallbeispiel ist das Vermögen der Tochter Sandra objektiv gefährdet. Für solche Fälle muss das Familiengericht gemäß § 1667 BGB die zur Abwendung der Gefahr erforderlichen Maßnahmen treffen. Auch hier gilt der Grundsatz, dass der vollständige Entzug der Vermögenssorge nur das letzte Mittel sein darf.

Zusammenfassung

Die Beschränkung der elterlichen Sorge ergibt sich aus
■ dem allmählichen Abbau der elterlichen Sorge im Bereich der Personensorge,
■ den allgemeinen Schranken durch Teilmündigkeit und Mündigkeit des Kindes oder die Verheiratung des Kindes und
■ verschiedenen Beschränkungen im Bereich der Vermögenssorge.

Beendigung und Ausfall der elterlichen Sorge

Das elterliche Sorgerecht hat sich, wie wir wissen, immer am Wohl des Kindes zu orientieren. Es gibt viele Situationen im Bereich elterlicher Sorge, in denen das Wohl des Kindes offensichtlich von den Eltern nicht berücksichtigt wird. Solche Situationen werden nachfolgend beschrieben. Bevor sie im Einzelnen behandelt werden, soll festgestellt werden, welche Möglichkeiten der Beendigung und des Ausfalls elterlicher Sorge es gibt. Es sind dies:

▌ die Beendigung elterlicher Sorge,

▌ das Ruhen elterlicher Sorge und

▌ der Entzug elterlicher Sorge.

Beendigung der elterlichen Sorge

Fallbeispiele 76 bis 77

Fallbeispiel 76
Der Sohn der Eheleute G. feiert seinen 18. Geburtstag. Die Eltern übergeben ihm einen eigenen Haustürschlüssel. Die elterliche Sorge endet mit der Volljährigkeit des Sohnes.

Fallbeispiel 77
Die Mutter eines vierjährigen Kindes verheiratet sich nach der Scheidung vom Vater des Kindes erneut. Der zweite Ehemann adoptiert das Kind nach erfolgter Zustimmung des leiblichen Vaters. Die elterliche Sorge endet für den leiblichen Vater nach der Adoption.

Die Fallbeispiele zeigen zwei Möglichkeiten der Beendigung der elterlichen Sorge. Im ersten Beispiel endet die elterliche Sorge – die Eltern symbolisieren das mit der Übergabe eines eigenen Haustürschlüsselexemplars – durch die Erreichung der Volljährigkeit des Sohnes. Im zweiten Beispiel endet die elterliche Sorge des leiblichen Vaters für sein Kind aus der geschiedenen Ehe mit der Adoption durch den zweiten Ehemann seiner geschiedenen Ehefrau (ein Umgangsrecht mit dem Kind hat er jedoch nach wie vor). Daneben gibt es noch andere Fälle, in denen die elterliche Sorge endet. Sie werden nachfolgend kurz genannt.
Die elterliche Sorge endet

▌ durch Tod des Kindes,

▌ durch vollständigen Entzug nach § 1666 BGB,

▌ durch Übertragung auf den anderen Teil nach Scheidung (§ 1671 BGB),

▌ durch Übertragung auf den anderen Teil bei dauernder Trennung (§ 1672 BGB) und

▌ durch Tod eines Elternteils (die elterliche Sorge steht dem anderen Teil allein zu – § 1680 BGB).

Ruhen der elterlichen Sorge

Fallbeispiel 78

Der Vater zweier minderjähriger Jungen kommt ins Krankenhaus. Der Aufenthalt dehnt sich auf vier Wochen aus, anschließend muss der Vater noch sechs Wochen zu einer Anschlussheilbehandlung in den Schwarzwald. Während dieser Zeit ruht für ihn das elterliche Sorgerecht. Seine Ehefrau und die Mutter der Kinder übt das elterliche Sorgerecht allein aus.

Es gibt rechtliche und tatsächliche Hindernisse, durch die elterliche Sorge nicht ausgeübt werden kann. In solchen Fällen ruht die elterliche Sorge (wie im Fallbeispiel). In § 1673 BGB wird bestimmt, dass die elterliche Sorge ruht, wenn ein Elternteil geschäftsunfähig oder in der Geschäftsfähigkeit beschränkt (z.B. weil er selbst noch minderjährig ist) ist. Die Personensorge steht dem beschränkt geschäftsfähigen Elternteil allerdings zu. Die Vertretung des Kindes erfolgt allein durch den in der Geschäftsfähigkeit nicht beschränkten Elternteil. Dies gilt sowohl für den Bereich der Personen- wie der Vermögenssorge.

Wenn Kinder aufgrund des § 1666a BGB in einem Heim oder einer anderen Familie untergebracht sind, entscheidet die Pflegeperson in Angelegenheiten des täglichen Lebens. Weiterhin kann sie Arbeitsverdienst, Unterhaltsansprüche sowie Ansprüche des Minderjährigen auf Sozialleistungen für diesen geltend machen. Der Inhaber der elterlichen Sorge kann hier allerdings korrigierend eingreifen, wenn er mit dem Handeln der Pflegeperson nicht einverstanden ist (§ 1688 Abs. 3 BGB).

Weiterhin kann das elterliche Sorgerecht auch bei Vorliegen tatsächlicher Hindernisse ruhen (vgl. § 1674 BGB).

Tatsächliche Hindernisse sind
- eine schwere Krankheit,
- der Aufenthalt in einem Krankenhaus oder Sanatorium,
- die Vollstreckung einer Freiheitsstrafe,
- der unbekannte Aufenthalt.

Wenn nicht nur ein, sondern beide Elternteile tatsächlich verhindert oder verstorben sind, werden vom Familiengericht erforderliche Maßnahmen getroffen, beispielsweise die Bestellung eines Vormundes oder Pflegers.

Vormundschaft und Pflegschaft

Fallbeispiele 79 bis 80

Fallbeispiel 79
Rainer M., der Vater des sechsjährigen ehelichen Kindes Julius M., wird wegen Trunksucht unter Betreuung gestellt. Das Familiengericht entzieht ihm gleichzeitig das elterliche Sorgerecht für seinen Sohn. Kurze Zeit später verunglückt die Mutter des Julius M. tödlich.

Fallbeispiel 80
Der Vater der minderjährigen Kinder Robin (16 Jahre) und David (17 Jahre) stirbt. Er hinterlässt kein Testament. Das vorhandene Vermögen muss daher über den Weg der gesetzlichen Erbfolge verteilt werden. Die Mutter bespricht mit den Kindern die Situation. Sie einigen sich folgendermaßen:

1. Die Mutter verzichtet als Ehefrau des verstorbenen Vaters auf ihren Erbteil.

2. Ihr Anteil soll beiden Kindern zu gleichen Teilen überschrieben werden.

3. Dafür räumen ihr die Kinder ein lebenslanges Nießbrauchsrecht am Wohneigentum des verstorbenen Vaters ein.

Arbeitsanregung

1. Kann der Vater des Jungen im Fallbeispiel die elterliche Sorge zurückerhalten?
2. Was ist hinsichtlich der elterlichen Sorge für das Kind im Fallbeispiel 79 zu tun? Vergleichen Sie §§ 1675, 1773 und 1774 BGB.
3. Was wäre, wenn die Mutter im Fallbeispiel 79 in einem Testament den Vater nach ihrem Tod als Vormund bestimmt hätte? Vergleichen Sie §§ 1776, 1777, 1789–1791 BGB.

In den Fallbeispielen sind Situationen dargestellt, in denen mindestens ein Elternteil daran gehindert ist, die elterliche Sorge über minderjährige Kinder auszuüben. In beiden Fällen stirbt ein Elternteil, der die elterliche Sorge bisher ausgeübt hat. Es muss überlegt werden, wie es weitergehen soll. Der Minderjährige braucht jemanden, der die elterliche Sorge wahrnimmt. Das Gesetz stellt zwei Ersatzformen elterlicher Sorge zur Verfügung. Bevor die Situationen der beiden Fallbeispiele erläutert werden, sollen zunächst ganz allgemein die beiden Ersatzformen elterlicher Sorge erklärt werden. Es gibt:
▌ die Vormundschaft und
▌ die Pflegschaft.

Arten der Vormundschaft

Die Vormundschaft ersetzt prinzipiell die gesamte elterliche Sorge über einen Minderjährigen (§ 1773 Abs. 1 BGB). Unsere Rechtsordnung sieht keine Vormundschaft auf Antrag vor; entweder wird sie angeordnet oder sie tritt automatisch ein.

Voraussetzungen der Vormundschaft

Folgende Voraussetzungen führen zu einer angeordneten Vormundschaft:
▌ bei einem Kind,
  – wenn den Eltern im Rahmen des § 1666 BGB das elterliche Sorgerecht entzogen worden ist;
  – wenn ein Elternteil an der Ausübung des elterlichen Sorgerechts gehindert ist, der andere Elternteil stirbt und der Minderjährige aus diesem Grund nicht unter elterlicher Sorge steht;
  – nach dem Tod beider Elternteile (§ 1773 Abs. 1 BGB);
▌ bei einem Kind, dessen Familienstand nicht zu ermitteln ist,
  – bei einem Findelkind (§ 1773 Abs. 2 BGB).

Im Fallbeispiel 79 wird eine Vormundschaft nach dem Tode der Mutter vom Vormundschaftsgericht angeordnet (vgl. Arbeitsanregung).

Folgende Voraussetzungen führen zu einer automatischen Vormundschaft:

Die Vormundschaft tritt automatisch in Kraft und das Jugendamt wird Vormund, wenn beispielsweise ein Kind, dessen Eltern nicht miteinander verheiratet sind, adoptiert werden soll, die erziehungsberechtigte Mutter aus Gleichgültigkeit ihre Einwilligung zur Adoption nicht erteilt und diese Einwilligung gemäß § 1748 BGB auf Antrag des Kindes durch das Vormundschaftsgericht ersetzt wird.

Der Vormund hat im Prinzip die gleichen Rechte wie die Eltern (§ 1793 in Verbindung mit § 1626 Abs. 2 BGB), muss jedoch größere Einschränkungen berücksichtigen als die Eltern. Zum Beispiel benötigt er einerseits für Geschäfte nach §§ 1821 und 1822 BGB die Genehmigung des Gerichtes genau wie die Eltern nach § 1643 BGB; andererseits gibt es für ihn das Verbot der Verwendung von Vermögen im eigenen Interesse nach § 1805 BGB, während die Eltern ein (in Grenzen) eigenes Nutzungsrecht haben (§ 1649 Abs. 2 BGB).

Es gibt drei Arten der Vormundschaft:
- die Einzelvormundschaft,
- die Vereinsvormundschaft und
- die Amtsvormundschaft.

Einzelvormundschaft

Der Regelfall soll die Einzelvormundschaft sein. Das Vormundschaftsgericht wählt eine Person nach den Auswahlgrundsätzen gemäß § 1779 BGB aus. Diese sind
- die persönlichen Verhältnisse,
- die Vermögenslage,
- die Rücksichtnahme auf das religiöse Bekenntnis und
- das Verwandtschaftsverhältnis zwischen Vormund und Mündel.

Neben den Auswahlgrundsätzen gibt es Einschränkungen, diese sind
- das Benennungsrecht der Eltern gemäß § 1776 BGB,
- das Ausschließungsrecht der Eltern gemäß § 1782 BGB und
- die Unfähigkeit oder Untauglichkeit zur Vormundschaft (§§ 1780, 1781 BGB), also beispielsweise:
  - die Geschäftsunfähigkeit des Ausgewählten,
  - die Betreuung wegen Geistesschwäche oder Trunksucht des Ausgewählten oder
  - die Minderjährigkeit des Ausgewählten.

Nach § 1785 BGB besteht für jeden Deutschen eine Verpflichtung zur Annahme des Amtes als Vormund. Ausnahmeregelungen sind in den §§ 1780 bis 1784 BGB geregelt.

Die entgegenstehenden Gründe können sein:
- die Unfähigkeit bei Vorliegen der Geschäftsunfähigkeit (§ 1780 BGB),
- die Untauglichkeit für denjenigen,
  - der minderjährig ist,
  - für den ein Betreuer bestellt ist,
- Ausschluss durch die Eltern (§ 1782 BGB),
- wenn einem Beamten oder Religionsdiener eine in einem Gesetz vorgeschriebene Erlaubnis zur Übernahme der Vormundschaft nicht erteilt wurde (§ 1784 BGB).

Fallbeispiel 81

Uroma Ute hat das sieben Jahre alte Enkelkind Eileen. Sie selbst ist 85 Jahre alt und trägt sich seit einiger Zeit mit dem Gedanken eines Umzuges von der eigenen Wohnung, in der sie bisher lebte, in ein Seniorenwohnheim. Ihre Tochter Thea, die Großmutter von Eileen, hat sie ebenso wie ihren Ehemann und ihren Schwiegersohn bereits über- lebt. Ihre Enkelin Elke erzieht Eileen allein, seit der Vater des Kindes, ein Ire, wieder nach Irland zurückgekehrt ist. Der Vater von Eileen ist damals regelrecht geflüchtet, als er von Elkes Schwanger- schaft erfuhr, hat noch nicht einen Cent Unterhalt

Muss sie noch die Vormundschaft über- nehmen?

gezahlt und will seine Tochter auch nicht kennenlernen. Ute hilft Elke ab und zu, auf Eileen, zu der sie eine gute Beziehung hat, aufzupassen, damit ihre Enkelin sich auch mal mit ihren Freundinnen allein treffen kann. Bei einem dieser Treffen verunglückt Elke auf dem Rückweg tödlich im Straßenverkehr. Das Familiengericht trägt Ute die Vor- mundschaft über Eileen an. Ute fühlt sich dem aufgrund ihres fortgeschrittenen Alters nicht (mehr) gewachsen und fragt sich, ob sie nicht „aus der Nummer raus" kann.

In § 1786 BGB sind einige Gründe genannt, die es der vom Gericht als Vormund ins Auge gefassten Person erlauben, das Amt eines Vormundes abzulehnen.

Vereinsvormundschaft

Wenn eine geeignete Person als Vormund nicht vorhanden ist, kann ein rechtsfähiger Verein als Vormund bestellt werden (§ 1791a BGB). Der Verein kann nur dann zum Vor- mund bestellt werden, wenn er dazu vom Landesjugendamt für geeignet erklärt wor- den ist. Zur Führung der Vormundschaft bedient sich der Verein seiner Mitglieder oder Mitarbeiter.

Amtsvormundschaft

Bei der Amtsvormundschaft gibt es:

▌ die bestellte Amtsvormundschaft (§ 1791b BGB), wenn keine geeignete Person für das Amt als Vormund vorhanden ist und

▌ die gesetzliche Amtsvormundschaft (§ 1791c BGB), die auf das Kind beschränkt ist, dessen Eltern nicht miteinander verheiratet sind.

Auch hier werden die mit der Vormundschaft verbundenen Aufgaben auf eine natürli- che Person (Beamter oder Angestellter im öffentlichen Dienst) übertragen (vgl. § 55 Abs. 2 SGB VIII). So geschieht es auch im Fall der Einzelvormundschaft.

Arten der Pflegschaft

Es gibt folgende Arten der Pflegschaft (siehe §§ 1909 bis 1914 BGB):
▌ die Ergänzungspflegschaft,
▌ die Abwesenheitspflegschaft,
▌ die Pflegschaft für eine Leibesfrucht,

▌ die Pflegschaft für unbekannte Beteiligte und
▌ die Pflegschaft für Sammelvermögen.

Von Interesse ist hier nur die Ergänzungspflegschaft gemäß § 1909 BGB, weil dadurch gewährleistet ist, dass auch Angelegenheiten, an deren Besorgung die Eltern oder der Vormund verhindert sind, erledigt werden.

Aufgaben der Vormundschaft und Pflegschaft

Gemäß §§ 1793 und 1800 BGB hat der Vormund das Recht und die Pflicht, für die Person und das Vermögen des Mündels zu sorgen, insbesondere durch die Vertretung des Mündels. Dabei gilt § 1626 Abs. 2 BGB entsprechend. Das Recht und die Pflicht des Vormunds, für die Person des Mündels zu sorgen, bestimmen sich nach den §§ 1631 bis 1633 BGB. Die gesetzliche Vertretung unterliegt jedoch einigen weitergehenden Einschränkungen (siehe § 1795 BGB) als dies bei einer Vertretung durch die Eltern der Fall ist.

Das Recht und die Pflicht, für das Vermögen des Mündels zu sorgen, ist in den §§ 1802 bis 1834 BGB sehr differenziert geregelt. Wichtige Rechtsgeschäfte dürfen vom Vormund nicht ohne Einwilligung des Familiengerichtes getätigt werden. Außerdem hat der Vormund regelmäßig gegenüber dem Familiengericht Rechenschaft abzulegen.

Nach § 1836 BGB ist die Vormundschaft unentgeltlich zu führen. Aufwendungen zum Zwecke der Führung der Vormundschaft können jedoch nach § 1835 BGB vom Mündel ersetzt werden, wenn es nicht mittellos ist.

Die Aufgaben des Pflegers richten sich nach den Bestimmungen über die Vormundschaft entsprechend der §§ 1915 und 1916 BGB.

Beendigung der Vormundschaft und Pflegschaft

Wenn die Gründe, die nach § 1773 BGB zur Vormundschaft geführt haben, wegfallen, endet die Vormundschaft. Außerdem
▌ bei Tod, Todeserklärung und Verschollenheit des Mündels (§ 1884 BGB) und
▌ aus Gründen, die mit dem Vormund verbunden sind.

Hierzu zählen der Tod des Vormunds oder die Entlassung des Vormunds gemäß §§ 1886 bis 1890 BGB.

Eine Pflegschaft endet gemäß § 1918 BGB für eine unter elterlicher Sorge oder unter Vormundschaft stehende Person
▌ mit der Beendigung der elterlichen Sorge oder der Vormundschaft.

Außerdem endet die Pflegschaft
▌ mit der Geburt des Kindes bei Bestehen einer Pflegschaft für eine Leibesfrucht oder
▌ für die Pflegschaft zur Besorgung einer einzelnen Angelegenheit, sobald diese erledigt ist.

Wenn es zum Schutz des Minderjährigen notwendig wird, kann das Familiengericht die elterliche Sorge einem oder beiden Elternteilen entziehen.

Entzug des elterlichen Sorgerechts

Wenn Eltern zu Feinden werden

Sie werden verprügelt, ins heiße Wasser gesetzt, mit Zigaretten verbrannt. Die Zahl der misshandelten Kinder ist seit 1996 um gut 50 Prozent angestiegen. „Die Fälle werden immer bizarrer", urteilt ein Jugendschützer aus Düsseldorf. Oft sind Stiefväter die Täter.

Düsseldorf – Was ist mit der kleinen Janina (Name geändert) los?
Die Nachbarin hat das dreijährige Mädchen seit Wochen nicht mehr gesehen. Dem Kind scheint es schlecht zu gehen. Janina weint viel. Wenn Sven, der neue Freund von Janinas Mutter zu Besuch kommt, hört die Nachbarin oft Geschrei in der Wohnung.
Ein Mehrfamilienhaus in Düsseldorf-Oberbilk. Dort leben Janina und ihre Mutter Mareike (22) in einer 50-Quadratmeter-Wohnung. Janinas Vater hat sich kurz nach ihrer Geburt abgesetzt. Der Nachwuchs war ungewollt. Janina ist ein lebhaftes Mädchen. Das Kind will beachtet werden, lässt sich nur schwer im Zaum halten. „Du nervst!", schreit Mutter Mareike oft so laut, dass die Mitbewohner es hören. Sven, der „neue Papa", belässt es nicht dabei. Als die Nachbarin Janina im Treppenhaus trifft, ist das Gesicht des Mädchens angeschwollen, die Arme mit blauen Flecken übersät. Die Nachbarin schaltet das Jugendamt ein.
Peter L. leitet die Abteilung Soziale Dienste im Düsseldorfer Jugendamt. „Im vergangenen Jahr wurden uns 250 Fälle von Gewalt gegen Kinder bekannt", sagt der 48-Jährige. „Fast in allen Fällen sind die Opfer Kinder aus Trennungsfamilien. Die Taten werden immer bizarrer."
Meist seien gewalttätige Eltern mit der Erziehung überlastet, sagt Peter L. „Mütter, die einen neuen Partner haben, stecken oft in einem Loyalitätskonflikt. Sollen sie das – vielfach ungeliebte – Kind schützen? Oder riskieren, den Partner zu verlieren?"
Hämatome, Schwellungen und Verbrennungen bleiben oft unter der Kleidung verborgen, fallen erst auf, wenn die Kleinen in den Kindergarten oder in die Schule gehen. „Die Kinder trauen sich oft nicht, ihre Eltern anzuschwärzen", sagt Peter L. „In Zweifelsfällen werden sie in der Kinderschutzambulanz untersucht." Wie die kleine Janina, die nach der Diagnostik vorerst in einer Pflegefamilie untergebracht wurde. Eberhard M. leitet die Kinderschutzambulanz (KSA) in Düsseldorf. Das Team besteht aus Ärzten, Psychologen und Sozialpädagogen. „Wir versuchen herauszufinden, was die Kinder belastet", sagt Eberhard M. „Oft wird die Gewalt von den Tätern mit einem Geheimhaltungsgebot belegt, und die Kinder trauen sich nicht, es zu brechen." […]

(Voogt, Gerhard, in: Rheinische Post, 31.01.2006)

Wenn die Eltern nicht ihren Pflichten nachkommen, so schreitet der Staat aufgrund seines Wächteramts ein. Entscheidende Vorschrift ist hier § 1666 BGB. Das Jugendamt kann demnach nicht eigenmächtig gegen den erklärten Willen der Eltern tätig werden, sondern muss das Familiengericht einschalten. Die Vorschrift ermöglicht dem Familiengericht verschiedene Eingriffe in das Recht der elterlichen Sorge. Der schwerwiegendste Eingriff ist der Entzug der elterlichen Sorge. Er hat daher letztes Mittel zu sein.

Das Gericht kann auch nur Teile der elterlichen Sorge entziehen. Dieser Eingriff ist gegenüber dem kompletten Entzug der elterlichen Sorge der mildere Eingriff. Er ist dann möglich, wenn er bereits ausreicht, die Gefährdung des Kindes zu beenden. So kann beispielsweise die Personensorge den Eltern entzogen werden, wenn sie hier versagen, die Vermögenssorge aber bei ihnen bleiben (meist gibt es hier je nach Alter des Kindes ja auch wenig bis nichts zu verwalten). Daher spricht das Gesetz manchmal auch nicht von den Eltern, sondern von den Erziehungsberechtigten[5].

In Notfällen jedoch, d.h. in Fällen, in denen die Entscheidung des Familiengerichtes nicht mehr rechtzeitig herbeigeführt werden kann, gibt das Kinder- und Jugendhilfegesetz dem Jugendamt die Möglichkeit, unaufschiebbare Maßnahmen selbst zu treffen. Die Verpflichtung des Jugendamtes ist es jedoch, unverzüglich eine Entscheidung des Familiengerichtes herbeizuführen.

Seitdem der Artikel in der Rheinischen Post erschienen ist, erschütterten mehrere Fälle die Öffentlichkeit, in der es nicht „nur" zu einer Kindesmisshandlung, sondern sogar zu Tötungen von Kleinkindern kam.

Um Fehlentwicklungen früher entgegenwirken zu können, wurde daher das sogenannte Bundeskinderschutzgesetz verabschiedet. Das System der bereits zuvor praktizierten so genannten Frühen Hilfen wurde damit auf eine gesetzliche Grundlage gestellt. Hiermit sollen (werdende) Eltern vorbeugend Informationen über Unterstützungsangebote vor Ort durch Beratung und Hilfe in Fragen bei Schwangerschaft, Geburt und zur Entwicklung des Kindes in den ersten Lebensjahren gegeben werden.

Dieses präventive Vorgehen staatlicher Stellen entspricht nicht der bisherigen Vorgehensweise bei der Ausübung des staatlichen Wächteramtes. Der Gesetzgeber begründet den Wechsel mit dem Hinweis auf Art. 3 Abs. 2 sowie Art. 18 Abs. 2 der UN-Kinderrechtskonvention.

Diese lauten wie folgt:

Art. 3 Abs. 2 UNK:
Die Vertragsstaaten verpflichten sich, dem Kind unter Berücksichtigung der Rechte und Pflichten seiner Eltern, seines Vormundes oder anderer für das Kind gesetzlich verantwortlicher Personen den Schutz und die Fürsorge zu gewährleisten, die zu seinem Wohlergehen notwendig sind; zu diesem Zweck treffen sie alle geeigneten Gesetzgebungs- und Verwaltungsmaßnahmen.

Art. 18 Abs. 2:
Zur Gewährleistung und Förderung der in diesem Übereinkommen festgelegten Rechte unterstützen die Vertragsstaaten die Eltern und den Vormund in angemessener Weise bei der Erfüllung ihrer Aufgabe, das Kind zu erziehen, und sorgen für den Ausbau von Institutionen, Einrichtungen und Diensten für die Betreuung der Kinder.

Arbeitsanregung

1. Lesen Sie die Vorschriften der UN-Kinderrechtskonvention. Teilen Sie die Meinung des Gesetzgebers?
2. Entwickeln Sie Ideen, wie man aus Ihrer fachlichen Sicht die in den Normen genannten Wertungen (Rechts-)Wirklichkeit werden lassen kann.

---

[5] *Aus Vereinfachungsgründen ist im Folgenden allerdings nur von den Eltern die Rede.*

Fallbeispiele 82 bis 86

Fallbeispiel 82

Der Vater zweier Kinder erzieht diese mit Ohrfeigen, Stockschlägen und Hiebe mit dem Gürtel. Die Kinder wirken im Kindergarten verhuscht. Hebt eine erwachsene Person die Hände in die Höhe des Brustkorbes, ziehen sie sich auf dem Fußboden zu einer kleinen Kugel zusammen und jammern. Auf Befragen erklärt der Vater, dass er auch in Zukunft so verfahren werde. Das Leben werde die Kinder noch weitaus Härteres lehren. Darauf bereite sie seine Erziehungsmethode schon mal vor.

Fallbeispiel 83

Die Eltern zweier Kinder sind Mitglieder der Zeugen Jehovas. Eines der beiden Kinder wird schwer krank und benötigt eine Bluttransfusion, die die Eltern aus religiösen Gründen jedoch ablehnen.

Fallbeispiel 84

Der Vater eines achtjährigen Kindes muss eine dreijährige Haftstrafe verbüßen. Die Mutter des Kindes geht abends der Prostitution nach. Tagsüber ist sie zwar zu Hause, kümmert sich aber wenig um das Kind. Das Kind ist mehrmals beim Diebstahl in Kaufhäusern erwischt worden. Das Kind weiß von seiner Mutter lediglich, dass sie abends manchmal eingeladen ist und dann die Nachbarn nach ihm schauen.

Fallbeispiel 85

Mit 15 Jahren gebar Anita ihre Tochter Tina. Den Vater des Mädchens hat sie nicht geheiratet. Mit 28 Jahren beginnt sie eine Beziehung mit dem 30-jährigen Hans, in dessen Haus sie zusammen mit Tina einzieht. Nach einiger Zeit stellt sich heraus, dass Hans sich mehr für die inzwischen 14-jährige Tina interessiert als für seine Lebensgefährtin. Hans zwang die Tochter mehrfach zum Geschlechtsverkehr und drohte seiner Lebensgefährtin, als diese davon erfuhr, er werde sie zusammenschlagen und auf die Straße werfen, wenn sie etwas gegen ihn unternehme. Aus Angst veranlasste Anita nichts. Als Nachbarn von dieser Situation durch die Tochter erfahren, benachrichtigen sie das Jugendamt.

Fallbeispiel 86

Aus einer völlig verwahrlosten Wohnung in einem Mehrfamilienhaus im Duisburger Stadtteil Homberg holte die Polizei am Donnerstagabend vier stark misshandelte Kinder im Alter zwischen drei und neun Jahren. Ihre angetrunkenen Eltern wurden festgenommen. Die Neunjährige hatte sich zu Nachbarn gerettet, nachdem sie von ihren Eltern krankenhausreif geschlagen worden war. Das Mädchen erlitt schwere Prellungen und Blutergüsse. Ihre drei Geschwister hausten nach Aussagen der Polizei auf einem Berg von Unrat. Auch ihre Körper wiesen unübersehbare Spuren von massiven Schlägen auf. Die 32 und 33 Jahre alten Eltern gaben inzwischen zu, auf ihre Kinder mit Händen und Füßen eingeprügelt zu haben.

(vgl. Rheinische Post, 21.08.1993)

Arbeitsanregung

Interpretieren Sie die Fallbeispiele anhand folgender Fragen:
▍ Welche Probleme sind angesprochen?
▍ Welches Problem ist besonders wichtig, typisch oder zentral?
▍ Was soll/sollte/wird die Hauptperson tun?
▍ Was sollen/sollten/werden die Menschen in ihrer Umgebung tun?
▍ Welche Alternativen wären denkbar gewesen und warum?
▍ Wie sieht die bereinigte Situation aus?

Rechtliche Grundlagen für die Erarbeitung sind die §§ 1666, 1666a, 1667, 1629 Abs. 2 Satz 3 und 1671 Abs. 2 Nr. 2 BGB.
Überprüfen Sie Ihre eigenen Vorstellungen und Erarbeitungen mit den nachfolgenden Aussagen.

Die Situationen in den Fallbeispielen zeigen recht deutlich die Vielschichtigkeit der Problematik zum Entzug des elterlichen Sorgerechts. Ein Elternteil verliert das Recht, die elterliche Sorge auszuüben, wenn diese ihm durch das Familiengericht zum Schutz des Kindes entzogen wird. Grundlagen hierfür sind die §§ 1666, 1666a, 1667, 1629 Abs. 2 Satz 3 und 1671 Abs. 2 Nr. 2 BGB. Diese Vorschriften dienen dem Anspruch des Kindes auf pflichtgemäße Ausübung der elterlichen Sorge. Das Kind kann diesen Anspruch nicht einklagen. Deshalb muss hier das Wächteramt der staatlichen Gemeinschaft, wie es in Art. 6 Abs. 2 Satz 2 GG postuliert worden ist, unter Umständen eingreifen, damit das Kind Rechtsschutz hat. Die Ausübung dieses Wächteramtes erfolgt durch das Eingreifen des Familiengerichtes von Amts wegen, wenn es Kenntnis erhält, dass das Kindeswohl bedroht ist. Damit das Familiengericht Kenntnis erhält, sind alle Bürger aufgerufen, dem Familiengericht oder dem Jugendamt Mitteilung zu machen, wenn sie Situationen kennen, die das Kindeswohl gefährden.
Die häufigsten Gefährdungen des Kindes liegen wohl im Bereich der Personensorge. Das Familiengericht kann dann eingreifen und erforderliche Maßnahmen anordnen, wenn gemäß § 1666 BGB
▍ das körperliche,
▍ das geistige oder
▍ das seelische Wohl des Kindes durch
  – missbräuchliche Ausübung der elterlichen Sorge,
  – Vernachlässigung des Kindes,
  – unverschuldetes Versagen der Eltern oder
  – das Verhalten eines Dritten gefährdet ist.

Das Familiengericht kann eingreifen, wenn die Eltern nicht gewillt oder nicht in der Lage sind, die Gefahr abzuwenden. Da es keine allgemeingültigen Maßstäbe für die Ausübung des elterlichen Sorgerechts gibt, ist es immer sehr schwer, einen Missbrauchstatbestand zu diagnostizieren, der das Eingreifen des Familiengerichtes rechtfertigt. Trotz dieser Schwierigkeiten gibt es in der täglichen Praxis viele klare Fälle objektiver Kindesgefährdung, z.B.:
▍ übermäßige Züchtigung,
▍ Anhalten zu strafbaren Handlungen,
▍ Fernhalten vom Schulbesuch,

- Verweigerung einer angemessenen Ausbildung,
- Verweigerung der Einwilligung zu einer notwendigen Heilbehandlung.

Das Fallbeispiel 82 zeigt eindeutig die Gefährdung des körperlichen und seelischen Wohls der Kinder. Das Fehlverhalten des Vaters liegt in einer missbräuchlichen Ausübung der elterlichen Sorge. Das Schlagen in der beschriebenen Form ist eine „entwürdigende Erziehungsmaßnahme" und widerspricht der gewaltfreien Erziehung (§ 1631 Abs. 2 BGB). Die konkrete Rechtsfolge wäre, dass das Familiengericht pädagogisch sinnvolle Maßnahmen ergreift. Sie zu finden und dem Richter vorzuschlagen, ist Aufgabe des Jugendamtes (siehe § 50 SGB VIII).

Das Fallbeispiel 84 zeigt ein Verhalten der Mutter, das, auch wenn es sittlich nicht zu billigen ist, nicht den Tatbestand des § 1666 BGB erfüllt. In diesem Fall liegt kein auf das Kind wirkendes Fehlverhalten vor. Auch kann das Fehlverhalten des Kindes nicht ursächlich mit dem Verhalten der Mutter in Zusammenhang gebracht werden, sodass kein Sorgerechtsentzug nach § 1666 BGB in Betracht kommen kann. Zu überlegen wäre allerdings die Gewährung von Hilfen nach dem SGB VIII. Das Jugendamt kann unter Einschaltung des Familiengerichtes die Abwendung einer Gefährdung für das Kind beantragen. Das Familiengericht kann dann die erforderlichen Maßnahmen ergreifen. Es kommen ausschließlich solche Hilfen nach dem SGB VIII infrage, die in die Elternrechte nur mittelbar eingreifen.

Im Fall der verweigerten Bluttransfusion kann das Gericht nach § 1666 BGB die Maßnahmen ergreifen, die erforderlich sind, um die Gefahr des Todes für das Kind zu bannen.

Das Familiengericht kann derartige Maßnahmen auch gegen Dritte verhängen, wenn es sich um Angelegenheiten der Personensorge handelt (§ 1666 Abs. 4 BGB).

Ein solcher Fall liegt in unserem Fallbeispiel 83 mit dem Stiefvater Hans vor. Dieser hat keine Befugnisse im Rahmen des elterlichen Sorgerechts. Diese liegen allein bei der Mutter. Da sein Verhalten Tina gefährdet, kann das Familiengericht die erforderlichen Maßnahmen gegen ihn und die Mutter treffen, weil nicht zu erwarten ist, dass die Mutter in der Lage ist (sie fühlt sich von ihrem Lebensgefährten bedroht), die Gefahr für ihre Tochter abzuwenden. Welche Maßnahmen in diesem Fall anzuwenden sind, kann hier nicht abschließend beantwortet werden. Mögliche Anordnungen des Richters könnten sein, Hans zu untersagen, sich mit Tina zu befassen, notfalls unter Androhung eines Zwangsgeldes.

Grundsätzlich gilt, dass das Familiengericht jeweils nach den Umständen des einzelnen Falls zu prüfen hat, welche Maßnahmen sinnvoll sind. Manchmal reichen Belehrungen oder Ermahnungen aus. In einzelnen Fällen müssen Gebote oder Verbote ausgesprochen werden. Bevor jedoch das elterliche Sorgerecht insgesamt entzogen wird, muss der Familienrichter prüfen, ob es genügt, das Personensorgerecht zu beschränken.

Im § 1666a BGB heißt es im Absatz 2:

„Die gesamte Personensorge darf nur entzogen werden, wenn andere Maßnahmen erfolglos geblieben sind oder wenn anzunehmen ist, dass sie zur Abwendung der Gefahr nicht ausreichen."

Wir wissen, dass zur elterlichen Sorge neben dem Personensorgerecht auch die Vermögenssorge gehört. Auch für diesen Teilbereich der elterlichen Sorge kann es zu Maßnahmen durch das Familiengericht kommen[6].

Zusammenfassung

Für die elterliche Sorge gilt, dass in bestimmten Situationen

- die elterliche Sorge endet,
- die elterliche Sorge ruht oder
- die elterliche Sorge entzogen wird.

Die elterliche Sorge endet durch

- Tod des Kindes,
- vollständigen Entzug nach § 1666 BGB,
- Tod eines Elternteils.

Die elterliche Sorge ruht bei tatsächlichem Hindernis wie beispielsweise schwerer Krankheit eines Elternteils.
Die elterliche Sorge wird entzogen, wenn das körperliche, geistige oder seelische Wohl des Kindes gefährdet ist z. B. durch eine andauernde schwere körperliche Misshandlung des Kindes.
Das elterliche Sorgerecht darf nur dann vollständig entzogen werden, wenn andere geeignete Maßnahmen nicht helfen.

5.2.2.5 Elterliche Sorge bei Getrenntleben und nach Scheidung

Fallbeispiel 87

Sie arbeiten als Erzieherin in einem Jugendzentrum. Dort halten Sie auch einmal die Woche eine Sprechstunde als „Kummertante" ab. Die elf Jahre alte Marianne kommt heute zu Ihnen in die Sprechstunde. Sie erzählt Ihnen, dass ihre – miteinander verheirateten – Eltern ihr erklärt hätten, dass sie sich trennen wollten. Sie verstehe das auch; seit Monaten herrsche zu Hause „dicke Luft" und ihrer Mutter habe bereits einen neuen Freund. Zu diesem wolle sie zum nächsten Monatsersten ziehen und habe ihr gesagt, sie wolle sie mitnehmen. Sie selbst habe dazu nichts gesagt, weil sie zu schockiert gewesen sei. Der Freund der Mutter wohne mehrere hundert Kilometer weit weg in einer fremden Stadt, wo sie niemanden kenne. Sie wolle viel lieber bei ihrem Vater in der alten Wohnung bleiben. Sie können sich aber denken, dass ihre Mutter das nicht wolle. Mit dem Vater habe sie über ihren Wunsch

Konflikte innerhalb der Partnerschaft belasten auch die Kinder.

---

[6]   Wie etwa die Weisung, ein Vermögensverzeichnis vorzulegen (vgl. hierzu bereits oben).

noch nicht sprechen können, da dieser Berufskraftfahrer sei und erst am Wochenende nach Hause komme. Den Freund der Mutter wolle sie gar nicht näher kennenlernen und auch nicht mit ihm zusammenwohnen. Marianne möchte nun von Ihnen wissen, was sie tun soll.

Arbeitsanregung

1. Welchen Rat können Sie Marianne dahin gehend geben, wie sie ihre Wünsche den Erwachsenen mitteilen soll?
2. Was können Sie Marianne in rechtlicher Hinsicht sagen?

Die gemeinschaftliche Ausübung der elterlichen Sorge wird dann erheblich erschwert oder gar unmöglich, wenn die Eltern die eheliche Lebensgemeinschaft entweder durch Auflösung der Ehe oder durch dauernde Trennung aufgeben. In solchen Fällen wurde früher die elterliche Sorge auf einen Elternteil allein übertragen.

Im nunmehr geltenden Recht sind Regelungen nicht nur für die Fälle getroffen worden, in denen sich Ehegatten mit minderjährigen Kindern trennen oder scheiden lassen, sondern auch für die Fälle, in denen die gemeinsame Sorge bei Eltern, die nicht miteinander verheiratet sind, beendet und in die Alleinsorge eines Elternteils überführt werden soll. Eine gerichtliche Entscheidung über die elterliche Sorge ist nur noch dann vorgesehen, wenn ein Elternteil einen Antrag auf Zuweisung der Alleinsorge stellt oder wenn wegen Gefahr für das Kindeswohl eine Sorgeregelung erforderlich ist (§ 1671 BGB). Um den Interessen des Kindes hierbei Geltung zu verschaffen, wird für dieses ein Verfahrensbeistand bestellt. Dieser wird auch oft als „Anwalt des Kindes" bezeichnet.

Keinesfalls soll die gemeinsame Sorge künftig den getrennten Eltern aufgezwungen werden. Die gemeinsame Sorge kann sich in vielen Fällen segensreich auswirken, weil nicht im gleichen Maße wie bei der Alleinsorge die Gefahr besteht, dass das Kind dem nicht betreuenden Elternteil – meist dem Vater – entfremdet wird. Aus diesem Grund ist es erstrebenswert, wenn Eltern auch nach Trennung und Scheidung die elterliche Sorge – jedenfalls, soweit es sich um grundsätzliche Fragen handelt – gemeinsam wahrnehmen. Zur Erzielung eines solchen Einvernehmens kann auch die Hilfe des Jugendamtes in Anspruch genommen werden. Wenn allerdings das für die Ausübung der gemeinsamen Sorge erforderliche Mindestmaß an Einvernehmen nicht zu erzielen ist, so ist dem Kindeswohl mit der Alleinsorge eines Elternteils besser gedient als mit einer aufgezwungenen gemeinsamen Sorge.

Es gibt Situationen, die das Familiengericht veranlassen könnten, den persönlichen Umgang eines Elternteils mit seinen Kindern einzuschränken oder eventuell auszuschließen.

Die Eltern haben alles zu unterlassen, was das Verhältnis der Kinder zum anderen beeinträchtigt oder die Erziehung erschwert (§ 1684 BGB).

5.3   Kinder- und Jugendhilfe

Damit es zu den oben geschilderten Auswüchsen wie Vernachlässigung und sogar Tätlichkeiten bis hin zum Tod gar nicht erst kommt, gibt es die Kinder- und Jugendhilfe (geregelt im SGB VIII). Mit den gesetzlichen Vorschriften in diesem Bereich nimmt der Staat sein ihm verfassungsrechtlich übertragenes Wächteramt war. Die Herausnahme des Kindes aus der Familie bei gleichzeitigem Entzug der elterlichen Sorge ist der schwerwiegendste Eingriff, den der Staat dabei vornehmen kann. Sie soll daher durch den Einsatz von Jugendhilfemaßnahmen möglichst vermieden werden. Damit dies gelingt, muss die Jugendhilfe auch das Umfeld des jungen Menschen miteinbeziehen.

Was Jugendhilfe genau ist, ist im SGB VIII allerdings nicht definiert. Jedoch ist in § 1 Abs.1 SGB VIII festgeschrieben, dass jeder junge Mensch ein Recht auf Förderung seiner Entwicklung und auf Erziehung zu einer eigenverantwortlichen und gemeinschaftsfähigen Persönlichkeit hat. Dieses Recht zu verwirklichen ist (auch) Aufgabe der Jugendhilfe. Sie bedient sich dabei der § 1 Abs. 3 SGB VIII genannten Mittel.

Jugendhilfe soll also
1. junge Menschen in ihrer individuellen und sozialen Entwicklung fördern und dazu beitragen, Benachteiligungen zu vermeiden oder abzubauen,
2. Eltern und andere Erziehungsberechtigte bei der Erziehung beraten und unterstützen,
3. Kinder und Jugendliche vor Gefahren für ihr Wohl schützen,
4. dazu beitragen, positive Lebensbedingungen für junge Menschen und ihre Familien sowie eine kinder- und familienfreundliche Umwelt zu erhalten und zu erschaffen.

Nach den soeben aufgeführten Zielen kann somit die Jugendhilfe als eine umfassende Sozialisationshilfe für den jungen Menschen umschrieben werden. Die von ihr zu bewältigenden Aufgaben hat der Gesetzgeber in § 2 SGB VIII als einer allgemeinen Regelung benannt. Danach ist zu unterscheiden in Leistungen der Jugendhilfe (§§ 11–41 SGB VIII) und andere Aufgaben (§§ 42–60 SGB VIII). Leistungen können von den Trägern der öffentlichen oder freien Jugendhilfe erbracht werden. Die Inanspruchnahme dieser (Sozial-)Leistungen geschieht auf rein freiwilliger Basis. Die Mitwirkung der Eltern oder anderer Personensorgeberechtigter oder auch der jungen Menschen, die bereits volljährig sind, aber bis sie 27 Jahre alt sind noch Leistungen der Jugendhilfe in Anspruch nehmen können, sowie das ihnen zukommende Wunsch- und Wahlrecht (§§ 5, 8, 36 SGB VIII) spielen also eine entscheidende Rolle.

Die „anderen Aufgaben" der Jugendhilfe dienen demgegenüber in erster Linie der Erfüllung des staatlichen Wächteramtes. Die Jugendämter dürfen daher im Gegensatz zum „Leistungsteil" Tätigkeiten aus diesem Bereich nur dann auf die Träger der freien Jugendhilfe übertragen, wenn ein Gesetz ihnen das ausdrücklich erlaubt.

Öffentliche Jugendhilfe
Die öffentliche Jugendhilfe gehört zum Bereich der öffentlichen Verwaltung (Exekutive), deren Tätigkeit sich im Rahmen der Gesetze vollzieht und deren Handeln der Kontrolle unabhängiger Gerichte unterliegt. Hierin wird der „Grundsatz der Gewaltenteilung" deutlich, den das Grundgesetz postuliert. Nur so kann auch die Jugendhilfe den Vorgaben des sozialen Rechtsstaates gerecht werden.

Gesetzgeber für den Bereich der Jugendhilfe

Wer aber hat nun den oben bereits erwähnten § 1 Abs. 3 SGB VIII und auch alle weiteren Vorschriften dieses Gesetzes erlassen? Im Grundgesetz sind Regelungen zur Gesetzgebungskompetenz formuliert. In Art. 74 GG ist unter Nr. 7 des Kataloges der konkurrierenden Gesetzgebung als Kompetenztitel „öffentliche Fürsorge (ohne das Heimrecht)" genannt, was dem Bund erlaubt, in diesem Bereich gesetzgeberisch tätig zu werden. Nach einer Entscheidung des Bundesverfassungsgerichtes vom 13. Juli 1968 (BVerfGE 22, S. 180) fällt unter den Kompetenztitel „öffentliche Fürsorge" auch der Bereich der Jugendhilfe und zwar mit seinen Teilbereichen „Jugendpflege" und „Jugendfürsorge". Die Gesetzgebungskompetenz des Bundes erstreckt sich aber nicht nur auf Maßnahmen und Hilfen für gefährdete oder benachteiligte Kinder und Jugendliche, sondern sie umfasst auch jugendpflegerische Maßnahmen, weil dadurch eine spätere Gefährdung ausgeschlossen und künftige Erziehungshilfen vermieden werden können. Kinder- und Jugendhilfe ist somit in ihrem weiten Verständnis der gesetzgeberischen Gestaltung durch den Bund zugänglich. Neben dem Bund haben aber auch die Länder im Bereich der Jugendhilfe die Kompetenz der Gesetzgebung, weil die öffentliche Fürsorge der konkurrierenden Gesetzgebung zugeordnet worden ist. Dieses Konkurrenzverhältnis wird in Art. 72 GG geregelt. Danach ist ein Tätigwerden des Bundes an bestimmte Voraussetzungen geknüpft. Auf der Grundlage der Art. 72 und 74 GG wurde auch das Kinder- und Jugendhilfegesetz verabschiedet.

Die Regelungen der jeweiligen Landesausführungsgesetze haben die folgenden Zwecke:

▮ Lücken füllen, die der Bundesgesetzgeber ausdrücklich oder stillschweigend offen lässt,

▮ Vorschriften des Bundesrechts mit Rahmencharakter weiter konkretisieren („verlängern"),

▮ Regelungen über die zuständigen Behörden zu treffen, die mit den jeweiligen kommunalrechtlichen Vorschriften in Einklang stehen.

Der Verwaltungsaufbau im Bereich der Jugendhilfe

Die entscheidenden Vorgaben für den Verwaltungsaufbau im Bereich der Jugendhilfe werden ebenfalls vom Grundgesetz vorgegeben.

Art. 30 GG bestimmt, dass die Ausübung der staatlichen Befugnisse und die Erfüllung der staatlichen Aufgaben Sache der Länder ist. Das gilt aber nur, soweit das Grundgesetz selbst keine andere Regelung trifft oder zulässt. Für die Ausführung der Bundesgesetze bestimmt darüber hinaus Art. 83 GG, dass diese von den Ländern als eigene Angelegenheit auszuführen sind. Auch hier gilt, dass diese Befugnis nur insoweit Gültigkeit besitzt, als dass das Grundgesetz nichts anderes bestimmt oder zulässt.

Diese beiden Vorschriften bestimmen, dass die Ausführung des Bundesrechts grundsätzlich Sache der Länder ist. Die Länder entscheiden, ob sie die Aufgaben selbst ausführen oder „mittelbar", nämlich im Rahmen kommunaler Selbstverwaltung, übertragen. Unter der Voraussetzung, dass sie an die gesetzlichen Vorgaben gebunden sind, werden diese Aufgaben im Rahmen ihrer Personal-, Organisations- und Finanzhoheit durchgeführt. Das Kinder- und Jugendhilfegesetz sieht – so war es auch bisher Tradition – für den Vollzug des Gesetzes insgesamt vier Ebenen vor. Es sind dies:

1. der örtliche Träger der Jugendhilfe,
2. der überörtliche Träger der Jugendhilfe,

3. die Oberste Landesjugendbehörde und
4. die Oberste Bundesbehörde.
Sie werden nachfolgend kurz beschrieben.

Fallbeispiel 88

Der Kreis Kleve ist Träger der öffentlichen Jugendhilfe. In seinem Gebiet gibt es eine kreisangehörige Gemeinde, die Stadt Geldern. Sie überlegt aufgrund ihrer Größe und der vielfältigen Aufgaben im Bereich der Jugendhilfe, ein eigenes Jugendamt zu errichten, damit die betroffenen Bürger bei Inanspruchnahme des Jugendamtes nicht 38 Kilometer in die Kreisstadt fahren müssen.

Arbeitsanregung

1. Überprüfen Sie mithilfe des § 69 SGB VIII, ob im Fallbeispiel in Geldern ein eigenes Jugendamt errichtet werden darf.
2. Welche besondere Verwaltungsstruktur hat ein Jugendamt? Beachten Sie hierzu § 70 Abs. 1 SGB VIII.
3. Machen Sie sich vertraut mit der Zusammensetzung des Jugendhilfeausschusses nach § 71 Abs. 1 SGB VIII und den Aufgaben nach § 71 Abs. 2 SGB III.

Örtliche Träger der Jugendhilfe

Dies sind die Kreise und kreisfreien Städte, im Ausnahmefall wie im Fallbeispiel auch kreisangehörige Gemeinden. Das Kinder- und Jugendhilfegesetz weist ihnen alle Entscheidungen über Einzelfallhilfen sowie die Übernahme von Amtsvormundschaften zu. Die Interessen der kommunalen Gebietskörperschaften werden auf Bundesebene durch die kommunalen Spitzenverbände (Deutscher Städtetag, Deutscher Landkreistag, Deutscher Städte- und Gemeindebund) vertreten.

Überörtliche Träger der Jugendhilfe

Die Länder bestimmen, wer die Aufgaben der überörtlichen Träger wahrnimmt. Diese Aufgaben sind in einigen Bundesländern landeseigenen Behörden (Fachbehörden oder Behörden der allgemeinen Verwaltung) zugewiesen. In einigen anderen Bundesländern werden sie von Zusammenschlüssen der kommunalen Gebietskörperschaften (höheren Kommunalverbänden) wahrgenommen. Beispiele hierfür sind z. B. die Landschaftsverbände in Nordrhein-Westfalen oder die Landeswohlfahrtsverbände in Baden-Württemberg.

In der Bundesrepublik Deutschland sind die Landesjugendämter in der Bundesarbeitsgemeinschaft der Landesjugendämter zusammengeschlossen.

Das Kinder- und Jugendhilfegesetz bestimmt, dass die Landesjugendämter vor allem eine beratende, koordinierende, regionalplanerische und fortbildende Funktion haben. Ebenfalls obliegt ihnen die Heimaufsicht über alle Einrichtungen, in denen Kinder und Jugendliche betreut werden.

Oberste Landesjugendbehörden

In den Ländern bilden sie die oberste fachliche Instanz. Oberste Landesjugendbehörden sind die für das Sachgebiet Jugendhilfe zuständigen Arbeitseinheiten in den jeweiligen Landesministerien, zumeist das Sozialministerium oder teilweise das Kultusministerium. Die obersten Landesjugendbehörden haben nach § 82 SGB VIII die Tätigkeit der Träger der öffentlichen und der freien Jugendhilfe sowie die Weiterentwicklung der Jugendhilfe anzuregen und zu fördern. Dies geschieht durch Anregungen und Förderungen neuer Entwicklungen gegebenenfalls durch finanzielle Zuwendungen für die örtliche Ebene. Das heißt, der Schwerpunkt der Tätigkeiten der Obersten Landesbehörden ergibt sich an der Schnittstelle zwischen fachlichen und politischen Fragen.

Wie die Landesjugendämter haben auch die Obersten Landesjugendbehörden eine Arbeitsgemeinschaft. Der Vorsitz dieser Arbeitsgemeinschaft wechselt von Bundesland zu Bundesland.

Oberste Bundesbehörde

Im Bereich der Jugendhilfe nimmt auch der Bund Verwaltungsaufgaben wahr. Seine Aufgaben sind jedoch sehr begrenzt. Der Bund hat wegen der grundsätzlichen Zuständigkeit der Länder und Kommunen für die Ausführung des Gesetzes lediglich Anregungen und Förderung der Tätigkeit der Jugendhilfe zu leisten. Diese Aufgabe wird vom Bund dann wahrgenommen, wenn „sie von überregionaler Bedeutung ist und ihrer Art nach nicht durch ein Land allein wirksam gefördert werden kann" (§ 83 Abs. 1 SGB VIII). Das entscheidende Instrument des Bundes ist hier der Kinder- und Jugendplan des Bundes. Die vorgenannten Behörden sind zueinander weder übergeordnet noch untergeordnet. Das bedeutet, das zuständige Bundesministerium kann keine Weisungen erteilen; weder den Obersten Landesjugendbehörden noch den Landesjugendämtern oder den Jugendämtern auf der örtlichen Ebene. Es wird auch keine Aufsichtsfunktion übernommen. Wer jeweils Aufsichtsbehörde für die Jugendämter bzw. Landesjugendämter ist, legen die Länder selbst fest. Öffentliche Jugendhilfe ist Selbstverwaltungsangelegenheit und wird daher von den kommunalen Gebietskörperschaften ausgeführt. Das heißt die Aufsicht der staatlichen Behörden beschränkt sich auf die Rechtmäßigkeit der Maßnahmen, nicht auf ihre Zweckmäßigkeit.

Zuständigkeit der Gerichte

Jedem steht der Rechtsweg offen, wenn er durch die öffentliche Gewalt in seinen Rechten verletzt wird (Art. 19 Abs. 4 GG). Nach der Verwaltungsgerichtsordnung (VwGO) ist der Rechtsweg zu den Verwaltungsgerichten eröffnet, wenn gegen Entscheidungen der Jugendämter vorgegangen werden soll. Weil die Jugendämter aber nicht nur die Funktion einer Sozialleistungsbehörde haben, sondern auch als Amtsvormund oder Amtspfleger „Elternersatzfunktionen" wahrnehmen, unterliegen sie insoweit auch der Aufsicht der Familiengerichte (§§ 1837, 1791b und 1791c BGB).

Jugendhilfe der öffentlichen Verwaltung

Jugendhilfe ist ein Sammelbegriff für Hilfs- und Förderungsmaßnahmen in Erziehungsfeldern außerhalb von Familie, Schule und Berufsausbildung sowie innerhalb der Familie zu deren Unterstützung.

Die Aufgaben der Jugendhilfe werden wahrgenommen von den

- Trägern der öffentlichen Jugendhilfe und
- Trägern der freien Jugendhilfe.

Träger der öffentlichen Jugendhilfe sind die jeweiligen Gebietskörperschaften:
▌ Städte und Kreise,
▌ Landschaftsverbände (in NRW: Landschaftsverband Rheinland mit Sitz in Köln und Landschaftsverband Westfalen-Lippe mit Sitz in Münster),
▌ Länder.

Durch Landesrecht können auch kreisangehörige Gemeinden auf Antrag zu örtlichen Trägerschaften werden, wenn ihre Leistungsfähigkeit zur Erfüllung der Aufgaben nach dem SGB VIII gewährleistet ist. § 69 SGB VIII bestimmt, welche Gebietskörperschaften jeweils ein Jugendamt errichten müssen. Außerdem wird hier dem Jugendamt innerhalb der Verwaltung der (Gebiets-)Körperschaft eine eigenständige Stellung zugewiesen. Trotz dieser besonderen Stellung ist das Jugendamt keine Sonderbehörde, sondern echter Teil der Verwaltung.
Das Jugendamt ist ein zweigliedriges Amt: Es besteht aus dem Jugendhilfeausschuss und der Verwaltung des Jugendamtes (§ 70 SGB VIII).

Der Jugendhilfeausschuss
Im § 71 Abs. 1 SGB VIII ist die Zusammensetzung des Jugendhilfeausschusses geregelt. Der Gesetzgeber hat ihn auf ein sehr breites Fundament gestellt. Männer und Frauen aller Bevölkerungskreise und aller Berufsgruppen, die mit der Jugend Kontakt haben, sind im Ausschuss vertreten und bringen ihre Erfahrung dort ein.
Das SGB VIII bestimmt nicht die Zahl der Mitglieder des Jugendhilfeausschusses. Es bezeichnet jedoch die Gruppen, die Vertreter in den Ausschuss entsenden, und ihren Anteil an der Zahl aller Ausschussmitglieder (§ 71 Abs. 1 Nr. 1 und 2 SGB VIII).

Stimmberechtigte Mitglieder
Drei Gruppen stimmberechtigter Mitglieder müssen im Jugendhilfeausschuss vertreten sein (§ 71 Abs. 1 Nr. 1 und 2 SGB VIII):

▌ Mitglieder der Vertretungskörperschaft (Rat der Gemeinde),

▌ Männer und Frauen aller Bevölkerungskreise, die in der Jugendhilfe erfahren sind,

▌ Männer und Frauen, die von den im Bezirk des Jugendamtes wirkenden Jugendverbänden und freien Vereinigungen der Jugendwohlfahrt (z.B. Arbeiterwohlfahrt, Deutsches Rotes Kreuz) vorgeschlagen werden.

Das Vorschlagsrecht steht jedoch nur den gemäß § 75 SGB VIII anerkannten Verbänden und Vereinigungen zu. Alle drei Gruppen werden vom Rat der Gemeinde gewählt. Das nordrhein-westfälische Ausführungsgesetz setzt die Zahl der stimmberechtigten Mitglieder auf 15, das rheinland-pfälzische AGJWG auf 25 fest.
Mitglieder des Jugendhilfeausschusses (§ 71 Abs. 5 SGB VIII) können auch
▌ der Leiter der Verwaltung und
▌ der Leiter des Jugendamtes sein.

In den Ausführungsgesetzen der Länder ist jeweils bestimmt, ob der Leiter der Verwaltung Stimmrecht hat. In einigen Bundesländern hat er das Stimmrecht, in anderen nicht.

Dem Leiter der Verwaltung des Jugendamtes wird in keinem Land ein Stimmrecht eingeräumt.

Beratende Mitglieder

Beratende Mitglieder im Jugendhilfeausschuss werden nach § 71 Abs. 5 SGB VIII durch Landesrecht bestimmt.

Zuständigkeit des Jugendhilfeausschusses

Während anderen Fachausschüssen lediglich die Aufgabe zufällt, Entscheidungen vorzubereiten und gegebenenfalls Empfehlungen an den Hauptausschuss auszusprechen, kommt dem Jugendhilfeausschuss besondere Bedeutung zu.

Nach § 71 Abs. 2 SGB VIII befasst sich der Jugendhilfeausschuss mit allen Angelegenheiten der Jugendhilfe, insbesondere mit

▍ der Erörterung aktueller Problemlagen junger Menschen und ihrer Familien sowie mit Anregungen und Vorschlägen für die Weiterentwicklung der Jugendhilfe,
▍ der Jugendhilfeplanung und
▍ der Förderung der freien Jugendhilfe.

Fallbeispiel 89

Der Jugendhilfeausschuss bewilligt die Förderung eines Objektes der Jugendhilfe (Neubau eines Kindergartens, einer Jugendbildungsstätte). Das Objekt wird mit 700 000,00 Euro veranschlagt. Der Haushaltsplan der Gemeinde sieht dagegen nur Mittel in Höhe von 550 000,00 Euro vor.

Der Jugendhilfeausschuss hat das Recht, eigene Beschlüsse zu fassen, an die die Vertretungskörperschaft gebunden ist.

Hierfür ist dem Jugendhilfeausschuss nach § 71 Abs. 3 SGB VIII ein Rahmen gesteckt worden.

Er ergibt sich:

▍ aus der vom Rat der Gemeinde für das Jugendamt erlassenen Satzung,
▍ aus den vom Rat der Gemeinde gefassten Beschlüssen und
▍ aus den bereitgestellten Geldern.

Daraus lässt sich ableiten, dass der Rat der Gemeinde dem Jugendhilfeausschuss übergeordnet ist.

Die besondere Kompetenz des Jugendhilfeausschusses (JHA) zeigt sich demgegenüber dort, wo der Rat der Gemeinde Beschlüsse nicht ohne Anhörung des JHA fassen darf. Demzufolge muss der Rat der Gemeinde den Entwurf des Haushaltsplans vor der Beschlussfassung dem JHA zur Beratung vorlegen, oder er ist bei der Besetzung der Stelle des Leiters der Verwaltung des Jugendamtes zu hören. Hierbei kann er seine Argumente für oder gegen die Bestellung vorbringen.

Die Verwaltung des Jugendamtes

Die Aufgaben des Jugendamtes nimmt der Leiter der Verwaltung, in seinem Auftrag der Leiter des Jugendamtes, wahr.

Zu seinen Aufgaben gehören:

▍ die Vertretung des Jugendamtes nach außen,
▍ die Ausführung der Beschlüsse des JHA und
▍ die Führung der laufenden Geschäfte.

Diese werden von Jugendamt zu Jugendamt je nach Größe der Gemeinde recht unterschiedlich sein. Ganz allgemein kann gesagt werden, dass die Aufgaben der Verwaltung des Jugendamtes sich aus dem durch den JHA gesteckten Rahmen ergeben, der im Einzelfall auszufüllen ist.

Die Aufgaben des Jugendamtes

In § 2 des SGB VIII sind Leistungen und andere Aufgaben zugunsten junger Menschen und Familien formuliert. Er verpflichtet neben der freien auch die öffentliche Jugendhilfe. Damit ergibt sich für die Jugendämter nach § 2 Abs. 2 SGB VIII die Verpflichtung zu den folgenden Leistungen:

- Angebote der Jugendarbeit, der Jugendsozialarbeit und des erzieherischen Kinder- und Jugendschutzes (§§ 11 bis 14 SGB VIII),

- Angebote zur Förderung der Erziehung in der Familie (§§ 16 bis 21 SGB VIII),

- Angebote zur Förderung von Kindern in Tageseinrichtungen und in Tagespflege (§§ 22 bis 25 SGB VIII),

- Hilfe zur Erziehung und ergänzende Leistungen (§§ 27 bis 37, 39, 40 SGB VIII),

- Hilfe für junge Volljährige, Nachbetreuung (§ 41 SGB VIII).

Weitere Aufgaben der Jugendhilfe sind nach § 2 Abs. 3 SGB VIII:
- die Inobhutnahme von Kindern und Jugendlichen (§ 42 SGB VIII),

- die Erteilung, der Widerruf und die Zurücknahme der Pflegeerlaubnis (§§ 43 f. SGB VIII),

- die Erteilung, der Widerruf und die Zurücknahme der Erlaubnis für den Betrieb einer Einrichtung sowie die Erteilung nachträglicher Auflagen und die damit verbundenen Aufgaben (§§ 45 bis 47 SGB VIII),

- die Tätigkeitsuntersagung (§§ 48, 48a SGB VIII),

- die Mitwirkung in Verfahren vor den Familiengerichten (§ 50 SGB VIII),

- die Beratung und Belehrung in Verfahren zur Annahme als Kind (§ 51 SGB VIII),

- die Mitwirkung in Verfahren nach dem Jugendgerichtsgesetz (§ 52 SGB VIII),

- die Beratung und Unterstützung von Müttern bei der Vaterschaftsfeststellung und Geltendmachung von Unterhaltsansprüchen sowie von Pflegern und Vormündern (§ 53 SGB VIII),

- die Erteilung, der Widerruf und die Zurücknahme der Erlaubnis zur Übernahme von Vereinsvormundschaften (§ 54 SGB VIII),

- Amtsvormundschaft, Beistandschaft und Gegenvormundschaft des Jugendamtes (§§ 55 bis 58 SGB VIII),

- Beurkundung und Beglaubigung (§ 59 SGB VIII) und

- die Aufnahme von vollstreckbaren Urkunden (§ 60 SGB VIII).

Aufgrund dieses Aufgabenkataloges hat das Jugendamt neben anderen Aufgaben den umfangreichen Bereich der Sorge für die Schaffung geeigneter Einrichtungen für den genannten Personenkreis. Es sind dies insbesondere Kinderheime, Krippen, Krabbelstuben,

Kindergärten und Kinderhorte. Freie Träger hingegen bestimmen autonom, ob und in welchen Feldern der Jugendhilfe sie tätig werden wollen.

Zusammenfassung

■ Träger der öffentlichen Jugendhilfe sind die Städte und Kreise, die Landschaftsverbände (in NRW) und die Länder.

■ Sie errichten in ihrem Bezirk Jugendämter.

■ Jugendämter sind zweigliedrig und bestehen aus:
  – dem Jugendhilfeausschuss (JHA) und
  – der Verwaltung des Jugendamtes (JA).

■ Der Jugendhilfeausschuss besteht aus:

  – den stimmberechtigten Mitgliedern, die vom Rat der Gemeinde gewählt werden und
  – aus den beratenden Mitgliedern.

■ Die Verwaltung des Jugendamtes hat die Beschlüsse des Jugendhilfeausschusses auszuführen und eigene Aufgaben nach dem Kinder- und Jugendhilfegesetz zu erfüllen.

5.3.1 Leistungen der Jugendhilfe

Im Folgenden werden die Leistungen der Jugendhilfe, wie sie in den §§ 11–41 SGB VIII näher erörtert werden, dargestellt, damit ein konkreteres Bild entsteht, was darunter im Einzelnen zu verstehen ist.

5.3.1.1 Jugendarbeit

Die Jugendarbeit ist traditionell einer der Tummelplätze der sogenannten freien Träger. Jugendarbeit ist eine außerschulische pädagogische Arbeit. Nach § 11 Abs. 3 SGB VIII gehören zu den Schwerpunkten der Jugendarbeit

1. außerschulische Jugendbildung mit allgemeiner, politischer, sozialer, gesundheitlicher, kultureller, naturkundlicher und technischer Bildung,
2. Jugendarbeit in Sport, Spiel und Geselligkeit,
3. arbeitswelt-, schul- und familienbezogene Jugendarbeit,
4. internationale Jugendarbeit,
5. Kinder- und Jugenderholung,
6. Jugendberatung.

Da das Gesetz in diesem Zusammenhang von Schwerpunkten spricht, ist klar, dass damit kein abschließender Katalog gemeint sein kann. Aber bereits anhand des gesetzlichen Kataloges ist klar, wie vielfältig Jugendarbeit sein kann. Im ländlichen Raum sind andere Formen der Jugendarbeit entwickelt worden denn im städtischen Bereich. So gibt es auf dem Land insbesondere Veranstaltungen von kirchlichen Trägern, der Jugendfeuerwehr, der Landjugendverbände und im Bereich des Sportes (vgl. BMFSFJ, 2013, S. 319).

Angesichts des Ausbaus vieler Schulen zum Ganztagesbetrieb, der demografischen Entwicklung und des Zunehmens vielfältiger Freizeitbeschäftigung (insbesondere auch der Nutzung neuer Medienformen) sieht sich die Jugendarbeit unter einem größeren Rechtfertigungsdruck als früher. Insbesondere soll sie auch der Prävention von kriminellen Handlungen dienen.

Das Pfund, mit dem die Jugendarbeit wuchern kann, ist die Einbeziehung der Jugendlichen und die Aktivierung ihrer Potenziale bis dahin, dass in Jugendgruppen und Jugendverbänden die Jugendarbeit von den jungen Menschen in Eigenregie durchgeführt wird (§§ 11, 12 SGB VIII).

In der Jugendarbeit können junge Menschen Selbstermächtigung erfahren.

Fallbeispiel 90

Die Christliche Arbeitnehmerjugend (CAJ) kümmert sich besonders um die Probleme junger Arbeitnehmer in der Familie, am Arbeitsplatz und in der Freizeit. Ein Prinzip dieser Jugendorganisation ist: „Sehen – Urteilen – Handeln". In der CAJ in Bochum ist ein CAJ-Mitglied, das häufigen Kontakt auch zu arbeitslosen Jugendlichen hat. „Diese Jugendlichen", so erkennt das CAJ-Mitglied, „haben so gar keine Perspektive mehr. Sie gammeln nur rum, wissen nichts mit ihrer Zeit anzufangen". Die CAJ engagiert sich für diese Jugendlichen. Nach anfänglichen Schwierigkeiten gelingt es ihr, die arbeitslosen Jugendlichen zu motivieren, zunächst ihr Freizeitverhalten zu überdenken. Das Ergebnis ist: Sie gründen einen Klub, in dem überlegt wird, was alles zu tun ist. Die Aktionen verlaufen positiv und so entsteht ganz langsam ein Konzept von Jugendarbeit. Durch Beziehungen erhält der Klub durch einen Handwerksbetrieb auf dessen Gelände eine zurzeit nicht benutzte kleine Halle, in der sich die Jugendlichen regelmäßig treffen können. Der Klub hat sich mittlerweile nach dem Prinzip der Hilfe zur Selbsthilfe von der CAJ verselbstständigt und beantragt beim Jugendamt der Stadt Bochum finanzielle Mittel. Das Jugendamt lehnt den Antrag auf Unterstützung ab mit der Begründung, der Jugendklub sei kein Träger der freien Jugendhilfe.

Arbeitsanregung

Diskutieren Sie die Ablehnung des Jugendamtes im Fallbeispiel. Finden Sie die Ablehnung des Jugendamtes richtig? Bei der Beurteilung hilft Ihnen das Studium der §§ 11, 73 bis 75 SGB VIII.

Jugendliche brauchen einen Ort, wo sie ungestört sein können. Wenn sich junge Leute zusammenfinden, sind es meistenteils nicht die fehlenden Ideen, sondern die Umsetzung, die Schwierigkeiten macht. Hier können Jugendämter helfend tätig werden.

Sozialarbeiter stehen in Kontakt mit der jeweiligen Stadtverwaltung und können so eventuelle Verbesserungsvorschläge der Jugendlichen dem Jugendamt vortragen.

Die Aktivitäten im Fallbeispiel 90 sind Jugendarbeit im Sinne von § 11 SGB VIII, besonders gemäß Abs. 3. Wenn die Jugendinitiative einen Antrag auf finanzielle Unterstützung an das Jugendamt stellt, handelt es sich um eine Förderung gemäß § 74 SGB VIII. Voraussetzung für die Förderung ist, dass die fünf Tatbestandsmerkmale (siehe Nr. 1–5) dieser Vorschrift erfüllt sein müssen. Eine Förderung nach § 74 SGB VIII setzt die Anerkennung nach § 75 SGB VIII nicht voraus; d.h., die Gruppe könnte eine Förderung erhalten und die Ablehnung des Jugendamtes im Fallbeispiel ist unverständlich. Erst dann, wenn die Gruppe auch weiterhin, d.h. auf lange Sicht, eine Förderung beantragt (§ 74 Abs. 1 Satz 2 SGB VIII), wäre zu prüfen, ob nicht die Anerkennung als Träger der freien Jugendhilfe notwendig wird.

Eine Förderung käme nur dann nicht infrage, wenn es Hinderungsgründe gäbe. Das ist zu prüfen:
1. Üblicherweise werden solche Gruppen ehrenamtlich geleitet, und ehrenamtliche Personen sollen nach § 73 SGB VIII bei ihrer Tätigkeit angeleitet, beraten und unterstützt werden. Folglich kann man die „fachlichen Voraussetzungen" als gegeben ansehen.
2. Die Mittel müssen zweckentsprechend und wirtschaftlich verwendet werden. Es ist deshalb zu prüfen, ob der Klub dafür die Gewähr bietet oder ob die Gründung eines rechtsfähigen Vereins gefordert werden muss. Die Erfahrungen zeigen, dass nicht rechtsfähige Vereine sehr stark von der Mitgliederfluktuation betroffen sind. Davon ist dann auch der Vorstand betroffen. Dennoch könnten eventuelle Bedenken sehr bald ausgeräumt sein, weil beide Arten von Vereinen einen Vorstand benötigen, der auch zur Erstellung eines Jahresberichtes verpflichtet ist und damit auch haftbar gemacht werden kann. Die Gefahr, dass in einer solchen Gruppe das einzelne Mitglied ohne eigenes Vermögen ist, ist nicht größer, als die Gefahr, dass kein Vereinsvermögen als Haftungsmasse mehr da ist. Daher erübrigt sich im Regelfall das Verlangen nach der Rechtsfähigkeit einer Gruppe wie in unserem Fallbeispiel. Es kann also festgehalten werden, dass die Ablehnung durch das Jugendamt im Fallbeispiel zu Unrecht erfolgt ist.
   Es sind aber noch weitere Punkte zu überprüfen:
3. Die Gruppe muss „gemeinnützige Ziele" verfolgen. Der im Fallbeispiel geschilderte Sachverhalt lässt gemeinnützige Ziele annehmen.
4. Die Gruppe muss eine angemessene Eigenleistung erbringen. Die Eigeninitiative der arbeitslosen Jugendlichen, über ihr Freizeitverhalten nachzudenken, um daraus dann entsprechende Konsequenzen zu ziehen und Aktionen zu initiieren, kann sicher als angemessene Eigenleistung angesehen werden.
5. Die Gruppe muss die Gewähr für eine den Zielen des Grundgesetzes förderliche Arbeit bieten. Nichts lässt erkennen, dass die Gruppe etwa verfassungswidrig agiert.

Im Endergebnis muss also festgestellt werden:

Der Träger der öffentlichen Jugendhilfe hat die Gruppe zu fördern. Sollte jedoch ein Dauerzustand der Förderung daraus entstehen, benötigt die Gruppe die Anerkennung als freier Träger nach § 75 SGB VIII. Hier sind wahrscheinlich aufgrund der Forderung nach § 75 Abs. 1 Nr. 3 SGB VIII Bedenken anzumelden.

Bundesweit gibt es derzeit 5 311 Jugendräume/Jugendhäuser ohne hauptberufliches Personal.

Besonders wichtig ist, dass die Jugendarbeit von den jungen Menschen mitbestimmt und mitgestaltet wird. Vorgänge wie die Planung eines Jugendtreffs – von der ersten Idee bis zur Realisierung – bleiben bei den beteiligten Jugendlichen im Gedächtnis haften – sie werden daraus ihre Vorstellung von Gemeinschaft und Zusammenleben formen. Nicht zuletzt deshalb ist Jugendarbeit so wichtig.

5.3.1.2 Jugendsozialarbeit

Wenn „zum Ausgleich sozialer Benachteiligung" oder „zur Überwindung individueller Benachteiligungen" Jugendliche in erhöhtem Maße auf Hilfe und Unterstützung angewiesen sind, dann kümmert sich die Jugendsozialarbeit um die jungen Menschen (siehe § 13 SGB VIII).

Kernpunkte des § 13 SGB VIII sind „geeignete sozialpädagogisch begleitete Ausbildungs- und Beschäftigungsmöglichkeiten" sowie „Unterkunft in sozialpädagogisch begleitenden Wohnformen" während der beruflichen Eingliederung (wenn nicht andere Träger und Organisationen – z. B. die Bundesagentur für Arbeit – bereits tätig sind).

Einerseits führen die sich fortentwickelnden Techniken in der Arbeitswelt zu höheren Leistungsanforderungen an die Beschäftigten, andererseits fallen durch den Einsatz neuer Techniken und die fortschreitende Automatisierung „Arbeitsplätze für Arbeitnehmer ohne Ausbildung" weg. Hier muss Ziel der Jugendhilfe sein, für jeden Jugendlichen so viel zu tun, dass er eigenverantwortlich sein Leben gestalten und sich seinen Lebensunterhalt verdienen kann.

Die Jugendsozialarbeit erschöpft sich aber nicht in Hilfen zur beruflichen Eingliederung. Es geht auch um die Förderung der psychischen Entwicklung der jungen Menschen. So werden etwa auch Integrationshilfen für junge Menschen mit Migrationshintergrund oder auch aufsuchende mobile Sozialarbeit (sogenanntes Streetworking) angeboten.

5.3.1.3 Erzieherischer Kinder- und Jugendschutz

Adressaten des erzieherischen Kinder- und Jugendschutzes sind im Gegensatz zum gesetzlichen Kinder- und Jugendschutz (s. o. Lernfeld 2) nicht Gewerbetreibende, sondern junge Menschen und ihre Erziehungsberechtigten. Es geht um Aufklärung vor Gefahren und Prävention.

Einen Schwerpunkt des erzieherischen Kinder- und Jugendschutzes in den letzten Jahren bildet die Nutzung von Computerspielen und Onlinediensten.

Die öffentlichen Träger der Jugendhilfe haben oft eigene Jugendschutzbeauftragte. Sie können mit der Aufgabe des erzieherischen Kinder- und Jugendschutzes aber auch freie Träger betrauen.

Da es hier Schnittstellen sowohl mit der Jugendarbeit (vgl. § 11 SGB VIII, s. o.) als auch mit der Familienbildung nach § 16 SGB VIII (s. u.) gibt, bietet sich ein derartiges Vorgehen als effektiv an.

5.3.1.4 Förderung der Erziehung in der Familie

Das Ziel der Förderung der Erziehung in der Familie, die in §§ 16–21 SGB VIII geregelt ist, ist die partnerschaftliche Unterstützung der Familie bei ihren Erziehungsaufgaben durch geeignete Angebote. Bei der Förderung der Erziehung in der Familie gemäß § 16 SGB VIII handelt es sich um ein allgemeines Angebot, ein konkreter Hilfebedarf muss nicht bestehen. Wie der Wortlaut des § 16 Abs. 2 SGB VIII („insbesondere") deutlich macht, handelt es sich bei den dort unter den Nummern 1–3 aufgeführten einzelnen Angeboten nicht um einen abschließenden Katalog. Die Angebote nach § 16 SGB VIII umfassen also die Familienbildung, die Familienberatung, die Familienerholung und die sonstige unbenannte allgemeine Förderung der Erziehung in der Familie.

Die Angebote des § 16 Abs. 2 SGB VIII sind in der Regel für die Ratsuchenden kostenfrei und werden zum größten Teil von freien Jugendhilfeträgern erbracht. Da es sich ja eigentlich um eine von den Trägern der öffentlichen Jugendhilfe zu erbringende Leistung handelt, erhalten die freien Träger der Jugendhilfe eine Kostenerstattung durch die öffentliche Hand, wenn sie anstelle der Träger der öffentlichen Jugendhilfe diese Aufgaben übernehmen. Das Nähere regelt Landesrecht.

Neben der allgemeinen Förderung der Erziehung in der Familie nach § 16 SGB VIII, die alle in Anspruch nehmen können, gibt es noch weitere Leistungen, die das Jugendamt nur dann erbringt, wenn sich die Familie in einer besonderen Lebenslage befindet. Die Angebotsformen der §§ 17–20 SGB VIII sollen im Folgenden dargestellt werden.

Beratung in Fragen der Partnerschaft, Trennung und Scheidung

Im Jahre 2010 wurden im Bundesgebiet rund 187 000 Ehen geschieden. Davon waren rund 150 000 Kinder von unter 18 Jahren betroffen. Viele dieser Kinder entwickeln in der Folge psychische Störungen, die später in eine Aufnahme in eine Pflegefamilie oder in ein Heim mündet.

Nach § 17 SGB VIII soll den Eltern daher eine Beratung angeboten werden, wenn ihre Partnerschaft sich in der Krise befindet. Wenn es trotzdem zu einer Trennung kommt, sollen günstigere Bedingungen dafür geschaffen werden, dass beide Eltern auch nach der Scheidung ihrer fortbestehenden elterlichen Verantwortung gerecht werden können.

Nach einer Trennung soll das Jugendamt helfen, eine konzeptuelle Grundlage für eine streitige richterliche Entscheidung über das Sorgerecht nach der Scheidung zu erarbeiten. Dabei soll eine gemeinsame elterliche Verantwortung für das Kind nach einer Trennung gesichert werden, sodass dieses keine „Scheidungswaise" wird.

Beratung und Unterstützung bei der Ausübung der Personensorge und des Umgangsrechts

Fallbeispiel 91

Die Mutter zweier minderjähriger Kinder im Alter von 14 und 16 Jahren ist nach dem Tod ihres Mannes Alleinsorgeberechtigte für die beiden Kinder. Der 14-Jährige wird nach dem Tode des Vaters in der Schule leistungsschwächer. Etwa nach einem Jahr – der Junge ist jetzt 15 Jahre alt – fällt den Lehrern auch auf, dass er in den Pausen auf dem Schulhof aggressiv gegenüber Mitschülern reagiert, was er vorher nicht getan hat. Als die Mutter nach einem Besuch in der Sprechstunde des Klassenlehrers ihrem Sohn Vorhaltungen macht, blockt dieser ab, er lasse sich von ihr nichts sagen. Ihr ist jedoch bei einem Besuch ihres Schwagers aufgefallen, dass er Außenstehende eher akzeptiert.

Arbeitsanregung

Was kann die Mutter der beiden Kinder im Hinblick auf die Erziehung ihres 15-jährigen Sohnes im Fallbeispiel tun? Sehen Sie hierzu auch die §§ 18 SGB VIII und 1631 BGB an.

Sorgeberechtigte alleinerziehende Väter und Mütter haben einen Anspruch auf Beratung und Unterstützung.

Erstens enthält § 18 Abs. 1 SGB VIII im Hinblick auf die Erziehung die Regelung, allen Elternteilen, die allein für Minderjährige zu sorgen haben, einen Rechtsanspruch auf Beratung und Unterstützung bei der Personensorge zu gewähren.

Zweitens hat auch das Familiengericht nach § 1631 Abs. 3 BGB die Eltern bei der Ausübung der Personensorge zu unterstützen.

Aber auch Mütter und Väter, denen das Sorgerecht nicht zugesprochen wurde, haben Anspruch auf Beratung und Unterstützung bei der Ausübung ihres Umgangsrechts, bei der Herstellung von Besuchskontakten und anderen Fragen, die das gemeinsame Kind oder die gemeinsamen Kinder betreffen.

Anspruch auf Beratung und Unterstützung haben auch Mütter von Kindern, denen die elterliche Sorge nach § 1626a Abs. 2 BGB zusteht; v. a. wenn es um die Ansprüche auf Kostenerstattung für Entbindung und Unterhaltszahlungen wegen Betreuungsunterhalt geht.

Auch junge Volljährige bis zum 21. Lebensjahr haben einen Anspruch auf Beratung in Unterhaltsfragen (vgl. § 18 Abs. 4 SGB VIII).

Gemeinsame Wohnformen für Väter/Mütter und Kinder

Fallbeispiel 92

In der Familie M. stellt die 15-jährige Jennifer fest, dass sie schwanger ist. Die Eltern von Jennifer fürchten das Gerede der Nachbarschaft. Sie wollen auch nicht, dass ihre Tochter das Kind behält und verlangen von ihrer Tochter, vorübergehend das Haus zu verlassen, in ein Heim für Mutter und Kind zu gehen und das Kind nach der Geburt zur Adoption freizugeben. Ein möglicher Schwangerschaftsabbruch kommt für die Eltern aus Gewissensgründen nicht infrage. Mit diesem Begehren der Eltern kann sich Jennifer nicht anfreunden. Sie geht daher ohne Wissen der Eltern zu einer Beratungsstelle für schwangere Frauen in Konfliktsituationen und schildert der dort tätigen Sozialarbeiterin ihre Situation. Sie möchte einen Schwangerschaftsabbruch vornehmen lassen.

Arbeitsanregung

Erörtern Sie zum Fallbeispiel die Frage: Kann der Abbruch ohne Einwilligung der Eltern vorgenommen werden? Verwenden Sie dazu den § 10 SGB V, die §§ 218a Abs. 1 Nr. 1 und 2, 218a Abs. 3, 218b und 219 StGB. Außerdem §§ 11, 14 und 36 SGB I. Wie wäre die umgekehrte Situation, wenn Jennifer dem Elternwillen entsprechend um Unterbringung in ein Heim bäte, aber mit der Adoptionsfreigabe ihres Kindes nicht einverstanden wäre und das Kind behalten wollte? Vergleichen Sie dazu die §§ 16, 18, 19 und 27–35 SGB VIII. Welche Maßnahmen würden Sie für angemessen halten?

Wenn es erforderlich ist, soll alleinerziehenden Müttern und Vätern mit einem Kind unter sechs Jahren Betreuung und Unterkunft gemeinsam mit dem Kind in einer geeigneten Wohnform angeboten werden. Vor allem trifft das für minderjährige Mütter zu, die ihre Schul- oder Berufsausbildung noch nicht abgeschlossen haben. Dadurch soll gewährleistet werden, dass Schul- oder Berufsausbildung erfolgreich beendet werden können und sie sich auf das gemeinsame Leben mit einem Kind einstellen können. Bisher gab es Einrichtungen nur für Mütter mit ihren Kindern. Das Gesetz ist erweitert worden, sodass jetzt auch Väter in ähnlichen Problemlagen mit ihren Kindern Anspruch auf die Aufnahme in diesen Wohnformen haben.

Betreuung und Versorgung des Kindes in Notsituationen

Fallbeispiel 93

Die 25 Jahre alte Mutter Maria Schmitz ist an Nierenversagen erkrankt. Ihr Ehemann Jupp ist Berufskraftfahrer und deshalb unter der Woche immer „auf dem Bock" und übernachtet in seinem Fahrzeug auf Autobahnparkplätzen. Das Ehepaar hat die ein halbes Jahr alten Drillinge Gereon, Ursula und Severin, die bisher von Maria betreut wurden. Infolge ihrer Erkrankung muss Maria dreimal die Woche mehrere Stunden zur Dialyse. Danach ist sie vollkommen erschöpft und kann sich weder um den Haushalt noch um die Kinder kümmern. Ihre Mutter kam zwar bisher, um während der Dialysezeiten auf die Kinder aufzupassen, jedoch muss sie hierfür 25 Kilometer mit dem Bus anreisen, da sie keinen Führerschein hat. Sie hält dies nicht für eine Dauerlösung und klagt über die Belastung. Andere Verwandte können Maria nicht unterstützen, da sie erwerbstätig sind. Maria und Jupp wissen nicht, was sie machen sollen. Sie sind auf Jupps Verdienst zur Bestreitung der Kosten des Lebensunterhaltes der Familie dringend angewiesen.

Arbeitsanregung

Können die Eltern die Leistung nach § 20 SGB VIII in Anspruch nehmen?

Wenn die Voraussetzungen erfüllt sind, so können Kinder in Notsituationen auch im elterlichen Haushalt versorgt werden.

5.3.1.5 Hilfe zur Erziehung

8. Lernsituation: Eine minderjährige Mutter

Die 13 Jahre alte Chantal stellt fest, dass sie schwanger ist. Ihre Eltern sind der Ansicht, dass Chantal selbst noch ein Kind sei und nicht für ein Baby sorgen könne. Einen Schwangerschaftsabbruch befürworten die Eltern allerdings auch nicht. Sie legen Chantal nahe, das Kind zu bekommen und zur Adoption freizugeben und ihre schulische Ausbildung fortzusetzen. Mit diesem Begehren der Eltern kann sich Chantal nicht anfreunden. Sie geht daher ohne Wissen der Eltern zu einer Beratungsstelle für schwangere Frauen in Konfliktsituationen und schildert der dort tätigen Sozialarbeiterin ihre Situation. Sie möchte das Kind behalten.

Arbeitsanregung

Welche Hilfen könnte Chantal, die sich sehr unsicher ist, ob sie den Anforderungen der Mutterschaft gewachsen ist, nach dem SGB VIII in Anspruch nehmen?

Fallbeispiel 94

Die Eheleute K. haben drei Kinder: Daniela, 23 Jahre, Thomas, 15 Jahre und Stephan, elf Jahre. Die Eheleute haben ein geregeltes Einkommen und bewohnen ein Einfamilien-Reihenhaus. Die Mutter der drei Kinder begann nach der Geburt von Daniela das Trinken.
Die ersten Jahre waren unauffällig, aber nach der Geburt von Stephan wurde es immer schlimmer. Seitdem ist sie alkoholkrank. Im Jahr 2012 verbrachte die Mutter längere Zeit in einer psychiatrischen Klinik. Der Kontakt zur Familie war während dieses Aufenthalts für vier Monate abgebrochen. Der Ehemann hat versucht, über die Ärzte Kontakt

aufzunehmen. Diese haben das Anliegen in die Verantwortung der Ehefrau gelegt. Sie hat keinen Kontakt gewünscht. Auch die Kinder waren während dieser vier Monate ohne Kontakt zu ihrer Mutter. Nach der Therapie eröffnet die Ehefrau ihrem Mann, dass sie sich scheiden lasse und bereits mit einem Anwalt gesprochen habe. Sie wünscht, dass der 15-jährige Thomas zu ihr zieht; der elfjährige Stephan könne beim Vater bleiben. Die 23-jährige Daniela versorgt den Haushalt und kümmert sich um ihren Vater und ihren jüngeren Bruder. Stephan kann sich in der Schule und bei den Hausaufgaben schlecht konzentrieren. Seine Leistungen fallen ab. Da vor der Trennung solche Probleme nicht existierten, ist davon auszugehen, dass Stephan die Trennung nicht verkraftet, zumal er sich zurückgesetzt fühlt. Sein älterer Bruder ist schließlich bei der Mutter. Der Vater bittet das Jugendamt, ihm dabei zu helfen, die Probleme mit Stephan zu lösen.

Arbeitsanregung

Überdenken Sie die Situation des Fallbeispieles 94 und entscheiden Sie, ob das Jugendamt dem Vater Hilfe zur Erziehung nach § 27 Abs. 1 SGB VIII gewähren muss; berücksichtigen Sie dabei auch die §§ 28–35 SGB VIII.

Der Vater von Stephan hat Anspruch auf Hilfe zur Erziehung unter den Voraussetzungen, dass erstens eine dem Kindeswohl entsprechende Erziehung nicht gewährleistet ist und zweitens Hilfe zur Erziehung für die Entwicklung des Kindes geeignet und notwendig ist (vgl. § 27 Abs. 1 SGB VIII). Liegen die Voraussetzungen vor, so ist drittens die konkrete Hilfe nach dem Grundsatz der Verhältnismäßigkeit aus dem Katalog der §§ 28–35 SGB VIII auszuwählen.

Diese drei Aspekte sind für das Fallbeispiel zu prüfen.
1. Eine dem Kindeswohl entsprechende Erziehung ist dann nicht gewährleistet, wenn es Mängel im Erziehungsprozess gibt. Diese Mängel sind feststellbar, wenn das Kind einen bestimmten Erziehungsstand nicht erreicht hat, und zwar unter Berücksichtigung von Alter, Veranlagung und Sozialisationsbedingungen.
   Die Frage, die im Fallbeispiel gestellt werden muss, ist: Lässt sich bei Stephan ein abweichender Erziehungsstand diagnostizieren? Bekannt ist, dass Stephan sich schwer konzentrieren kann und seine Leistungen in der Schule abfallen. Weicht Stephan dadurch bereits vom normalen Erziehungsstand ab? Das kann nicht mit Bestimmtheit bejaht werden. Die Gefahr des Abweichens besteht jedoch. Wenn Stephan nicht geholfen wird, dann könnten Schäden im zwischenmenschlichen, schulischen und körperlichen Bereich auftreten. Dies zu verhindern, ist ausreichender Grund, öffentliche Jugendhilfe eingreifen zu lassen. Eine dem Wohl des Kindes entsprechende Erziehung ist bei Stephan nicht gewährleistet.
2. Stephan braucht die Hilfen zur Erziehung. Er muss die Trennung verkraften und sich von der Mutter und seinem älteren Bruder lösen; er ist bei der Mutter unerwünscht. Vielleicht macht er sich unbewusst Vorwürfe. Hat er etwas falsch gemacht? Warum darf sein Bruder bei der Mutter bleiben, er nicht? Stephan braucht für diese Situation einen Gesprächspartner. Diese Aufgabe wiederum kann der Vater nicht erfüllen.

Er ist selbst „Opfer" dieses Problems; im Übrigen auch hilflos, sonst hätte er das Jugendamt nicht um Hilfe gebeten.

Das Jugendamt muss Hilfe zur Erziehung anbieten.

3. Welche konkrete Hilfe ist auszuwählen?

Als Hilfen gemäß §§ 28 bis 35 SGB VIII stehen zur Verfügung
- Erziehungsberatung (§ 28 SGB VIII),
- soziale Gruppenarbeit (§ 29 SGB VIII),
- Erziehungsbeistand, Betreuungshelfer (§ 30 SGB VIII),
- sozialpädagogische Familienhilfe (§ 31 SGB VIII)

als ambulante Hilfen.

Daneben existieren jedoch noch andere Hilfen, welche teilstationär oder stationär ausgeführt werden. Die Erziehung in der Tagesgruppe einer Einrichtung oder einer sozialpädagogischen Familienpflegestelle (§ 32 SGB VIII) ist eine teilstationäre Hilfe.

Zu den stationären Hilfen gehören
- die Vollzeitpflege (§ 33 SGB VIII),
- die Heimerziehung oder sonstige betreute Wohnform (§ 34 SGB VIII).

Die intensive sozialpädagogische Einzelbetreuung (§ 35 SGB) als auch die sonstige (unbenannte) Hilfe kann sowohl stationär, als auch teilstationär oder auch ambulant erfolgen.[7]

Alle Hilfen sind gleichrangig. Es ist unter ihnen diejenige Hilfeart auszuwählen, die im Einzelfall am geeignetsten ist, das Erziehungsdefizit zu beseitigen.

Die Erziehungsberatung dient primär der Erforschung der Ursachen für bestimmte Verhaltensweisen. Diese sind offensichtlich bekannt. Die Symptome bei Stephan sind eher einer vorübergehenden Krise zuzuordnen, ohne dass es einer Therapie bedarf. Erziehungsberatung kommt daher nicht infrage. Ebenfalls nicht die soziale Gruppenarbeit, denn sie dient primär dem sozialen Lernen. Stephan hat auf diesem Gebiet ebenfalls keine Defizite.

Der Erziehungsbeistand dient primär der Bewältigung von Entwicklungsstörungen. Stephan hat keine Entwicklungsstörungen und braucht nicht im Hinblick auf Verselbstständigung gefördert zu werden. Also kommt auch diese Form der Hilfe nicht in Betracht.

In Betracht kommt vielmehr eine ambulante erzieherische Betreuung in Form der sozialpädagogischen Familienhilfe oder auch einer anderen, unbenannten Hilfe.

Die sozialpädagogische Familienhilfe (kurz SPFH) ist die intensivste Form der ambulanten Hilfe. Durch sie sollen die Selbsthilfekompetenzen der Familie derart gestärkt werden, dass sie ihre (oftmals vielfältigen) Problemlagen wieder selbst in den Griff bekommt.

---

[7] *Diese sind möglich, weil in § 27 Abs. 2 SGB VIII davon die Rede ist, dass Hilfe zur Erziehung insbesondere nach Maßgabe der §§ 28 bis 35 SGB VIII gewährt wird. Es muss im Umkehrschluss also auch noch andere mögliche Hilfen geben.*

Es handelt sich um eine praktische Lebenshilfe, die im Umfeld der Familie stattfindet. Da hier in den Innenraum der Familie vorgedrungen wird, sind datenschutzrechtliche Aspekte in besonderem Maße zu beachten. Die SPFH dauert im Durchschnitt 15 Monate, ist also im Gegensatz zu der Hilfe nach § 20 SGB VIII auf einen längeren Zeitraum angelegt. Da die Familie, der SPFH gewährt wird, oftmals sozial isoliert ist, ist die soziale (Wieder-)Integration der Familie häufig eines der Ziele dieser Hilfeart.

In Einzelfällen kann die SPFH auch in stationärer Form erbracht werden ("stationäre Familienbetreuung").

Ob hier eine Situation vorliegt, die einen derartig langfristigen Einsatz einer SPFH im Innenbereich der Familie erforderlich macht, erscheint allerdings fraglich.

Für Stephan kann auch eine neuartige Hilfe, die seinen Bedürfnissen besser gerecht wird als die herkömmlichen Hilfeformen, entwickelt werden.

Es gilt dabei der Grundsatz: ambulant vor teilstationär vor stationär.

Da in Stephans Fall eine ambulante Hilfe ausreichend erscheint, braucht keine teilstationäre oder stationäre Hilfe zur Erziehung geleistet werden.

Im Folgenden werden diese teilstationären und stationären Hilfen kurz vorgestellt.

Erziehung in der Tagesgruppe einer Einrichtung

Tagesgruppen im Sinne des § 32 SGB VIII sind zumeist an ein Heim angegliedert und werden fast zu drei Vierteln von Jungen im Alter von 6 bis 15 Jahren besucht.

Die Familie soll durch den Besuch der Tagesgruppe durch das Kind oder den Jugendlichen von seiner Betreuung und Versorgung über Tag entlastet werden. Ziel ist es, zu weniger intensiven Hilfemaßnahmen überzugehen und (wieder) eine stabile Familienstruktur zu bekommen und zu erhalten. Hauptursache dieser Hilfe ist eine nicht vollständig ausgeprägte Erziehungskompetenz der Eltern. Daher ist ein Merkmal dieser Hilfeart eine intensive Elternarbeit. Dies unterscheidet die Hilfe nach § 32 SGB VIII von einem Hort.

Da dissoziales Verhalten des Kindes oder des Jugendlichen der zweithäufigste Grund für die Gewährung dieser Hilfeart ist, kommt auch dem sozialen Lernen in der Gruppe eine erhöhte Bedeutung zu. Weiterhin soll die schulische Entwicklung der aufgenommenen Kinder und Jugendlichen durch eine Hausaufgabenbetreuung und auch durch eine Verbesserung des schulischen Sozialverhaltens gefördert werden.

Vollzeitpflege

Bei der Vollzeitpflege nach § 33 SGB VIII wird das Kind oder der Jugendliche außerhalb der Kernfamilie, aus der er stammt, über Tag und Nacht betreut. Im Gegensatz zur Adoption soll die Vollzeitpflege nicht in eine Annahme als Kind münden und ist daher ihrem Charakter nach als eine Hilfe auf Zeit ausgerichtet.

Der Begriff der "anderen Familie" im Sinne des § 33 SGB VIII ist weit zu fassen. Darunter sind nicht nur verheiratete Paare, sondern auch nichteheliche Lebensgemeinschaften, Einzelpersonen sowie auch Verwandte wie Großeltern zu verstehen.

Das Sorgerecht verbleibt auch mit der Aufnahme in die „andere Familie" bei den bisherigen Inhabern der elterlichen Sorge. Jedoch ist die Pflegeperson nach § 1688 BGB berechtigt, in Angelegenheiten des täglichen Lebens zu entscheiden und eine Vertretung des Pfleglings im Rechtsverkehr vorzunehmen. Der Pflegeperson ist kraft Gesetzes insbesondere die Verwaltung des Arbeitsverdienstes sowie die Geltendmachung von Unterhalts-, Versicherungs-, Versorgungs- und sonstigen Sozialleistungen in Vertretung des Kindes oder Jugendlichen übertragen. Dies gilt auch für die Heimerzieherin und ebenso, wenn die Pflege im Rahmen der Eingliederungshilfe nach § 35a SGB VIII erbracht wird. So wird die Diskrepanz zwischen sozialer und rechtlicher Elternschaft vermindert.

Wenn die Eltern hiermit allerdings nicht einverstanden sind, so können sie diese gesetzlich angeordneten Befugnisse durch eine Erklärung ihrerseits auch „platzen lassen" (vgl. § 1688 Abs. 3 BGB). Dies kann in „Verbleibensfällen" aber wiederum durch eine familiengerichtliche Entscheidung aufgehoben werden.

Heimerziehung

Die fachliche Diskussion in der Heimerziehung ist in den letzten Jahren durch Dezentralisierung der Einrichtungen und die Regionalisierung geprägt. Es soll vermieden werden, dass Kinder und Jugendliche aus ihrem bisherigen sozialen Umfeld gerissen werden. Ebenso verhindert werden soll ein anonymisiertes Aufwachsen in einer großen Einrichtung, welches wiederum durch Beziehungsabbrüche geprägt ist. Daneben scheinen sich sogenannte Intensivgruppen auf überregionaler Ebene zu etablieren.

Die Hilfe gemäß § 34 SGB VIII hat stets zum Ziel
- entweder eine Rückkehr des Kindes oder Jugendlichen in seine Familie zu ermöglichen oder
- die Erziehung in einer anderen Familie oder einer familienähnlichen Lebensform vorzubereiten oder
- eine auf längere Zeit angelegte Lebensform zu bieten und auf ein selbstständiges Leben vorzubereiten.

Diese Zielperspektiven stehen in keinem Rangverhältnis zueinander, vielmehr ist die Zielperspektive von den Umständen des jeweiligen Einzelfalles abhängig. Von Relevanz sind hier insbesondere die Möglichkeiten zur Verbesserung der Erziehungsbedingungen in der Herkunftsfamilie des Kindes oder des Jugendlichen sowie sein Alter und sein Entwicklungsstand. Die beiden ersten Möglichkeiten, bei denen der Heimerziehung eher ein Interimscharakter zukommt, werden eher für Kinder, die dritte Möglichkeit eher für Jugendliche in Betracht kommen, zumal wenn diese bereits kurz vor der Volljährigkeit stehen.

Intensive sozialpädagogische Einzelbetreuung

Die intensive sozialpädagogische Einzelbetreuung nach § 35 SGB VIII hat zum Ziel, Jugendliche in besonders gefährdeten Lebenssituationen, die einen intensiven erzieherischen Bedarf haben, sozial zu integrieren und sie zu einer eigenverantwortlichen Lebensführung zu befähigen. Oftmals handelt es sich dabei um Klienten, die sich anderen Hilfemaßnahmen entzogen haben und die oft in Randkulturen, die durch den Konsum von Drogen, Kriminalität und Obdachlosigkeit gekennzeichnet sind, unterwegs sind.

Entsprechend wird die Fachkraft oft mit überraschenden Situationen rund um die Uhr konfrontiert. Die Tätigkeit in diesem Arbeitsumfeld erfordert von der Fachkraft daher ein hohes Maß an Flexibilität und Belastbarkeit, durchaus auch Risikobereitschaft. Oft gestaltet sich der Beziehungsaufbau und der Beziehungserhalt zum Klienten schwierig. Früher oft auch als Schutzhelfer bezeichnet, ist die Fachkraft hier häufig nur für einen oder zwei Klienten zuständig. Die Art der Hilfe ist individuell anzupassen, oft besteht sie aus einer Mischung von Hilfestellungen bei persönlichen Problemen, der Beschaffung und dem Behalten einer Wohnmöglichkeit und der Vermittlung in eine Ausbildung.

Die intensive sozialpädagogische Einzelbetreuung kann stationär, aber auch ambulant erfolgen. Oft erfolgt die Hilfe zur Vermeidung einer Heimunterbringung oder im Anschluss an eine solche.

Arbeitsanregung

Im Rahmen der intensiven sozialpädagogischen Einzelbetreuung können auch erlebnispädagogische Angebote durchgeführt werden. Insbesondere bei ihrer Durchführung im Ausland (beispielsweise in Form von Segeltörns, Campen in der Wildnis etc.) haben diese Hilfen oftmals öffentliche Kritik auf sich gezogen.
1. Welche Argumente bringen die Kritiker vor? Recherchieren Sie und setzten Sie sich mit den vorgebrachten Argumenten auseinander.
2. Recherchieren Sie zur aktuellen Gesetzeslage, ob und gegebenenfalls wann eine Hilfeerbringung im Ausland möglich ist. Lesen Sie hierzu § 27 Abs. 2 sowie § 36 Abs. 4 SGB VIII. Was halten Sie von dieser/n gesetzlichen Regelung/en (seit 2005)?

Hinsichtlich der Eingliederungshilfe für seelisch behinderte Kinder und Jugendliche gemäß § 35a SGB VIII vergleichen Sie bitte die Ausführungen in Lernfeld 3.

5.3.1.6 Hilfe für junge Volljährige

Mit der Vollendung des 18. Lebensjahres enden zwar die Leistungen der Jugendhilfe, die auf einen Erziehungserfolg abzielen, jedoch nicht die Jugendhilfe als Ganzes. Oftmals nehmen die jungen Menschen erst nach dem 18. Geburtstag eine Ausbildung auf, in der sie aufgrund noch mangelnder Persönlichkeitsentwicklung und Selbstständigkeit zu scheitern drohen.

So sind die Ziele der Hilfe für junge Volljährige nach § 41 SGB VIII denn auch die Persönlichkeitsentwicklung und die Befähigung zu einer eigenverantwortlichen Lebensführung.

In der Regel wird diese Hilfe nur bis zur Vollendung des 21. Lebensjahres gewährt. Sie kann allerdings in Einzelfällen auch bis zur Vollendung des 27. Lebensjahres gewährt werden. Sie endet in jedem Fall mit dem Ablauf des letzten Tages des 26. Lebensjahres.

Da § 41 Abs. 2 SGB VIII nicht auch Bezug auf § 27 Abs. 2 SGB VIII nimmt, sind die Hilfen, die der junge Volljährige in Anspruch nehmen kann, abschließend im Gesetz aufgelistet. Neuartige Hilfearten kommen daher im Gegensatz zur Hilfe zur Erziehung, die im Fall eines Kindes oder Jugendlichen erbracht wird, nicht in Betracht und zum Einsatz.

Die Hilfe umfasst neben sozialpädagogischen Leistungen wie der Beratung der jungen erwachsenen Person auch die Gewährung therapeutischer Hilfen. Da ein Volljähriger nicht mehr erzogen wird, sind für Minderjährige entwickelte Konzepte zu modifizieren und können nicht 1:1 übernommen werden.

5.3.2 Andere Aufgaben der Jugendhilfe

Fallbeispiel 95

Die Einschaltung von Jugendamt und Familiengericht hat Hans aus Fallbeispiel 85 noch unberechenbarer gemacht. Tina wird deshalb bei der Sachbearbeiterin im Jugendamt, die auch im familiengerichtlichen Verfahren tätig ist, vorstellig. Tina schildert der Sachbearbeiterin, dass sie nicht mehr nur Angst um ihren Leib, sondern auch um ihr Leben habe. Zwar habe sich ihre Mutter schon auf dem Wohnungsmarkt umgesehen, aber noch keine neue Wohnung für sie gefunden. Sie habe Angst und bittet eindringlich darum, dass man ihr helfen möge, bis ihre Mutter eine Wohnung gefunden habe. Was wird die Sachbearbeiterin des Jugendamtes im vorliegenden Fall veranlassen?

Von den anderen Aufgaben der Jugendhilfe soll im Folgenden die Inobhutnahme erörtert werden, da diese einen Eingriff in das Elternrecht darstellt und daher von großer Relevanz ist.

5.3.2.1 Inobhutnahme

Bei der Inobhutnahme gemäß § 42 SGB VIII handelt es sich um eine sozialpädagogische Schutzmaßnahme in Form einer öffentlich-rechtlichen Intervention seitens des Jugendamtes, wenn sich ein Kind oder ein Jugendlicher in einer krisenhaften Situation befindet. Das Jugendamt kann in einer derartigen Situation das Kind oder die jugendliche Person seinen/ihren Eltern oder anderen Personen wegnehmen, vorläufig über den Aufenthalt bestimmen und während dieser Zeit Erziehungsaufgaben wahrnehmen. Dies ist unverzüglich durch Einholung der elterlichen Genehmigung oder – wenn diese verweigert wird – durch Herbeiführung einer familiengerichtlichen Entscheidung zu legitimieren.

Die Inobhutnahme ist zu beenden, wenn ihre Voraussetzungen nicht mehr vorliegen.

Das Gesetz kennt drei alternative Fallkonstellationen, in denen eine Inobhutnahme durchgeführt werden kann.

Die Inobhutnahme kann stattfinden, wenn das Kind oder der Jugendliche selbst darum bittet. Weiterhin kann die Inobhutnahme bei Vorliegen einer dringenden Gefahr für das Wohl des Kindes oder des Jugendlichen erfolgen. Dabei kann sie entgegen der eben geschilderten Situation der „Selbstmeldung" auch durchaus gegen den Willen des Kindes oder des Jugendlichen erfolgen. Oft wird in dieser Konstellation der Schützling dem Jugendamt durch Dritte (wie Lehrer, Nachbarn, Verwandte oder auch die Polizei) zugeführt. Die Polizei oder ein anderer Träger öffentlicher Gewalt bedarf ihrer- bzw. seinerseits wiederum einer Rechtsgrundlage für die Zuführung.

Die dritte Konstellation, in der eine Inobhutnahme erfolgen kann, besteht in der Einreise eines unbegleiteten Kindes oder eines Jugendlichen in das Gebiet der Bundesrepublik Deutschland.

Die Benachrichtigung der Personensorge- oder Erziehungsberechtigten hat in den ersten beiden Fallkonstellationen unverzüglich zu erfolgen, wobei dies je nach Sachlage bis zu mehreren Tagen dauern kann. Denn da es sich jeweils um eine krisenhafte Situation handelt, muss zunächst mit der in Obhut genommenen Person eine Besprechung und gegebenenfalls auch eine Beratung stattfinden.

Wenn die Personensorgeberechtigten der Inobhutnahme nicht widersprechen, so ist unverzüglich ein Hilfeplanverfahren einzuleiten. Die Inobhutnahme endet dann erst mit der Entscheidung, welche Anschlusshilfe gewährt wird.

5.3.3 Verhältnis SGB VIII zum JGG

Fallbeispiel 96

Ein 17 Jahre alter Jugendlicher hat gerade seinen Führerschein auf Probe erhalten. Er feiert diesen Umstand mit seinen Freunden am nächsten Wochenende in einer Diskothek. Auf dem Heimweg beschließt er übermütig mit zwei Freunden die Schaufensterscheibe einer Musikalienhandlung einzuwerfen und eine teure Gitarre mitzunehmen. Das Jugendgericht weist den 17-Jährigen im jugendstrafgerichtlichen Verfahren an, Hilfe zu Erziehung in Form der Betreuungshilfe nach § 30 SGB VIII in Anspruch zu nehmen. Als eine Mitarbeiterin des Jugendamtes zu ihm nach Hause kommt, stellt sie fest, dass der 17-Jährige in geordneten Verhältnissen zusammen mit seinen miteinander verheirateten Eltern sowie zwei kleineren Geschwistern lebt. Er räumt ein, dass sein Verhalten ein Fehler war. Es sei dem Übermut des Augenblicks geschuldet gewesen. Er habe noch nie zuvor eine Straftat begangen. Seine Eltern hätten ihn schon genug gestraft, da sie ihm die Benutzung ihres Wagens zur Sühne für die Tat bis zu seinem 18. Geburtstag verboten hätten. Er sehe nicht ein, warum er Betreuungshilfe in Anspruch nehmen solle und sehe darin keinen Sinn.

Gemäß §§ 5 Abs. 1, 10, 12 JGG eröffnet sich dem Jugendgericht im Rahmen der Sanktion der Erziehungsmaßnahmen die Möglichkeit, dem Delinquenten Weisungen (etwa Absolvierung eines sozialen Trainingskurses) zu erteilen. Ausdrücklich sieht das Gesetz in § 12 JGG vor, dass das Gericht den straffällig Gewordenen anweisen kann, etwa die Hilfe zur Erziehung in Form der § 30 oder § 34 SGB VIII in Anspruch zu nehmen.

Das SGB VIII enthält aber keine Norm zur Durchführung dieser Maßnahmen (notfalls sogar gegen den Willen des Straffälligen). Die Jugendhilfe gemäß § 30 bzw. § 34 SGB VIII lebt nicht nur wie die anderen Hilfearten auch von der Freiwilligkeit ihrer Inanspruchnahme, sondern ist auch nur dann zu leisten, wenn die allgemeinen tatbestandlichen Voraussetzungen (vgl. § 27 Abs. 3 SGB VIII) sowie die für die jeweilige Hilfeart besonderen Voraussetzungen vorliegen.

5.4 Mitbestimmung und Mitwirkung von Kindern, Jugendlichen und Eltern

Sowohl Kinder, Jugendliche als auch ihre Eltern sollen sich in Entscheidungsprozesse in der sozialpädagogischen Arbeit einbringen (können). Dies fördert nicht nur das Einüben (bzw. bei den Eltern das Festigen) demokratischer Spielregeln, sondern führt auch zu einer höheren Akzeptanz bzw. Identifikation mit der schlussendlich getroffenen Entscheidung.

5.4.1 Elternmitwirkung im Rahmen der Kinder- und Jugendhilfe

5.4.1.1 Elternmitwirkung bei den Leistungen der Jugendhilfe allgemein

Ohne die freiwillige Mitarbeit der Eltern geht im Bereich der Jugendhilfe nichts. Dies beginnt bereits mit Beginn des Verfahrens, wenn ein Antrag auf die Leistung zu stellen ist. Sie setzt sich dann im Verfahrensverlauf dahingehend fort, als den Eltern ein Wunsch- und Wahlrecht gemäß § 5 SGB VIII zukommt, auf das sie sogar ausdrücklich hinzuweisen sind. Die Eltern können nicht nur zwischen Einrichtungen und Diensten verschiedener Träger wählen, sondern auch Wünsche hinsichtlich der Ausgestaltung der Hilfe äußern. Stehen keine Mehrkosten entgegen, soll der Wahl und/oder den Wünschen entsprochen werden. Die Art und der Umfang der Hilfe wird im Hilfeplan im Hilfeplanverfahren festgelegt (vgl. hierzu § 36 SGB VIII). Jeder Hilfeplan wird individuell auf den Einzelfall zugeschnitten. Der Hilfeplan wird im Wege der Hilfeplankonferenz erarbeitet. Zur Hilfeplankonferenz gehören zwei Gesprächsrunden:
- das Fachgespräch und
- das Hilfeplangespräch.

Zu Beginn des Fachgesprächs sollte eine Falldarstellung erfolgen, die Folgendes beinhaltet:
- eine umfassende psychosoziale Anamnese,
- eine davon abgeleitete Problembeschreibung und
- eine Bewertung der derzeitigen sozialen und erzieherischen Gesamtsituation.

Im Fachgespräch werden auf dieser Grundlage Lösungsmöglichkeiten diskutiert und erarbeitet, die den Bedarf des Kindes oder des Jugendlichen und seine Lebenssituation berücksichtigen. In dieser Phase ist es nicht immer unbedingt notwendig, dass die Betroffenen teilnehmen. Es reicht in der Regel aus, wenn die Betroffenen (Eltern, Kind, Jugendlicher, junger Volljähriger) in der zweiten Gesprächsrunde, beim Hilfeplangespräch, mitwirken können.

Nach erfolgtem Fachgespräch ist es Aufgabe der Fachkräfte, den Betroffenen die als Ergebnis vorliegende Empfehlung zu vermitteln und zu erläutern. Unter Beteiligung der Betroffenen ist von den Fachkräften ein entsprechender Hilfeplan zu erstellen.

Der Hilfeplan ist kein Erziehungsplan, jedoch ist bei Leistungen für Kinder und Jugendliche die bisherige Grundrichtung der Erziehung zu beachten (vgl. § 9 SGB VIII). Der Hilfeplan formuliert den Auftrag an die durchführende Institution und umfasst insbesondere:
- Feststellung über den erzieherischen Bedarf,
- die Art der Hilfe zur Erziehung und ihr zeitlicher Umfang,

- die durchführende Institution,
- die Beschreibung der zu erbringenden und gewünschten Leistungen,
- Instrumente zur Überprüfung und Veränderung des Hilfeplans,
- die federführende Instanz.

Dabei gilt der Grundsatz, dass ambulant durchführbare Leistungen einer stationären Aufnahme erst einmal vorzuziehen sind. Dies ist aber bei jedem Einzelfall gesondert zu prüfen. Es gibt Konstellationen, in der mit der stationären Aufnahme dem Wohl des Kindes, Jugendlichen oder jungen Volljährigen besser gedient ist. Insbesondere ist hier an Situationen häuslicher Gewalt zu denken.

5.4.1.2 Elternmitwirkung in Tageseinrichtungen für Kinder

9. Lernsituation: Konflikt im Kindergarten

Beim Elternbeirat einer Tageseinrichtung für Kinder häufen sich die Beschwerden der Eltern über Geschehnisse und Zustände in der Einrichtung. Folgende Kritikpunkte werden geäußert:

- Beim Spielen draußen auf dem Freigelände mangele es an Aufsicht.

- Besonders bei den jüngeren Kindern werde beim Nachhausegehen zu wenig darauf geachtet, ob die Jacken auch tatsächlich entsprechend der Witterung zugemacht werden.

- Der Umgangston der sozialpädagogischen Fachkräfte gegenüber den Kindern und den Eltern sei oft unfreundlich.

Arbeitsanregung

Welche Möglichkeiten haben die Eltern, mit Erzieherinnen solche Kritikpunkte zu besprechen? Können sich die Erzieherinnen der Einrichtung weigern, an einem solchen Gespräch mit den Eltern teilzunehmen, weil sie glauben, die Kritik entbehre jeder Sachlichkeit? Wenn Sie eine Klasse aus NRW sind: Beachten Sie den § 9 des Gesetzes zur frühen Bildung und Förderung von Kindern (Kinderbildungsgesetz – KiBiz).

1. Überprüfen Sie Ihre Erarbeitungen mithilfe des nachfolgenden Textes.
2. Diskutieren Sie die angesprochenen Konflikte in einem Rollenspiel mit verteilten Rollen als „sozialpädagogische Fachkräfte" und als „Eltern".
3. Überdenken Sie, welche anderen Konfliktsituationen es in der pädagogischen Arbeit geben könnte und thematisieren Sie diese ebenfalls als Elternbeirat.
4. Bedienen Sie sich bei der Durchführung verschiedener Medien (Folien, Pinnwand, ...).
5. Halten Sie die Ergebnisse beider Rollenspiele in einem Verlaufsprotokoll fest.
6. Üben Sie konstruktive Kritik an der Durchführung Ihrer Rollenspiele und halten Sie fest, was Sie in der Realsituation verwirklichen würden und was Sie auf welche Art anders machen würden.

Jedes Kind hat einen Anspruch auf Bildung und Förderung. Seine Erziehung liegt in der (vorrangigen) Verantwortung seiner Eltern.

§ 2 KiBiz NRW bestimmt, dass die Kindertageseinrichtung und die Kindertagespflege die Förderung des Kindes in der Familie ergänzen und die Eltern in der Wahrnehmung ihres Erziehungsauftrages unterstützen. Dieser Anspruch ist bedeutsam für die Zusammenarbeit mit den Eltern in der Kindertageseinrichtung. Will die Kindertageseinrichtung auch zukünftig ihren hohen sozialpädagogischen Wert und ihre Förderungsmöglichkeiten dem einzelnen Kind gegenüber – insbesondere auch unter dem Aspekt der Inklusion – nutzen, dann sind äußerste Anstrengungen aller Beteiligten notwendig.

Diese können am ehesten durch das Engagement der Eltern erfolgen. Das Gesetz zur frühen Bildung und Förderung von Kindern formuliert daher ein Mitwirkungsrecht der Eltern. Sie sind die „freiesten" Partner. Ihnen kann weder gekündigt noch können ihnen finanzielle Mittel gestrichen werden. Sie können sich also ohne Vorbehalte ganz auf die durch das Gesetz über Tageseinrichtungen für Kinder zugesicherten Rechte konzentrieren.

Für das Gelingen der Erziehung des Kindes im Kindergarten ist die Zusammenarbeit mit dem Elternhaus besonders wesentlich. Das Mitwirkungsrecht der Eltern muss daher zu den tragenden Grundsätzen des Gesetzes zur frühen Bildung und Förderung von Kindern (Kinderbildungsgesetz – KiBiz) gerechnet werden. Der tragende Gedanke im Kinderbildungsgesetz ist die Mitwirkung der Eltern, nicht ihre Mitbestimmung. Die Mitwirkung ist gegenüber der Mitbestimmung ein Vorteil. Sie führt eher zu einer lebendigeren Zusammenarbeit als die Mitbestimmung, weil sie partnerschaftliches Zusammenarbeiten und das Ausdiskutieren von Problemen notwendig macht und nicht ein bloßes Kräftemessen zwischen Mehrheiten und Minderheiten mit sich bringt. Das erfordert ein hohes Engagement von Eltern, Erzieherinnen und Träger. Im Sinne der Mitwirkung zielt dieses Engagement auf Übereinstimmung aller Beteiligten, ohne dass damit die Entscheidung der Erzieherinnen im täglichen Erziehungshandeln eingeschränkt ist.

Prozesse der Mitwirkung sind zwar oft langwierig und verlangen ein großes Maß an Verantwortung, dienen jedoch dem Erziehungsgeschehen in der pädagogischen Arbeit.

5.4.1.3 Formen der Zusammenarbeit mit den Eltern

Das KiBiz NRW unterscheidet drei institutionalisierte Formen der Elternmitwirkung:
- die Elternversammlung, § 9 Abs. 3
- den Elternbeirat, § 9 Abs. 4
- den Rat der Tageseinrichtung, § 9 Abs. 5

Für jede Kindertagesstätte besteht die Verpflichtung, alle Organe zu bilden. Diese Verpflichtung gilt für alle Kindertageseinrichtungen, die nach § 1 KiBiz NRW unter den Geltungsbereich des Gesetzes fallen. Dies gilt beispielsweise auch bei einem sogenannten freigewerblichen Träger, obgleich dieser von einer Förderung nach diesem Gesetz ausgeschlossen ist[8]. Die Organe haben unterschiedliche Aufgaben zu erfüllen.

Fallbeispiel 97

In mehreren Kindertagesstätten einer Großstadt wird aufgrund entsprechender Erhebungen festgestellt, dass an den Nachmittagen wenige Kinder das pädagogische Angebot der Einrichtungen wahrnehmen. Die Einrichtungen befinden sich in katholischer Trägerschaft. Das Generalvikariat als vorgesetzte Dienststelle überlegt, ob einigen Erzieherinnen daher nicht statt der Ganztagsstelle eine Halbtagsstelle angeboten werden soll, um Personalkosten zu sparen.

Arbeitsanregung

Können Erzieherinnen erwarten, dass Eltern auf eine Situation, wie sie sich im Fallbeispiel abzeichnet, reagieren? Welche Möglichkeiten könnten Eltern in solch einem Fall ausschöpfen?

Den sozialpädagogischen Fachkräften als betroffenen Arbeitnehmerinnen ist nicht zuzumuten, sich selbst mit ihren Anliegen beim Träger durchzusetzen. Anders sieht das für die Eltern aus. Sie haben mit der Forderung nach Vollzeitbeschäftigung für die Fachkräfte ein (pädagogisches) Interesse, da sie an einer familienergänzenden Erziehung durch den Kindergarten interessiert sind, die im Falle der Personalkürzung gefährdet wäre. Das Beispiel zeigt, dass sozialpädagogische Fachkräfte und Eltern besonders intensiv zusammenarbeiten müssen. Einmütigkeit und Entschiedenheit für die Arbeit sind gefordert, denn je stärker alle Anliegen einer sozialpädagogischen Einrichtung vor Ort gesehen werden, desto schwerer werden sich finanzpolitische oder andere konträre Interessen durchsetzen lassen. Das Wohl der Kinder sollte für alle Beteiligten die oberste Richtschnur sein. Das bedeutet: Sozialpädagogische Fachkräfte sollten durch Einbeziehung der Eltern in die Arbeit der Einrichtung Vertrauen schaffen. Dies geschieht z. B. durch umfassende Informationen über die Mitwirkungsmöglichkeiten der Eltern in der Einrichtung. Es gibt vielfältige Möglichkeiten der Informationsweitergabe an die Eltern, beispielsweise Einzelgespräche, Elternnachmittage, Feste in der Tageseinrichtung und anderes. Es sollen im Folgenden die vom KiBiz institutionalisierten Möglichkeiten der Elternmitwirkung in den Organen Elternversammlung, Elternbeirat und Rat der Tageseinrichtung beschrieben werden.

---

[8]   vgl. hierzu Näheres unter „Finanzierung"

Die Elternversammlung

Die Elternversammlung ist nach § 9 Abs. 3 KiBiz ein Organ der Kindertagesstätte. Hier informiert der Träger über personelle Veränderungen sowie pädagogische und konzeptionelle Angelegenheiten. Zu den Aufgaben der Elternversammlung gehört die Wahl der Mitglieder des Elternbeirates.

Fallbeispiel 98

In einem Kindergarten sind 24 Kinder neu aufgenommen worden. Den Eltern dieser Kinder wurden auf einer eigenen Elternversammlung im Frühsommer alle vertraglichen Regelungen des Betreuungsvertrages vorgestellt, sie haben das Konzept des Kindergartens kennengelernt und sind darüber hinaus über ihre Mitwirkungsrechte informiert worden. Nach Beginn des neuen Kindergartenjahres werden sie zur (ersten) Elternversammlung im neuen Kindergartenjahr eingeladen, um einen Elternbeirat zu wählen und weitere wichtige Informationen über das neue Kindergartenjahr zu bekommen.

Zur Vorbereitung einer Elternversammlung wie im Fallbeispiel geschildert, müssen vonseiten der sozialpädagogischen Fachkräfte vorbereitende Überlegungen angestellt und umgesetzt werden.

Arbeitsanregung

Bereiten Sie als Rollenspiel eine Elternversammlung vor. Welche Aufgaben haben Sie in der Elternversammlung zu erfüllen? Beachten Sie den § 9 Abs. 3 KiBiz NRW und die nachfolgenden Bemerkungen.

Die erste Elternversammlung sollte möglichst im Laufe des Monats September durchgeführt werden. In Nordrhein-Westfalen ist gesetzlich vorgeschrieben, dass die Elternversammlung vom Träger der Kindertageseinrichtung bis spätestens 10. Oktober einberufen sein muss (vgl. § 9 Abs. 3 KiBiz). Zu dieser ersten Versammlung lädt der Träger ein. In der von der Elternversammlung zu beschließenden Geschäftsordnung kann dann geregelt werden, wer die weiteren Elternversammlungen einberuft. Sinnvoll ist, dass die Elternversammlung eine vorsitzende Person wählt, die die Aufgaben der Leitung wahrnimmt. Die Elternversammlung sollte auch pädagogische Fragen diskutieren. Hier sind die sozialpädagogischen Fachkräfte gefordert, durch Impulse Anregungen zu solchen Erörterungen zu geben. Darüber hinaus besteht in einer Elternversammlung für den Träger die Gelegenheit, mit den Eltern finanzielle Probleme zu besprechen. So können Eltern nicht nur ein besseres Verständnis aufbringen, sondern auch mit Anregungen helfen, die Probleme zu bearbeiten. Beispielsweise kann auch über einen Förderverein für die Kindertagesstätte nachgedacht werden.

Mit der ersten Elternversammlung ist das Mitwirkungsrecht der Eltern nicht erschöpft. Wenn sich Eltern beispielsweise im Laufe des Kindergartenjahres beim Elternbeirat beschweren, dann kann der Elternbeirat zur Klärung der angesprochenen Kritikpunkte eine weitere Elternversammlung unter Angabe der Tagesordnung und der Zeit und des Ortes der Sitzung einberufen lassen. Auf dieser Elternversammlung können die Eltern mit den sozialpädagogischen Fachkräften gemeinsam klären, welche Kritikpunkte sachgerecht und welche unsachgemäß geäußert wurden. Die Elternversammlung kann klären, wie die berechtigten Mängel abgestellt oder zumindest in ihrer Wirkung abgeschwächt werden können.

Betrifft die Kritik nur eine Gruppe der Tageseinrichtung, so kann die Elternversammlung auch auf Gruppenebene stattfinden. Es muss dann keine Elternvollversammlung einberufen werden.

Sollten sich, wie es schon geschehen ist, die sozialpädagogischen Fachkräfte weigern, an einer solchen Elternversammlung teilzunehmen, so muss unter Hinweis auf § 9 Abs. 1 KiBiz die Teilnahme der Fachkräfte erzwungen werden. Hier liegt ein Ernstfall vor, bei dem sich Zusammenarbeit und Partnerschaft beweisen müssen.

Zusammenfassung

- Bis zum 1. Oktober jeden Jahres sollte in jeder Tageseinrichtung für Kinder eine Elternversammlung durchgeführt werden.
- Aufgaben der Elternversammlung sind:
  - Informationsaustausch,
  - Wahl des Elternbeirats.
- Zur Elternversammlung gehören die Eltern aller Kinder, die die Tageseinrichtung besuchen.
- Primäre Erörterungen der Elternversammlung sind vor allem pädagogische Fragen zur Förderung der den Kindergarten besuchenden Kinder.

Der Elternbeirat

Der Elternbeirat ist ein eigenständiges Organ der Elternmitwirkung im Kindergarten, der die Interessen der Eltern gegenüber dem Träger sowie der Leitung der Einrichtung vertritt.

Er hat insbesondere die Aufgaben:
- das Interesse der Eltern für die Arbeit des Kindergartens zu beleben,

- die Zusammenarbeit zwischen den Eltern, dem Träger des Kindergartens und den im Kindergarten pädagogisch tätigen Kräften sowie dem Jugendamt und den sonst zuständigen Behörden zu fördern,

- der Anhörung bei der Einstellung und Entlassung der pädagogisch tätigen Kräfte.

Das Personal der Kindertageseinrichtungen sowie Tagespflegepersonen arbeiten mit den Eltern bei der Förderung der Kinder partnerschaftlich und vertrauensvoll zusammen. Der Elternbeirat wird von der Leitung der Kindertageseinrichtung und dem Träger über alle die Einrichtung betreffenden wesentlichen Angelegenheiten informiert und angehört. Nach einem gründlichen Meinungsaustausch seiner einzelnen Mitglieder kann der Elternbeirat zu seinem Selbstverständnis und seinen entsprechenden Aufgaben finden. Der Elternbeirat soll in erster Linie die Zusammenarbeit fördern.

Fallbeispiel 99

In einer Kindergartengruppe fällt Andreas B. mit aggressiven Verhaltensweisen auf. Die Gruppenleiterin beobachtet das Verhalten einige Zeit und bittet die Mutter von Andreas schließlich zu einem Gespräch. In diesem teilt sie der Mutter mit, dass Andreas für die Gruppe im Hinblick auf die anderen Kinder nicht mehr tragbar sei. Sie möchte sich überlegen, ob es nicht besser wäre, Andreas aus dem Kindergarten zu nehmen. Die Eltern wenden sich an die Vertreter des Elternbeirats und bitten um Hilfe.

Arbeitsanregung

Erörtern Sie, ob im Fallbeispiel der Elternbeirat zunächst allein oder sofort mit den sozialpädagogischen Kräften tagen soll, um eine Klärung zu ermöglichen. Begründen Sie Ihre Auffassung.

Im Fallbeispiel geht es um die Zusammenarbeit nach innen; d.h. die Vermittlung zwischen Eltern einerseits und dem Kindergartenträger und dem Personal andererseits. Hier ist nicht die Initiative der pädagogisch tätigen Fachkräfte gefordert. Der Elternbeirat muss entsprechende Maßnahmen ergreifen. Dennoch hat die Leitung der Einrichtung, nachdem sie durch den Elternbeirat informiert worden ist, die Aufgabe, terminliche Absprachen zu treffen, damit das Gespräch zwischen den Beteiligten zustande kommt.

Eine weitere Aufgabe des Elternbeirates ist es, über die Öffnungszeiten des Kindergartens zu beraten und mit dem Träger der Einrichtung abzustimmen (vgl. § 9 Abs.4 KiBiz NRW).

Damit der Elternbeirat die Frage der Öffnungszeiten sachkundig mitbeurteilen kann, muss er einerseits die Wünsche der Eltern, andererseits die entsprechenden Bestimmungen des Kinderbildungsgesetzes KiBiz kennen. Bei der Festsetzung der täglichen Öffnungszeiten ist zu beachten, dass diese mit der Betreuungszeit des einzelnen Kindes nicht identisch sein muss. Nach Möglichkeit sollte aus pädagogischen und gesundheitlichen Gründen die tägliche Betreuungszeit für ein Kleinkind sechs Stunden nicht überschreiten. Die Betreuungszeit ist gemäß der Anlage zu Artikel 1 § 19 KiBiz festzulegen.

Der Rat der Tageseinrichtung

Das wichtigste Mitwirkungsorgan im Kindergarten ist allerdings nicht der Elternbeirat, sondern vielmehr der Rat der Tageseinrichtung. Er ist als Institution für das Zusammenwirken von
- Elternbeirat,
- Vertretern des Trägers der Einrichtung und
- der in der Einrichtung tätigen pädagogischen Kräften
vorgesehen.

Für den Rat der Tageseinrichtung ist eine Geschäftsordnung festzulegen, in der Details über die Zusammensetzung und das Verfahren des Rates der Tageseinrichtung geregelt sind.

Zu Beginn des Kindergartenjahres tritt der Rat der Tageseinrichtung erstmals zusammen. In dieser ersten Sitzung wählt er eine ihm vorsitzende Person. Eine Vielzahl der Träger hat darauf verzichtet, sich in der Auswahl dabei Beschränkungen aufzuerlegen.

Es ist deshalb möglich, dass jedes Mitglied des Rates der Tageseinrichtung auch als Vorsitzende/r wählbar ist. Sinnvoll ist, dass möglichst ein/e Elternvertreter/in dieses Amt wahrnimmt.

Leider kommt es immer noch vor, dass ein Rat der Tageseinrichtung zu Beginn des Kindergartenjahres ordnungsgemäß gebildet worden ist, dieser aber anschließend nicht ein einziges Mal tagt und sich bespricht. Es versteht sich, dass damit für die Zusammenarbeit zwischen Eltern, Erzieherinnen und dem Träger der Einrichtung keine Basis gegeben ist. In solchen Fällen ist die Einrichtung im Falle von Problemen und Konflikten, gleich welcher Art, gefährdet. Daher stellt sich die Frage, wie denn der Rat der Tageseinrichtung zusammenkommen sollte, damit dies möglichst nicht passiert. Ein Rat, der weniger als drei (besser vier) Zusammenkünfte pro Kindergartenjahr hat, kann keine kontinuierliche Arbeit für die Einrichtung leisten. Die Anzahl der weiteren Sitzungen hängt davon ab, welche Fragestellungen sich hinsichtlich der Einrichtung ergeben, welche Wünsche und Ideen durch seine Mitglieder neue Fragen aufwerfen und welche Überlegungen der Rat der Tageseinrichtung aufgreift, durchdenkt, mitträgt oder wieder verwirft.

Der Rat der Tageseinrichtung könnte folgende Aufgaben wahrnehmen:
I Beratung der Grundsätze für die Erziehungs- und Bildungsarbeit,
I Vereinbarung der Grundsätze zur Aufnahme von Kindern in den Kindergarten,
I Bemühung um die erforderliche räumliche, sachliche und personelle Ausstattung des Kindergartens,
I Beteiligung der Erziehungsberechtigten an der Willensbildung durch entsprechende umfassende Informationen.

„Beratung, Vereinbarung, Bemühung und Beteiligung" sind Begriffe, die deutlich machen, dass es im Kindergarten nicht so sehr darauf ankommt, Mehrheitsbeschlüsse durchzusetzen, sondern möglichst einen Konsens über anstehende Probleme zu erreichen. Es geht um die pädagogische Grundkonzeption und die normativen Wertvorstellungen der Einrichtung. Hierüber mit dem Träger und der Einrichtungsleitung zu beraten, ist Aufgabe des Rates der Tagesstätte.

Wenn die Fragen der normativen Wertvorstellungen kontrovers diskutiert werden, kann sich der Träger der Einrichtung zwar auf den Grundsatz zurückziehen, dass die Selbstständigkeit des Trägers in der Zielsetzung und Durchführung seiner erzieherischen Aufgaben bei den Beratungen unberührt bleibt. Dennoch sollte sich der Träger darum bemühen, dass alle drei im Rat der Tageseinrichtung vertretenen Gruppen möglichst auch in diesen Fragen ein einheitliches Konzept entwickeln. Nur auf diese Weise kann eine dem Wohl der Kinder entsprechende Förderung erreicht werden.

Fallbeispiel 100

In einem evangelischen Kindergarten für Kinder von zwei bis sechs Jahren beschweren sich die Eltern, die der Kirche distanziert gegenüberstehen, darüber, dass für die Kinder das Angebot der sozialpädagogisch tätigen Kräfte hinsichtlich des christlichen Brauchtums stark zugenommen habe. Bisher hätten sie zwar toleriert, dass ihre Kinder einige Formen des christlichen Brauchtums mitgemacht hätten, wollen aber jetzt nicht akzeptieren, dass in der Tageseinrichtung seit einiger Zeit nicht nur vor dem Morgenkreis, sondern mehrfach im Tagesverlauf mit den Kindern gebetet wird und dass die Kinder nun auch noch die Kirche besuchen, wo ihnen das Kreuz, der Altar, die religiösen Bilder und Symbole erklärt werden. Auch die vermehrte Anschaffung von Bilderbüchern, die biblische Geschichten aufbereiteten zulasten von fantastischen Geschichten, sei nicht in ihrem Sinne.

Arbeitsanregung

Überlegen Sie, wie Sie den im Fallbeispiel angesprochenen Konflikt unter Einbeziehung der Mitwirkungsorgane bearbeiten würden. Welche verwaltungstechnischen Arbeiten müssen dazu erledigt werden? Entwickeln Sie die zeitlichen und inhaltlichen Rahmenbedingungen.

Unter dem Titel „Christliche Erziehung im Kindergarten" haben die katholischen Bistümer und die evangelischen Landeskirchen in Nordrhein-Westfalen gemeinsam eine religionspädagogische Arbeitshilfe für den Kindergarten herausgebracht. Diese Arbeitshilfe könnte Grundlage für die Beratungen hinsichtlich des Konfliktes im Fallbeispiel sein. Damit der Konflikt im Fallbeispiel gelöst wird, sollten die pädagogischen Fachkräfte eine besondere Vermittlerfunktion wahrnehmen.

Der Konflikt kann sicher nicht in einer einmaligen Sitzung des Rates der Tageseinrichtung zu den Akten gelegt werden. Wenn die Grundsätze für die Erziehungs- und Bildungsarbeit innerhalb der vom Träger vorgegebenen Grundrichtung der Erziehung beraten werden, dann muss das permanent geschehen, damit durch neue Beispiele, Aktionen und Projekte diese Fragestellung lebendig bleibt. Es genügt nicht, dass der Rat der Tagesstätte einer religiösen Erziehung zustimmt. Es muss in weiteren Gesprächen geklärt werden, was die pädagogisch tätigen Fachkräfte und was die Eltern darunter verstehen und wie sich religiöse Erziehung im Kindergarten zeigen soll. Wenn diese Fragen im Rat der Tageseinrichtung mit allen Beteiligten diskutiert werden, wenn die Erzieherinnen im Rat der Tageseinrichtung über bestimmte Vorhaben, die ihnen besonders wichtig erscheinen, berichten und dann mit allen diskutieren können, dann ist das eine wertvolle Hilfe für alle Beteiligten. Die Ergebnisse sind den Erziehungsberechtigten mitzuteilen.

Fallbeispiel 101

Die Leiterin einer Kindertagesstätte wird in zwei Monaten in Elternzeit gehen. Für die Zeit ihrer Abwesenheit – nach der Elternzeit hat die Leiterin der Einrichtung vor, ihre Tätigkeit wieder aufzunehmen – soll eine Schwangerschaftsvertretung eingestellt werden. Der Träger der Einrichtung gibt eine Stellenanzeige in die örtliche Presse und die Fachpresse. Für diese Position bewerben sich fünf Erzieherinnen.

Arbeitsplatzbeschreibung für sozialpädagogische Fachkräfte

In wenigen sozialpädagogischen Einrichtungen gibt es schriftlich formulierte Stellenbeschreibungen für die verschiedenen Aufgabenbereiche. Eine Fixierung von entsprechenden Vereinbarungen ist aber notwendig, weil es immer wieder zu einem personellen

Wechsel kommt, die Arbeit im Kindergarten differenzierter wird und die
Anforderungen von außen konkreter
werden. Hinzu kommt eine stärkere
Mobilität der Fachkräfte und zunehmend unterschiedlich ausgebildete Fachkräfte wie z. B. Heilerziehungspfleger/
innen unter dem Aspekt der Inklusion,
Kinderpfleger/innen unter dem Aspekt
der Aufnahme von Kleinkindern (U3)
und hauswirtschaftliche Fachkräfte unter
dem Aspekt, dass immer mehr Kindergärten zu Ganztagskindergärten ausgebaut werden und dort nunmehr nicht

Hauswirtschaftliche Aufgaben haben zugenom-
men.

mehr nur ein Frühstück, sondern auch ein Mittagessen eingenommen wird.

Bei solch unterschiedlich ausgebildeten Kräften sollten
❚ Ziele festgelegt werden,
❚ Aufgaben beschrieben und
❚ die Erfüllung der Aufgaben geregelt werden.

Die Stellenbeschreibung ist dazu ein Hilfsmittel. Sie ermöglicht durch Festlegung der
Aufgaben und Funktionen einen effektiveren Ablauf der Arbeit in der Einrichtung. Der
Rat der Tageseinrichtung ist gemäß seiner Aufgabenstellung ein geeignetes Gremium,
solch eine Stellenbeschreibung zu formulieren.

Folgende Gesichtspunkte sollte der Rat der Tageseinrichtung bei der Erarbeitung einer
Stellenbeschreibung berücksichtigen:
❚ Stellenbezeichnung,

❚ Unterstellung (weisungsgebunden),

❚ Überstellung (weisungsbefugt),

❚ Stellvertretung,

❚ Ziele der Stelle,

❚ Aufgaben im Einzelnen,

❚ Befugnisse,

❚ Kommunikationsbeziehung (von wem, an wen wird berichtet, schriftlich, mündlich,
in Besprechungen),

❚ Kooperationsbeziehungen,

❚ Mitarbeit in Gremien,

❚ Anforderungen an den Stelleninhaber (Ausbildungsabschlüsse, persönliche Fähigkeiten, Haltungen und Einstellungen) und

❚ zugewiesene Sachmittel (zur völlig eigenen Bestimmung, zur Absprache mit anderen
Stelleninhabern).

Das Fallbeispiel zeigt, in welchem anderen Bereich der Rat der Tageseinrichtung eine Aufgabe hat. Es gehört im Sinne des KiBiz ausdrücklich zu den Aufgaben des Rates der Tageseinrichtung, sich um eine ausreichende und qualifizierte personelle Besetzung zu bemühen. Wenn sich aufgrund der Stellenausschreibung mehrere sozialpädagogische Fachkräfte beworben haben, ist es Aufgabe des Rates der Tageseinrichtung, auch des Elternbeirates, in gründlicher Diskussion Einvernehmen darüber zu erzielen, welche Bewerberin angestellt werden soll. Der Rat der Tageseinrichtung sollte sich in solch einem Fall nicht darauf beschränken, von den Vertretern des Trägers informiert zu werden, welche pädagogischen Kräfte sich beworben haben und welche der Kandidatinnen vom Träger favorisiert werden. Die Entscheidung, wer eingestellt wird, verbleibt aber beim Träger.

Zusammenfassung

Der Rat der Tageseinrichtung ist das wichtigste Mitwirkungsorgan im Kindergarten.

- Der Rat der Tagesstätte setzt sich zusammen aus
  - den Vertretern des Elternbeirates,
  - den sozialpädagogischen Fachkräften und
  - den Vertretern des Trägers.

- Zu den Aufgaben des Rates der Tageseinrichtung zählen:
  - Beratung der Grundsätze für die Erziehungs- und Bildungsarbeit,
  - Vereinbarung der Grundsätze für die Aufnahme von Kindern,
  - Bemühung um die räumliche, sachliche und personelle Ausstattung und
  - Beteiligung der Erziehungsberechtigten an der Willensbildung durch entsprechende Informationen.

- Sozialpädagogische Fachkräfte haben im Rat der Tageseinrichtung mit ihrer Sach- und Fachkompetenz eine besondere Vermittlerfunktion zu erfüllen.

- Der Rat der Tageseinrichtung sollte für alle sozialpädagogischen Fachkräfte eine genaue Stellenbeschreibung erarbeiten.

Auch bei der Zusammenarbeit mit Vertretern aus der Elternschaft im Elternbeirat und im Hinblick auf den Rat der Tageseinrichtung sind die Vorgaben des Datenschutzes zu beachten.

Fallbeispiel 102

Der vierjährige Wolfram fällt in seiner Kindergartengruppe durch häufige, extreme Stimmungsschwankungen auf. Als die Gruppenleiterin die Eltern darauf anspricht, erklären ihr diese, dass bei Wolfram eine psychische Erkrankung festgestellt worden sei und die behandelnden Ärzte gerade die Medikation „einzukreisen" begännen. Die Gruppenleiterin ist entsetzt und hat große Sorge, dass es zu Vorfällen (etwa einem Aggressionsausbruch Wolframs gegenüber anderen Kinder, die seine Gruppe besuchen) kommen könnte. Sie informiert daher Mitglieder des Elternbeirates über die Situation und schlägt vor, dass der Elternbeirat doch Wolframs Eltern dahingehend „bearbeiten" solle, den Jungen umgehend in einen Heilpädagogischen Kindergarten wechseln zu lassen.

Arbeitsanregung

Ist dieses Vorgehen der Gruppenleiterin rechtlich in Ordnung? Würde sich etwas ändern, wenn Wolframs Eltern die Erzieherin ausdrücklich um Stillschweigen über den Gesundheitszustand ihres Sohnes gebeten hätten?

Die Grundsätze zum Datenschutz gelten auch im Hinblick auf die Zusammenarbeit mit den Eltern, deren Kinder eine Einrichtung besuchen. Die Datenweitergabe durch die Erzieherin an die Eltern wäre daher nur dann rechtlich in Ordnung, wenn es hierfür eine gesetzliche Grundlage gäbe (gibt es nicht) oder eine wirksame Einwilligung von Wolframs Eltern (die mangels entsprechender Angaben im Sachverhalt hier ebenfalls nicht vorliegt) erteilt worden wäre. Die Bitte um Stillschweigen ist daher nicht erforderlich, um eine Datenweitergabe (erst) rechtswidrig zu machen.

5.4.2 Mitwirkung der jungen Menschen bei den Leistungen der Jugendhilfe allgemein

§ 8 SGB VIII sichert die Beteiligung von Kindern und Jugendlichen an allen sie betreffenden Entscheidungen der öffentlichen Jugendhilfe (Abs. 1 Satz 1) ebenso wie die Aufklärung über ihre Rechte (Abs. 1 Satz 2).

Weiterhin kommt Kindern und Jugendlichen nach § 8 Abs. 2 SGB VIII ein Initiativrecht zu, das noch keinen Eingriff in das elterliche Sorgerecht darstellt. Dieser ist erst dann gegeben, wenn sich das Kind oder der Jugendliche ohne Kenntnis der Personensorgeberechtigten beraten lässt (§ 8 Abs. 3 SGB VIII) oder seine Inobhutnahme nach § 42 SGB VIII erfolgt (s. o.).

Auch hat ein Jugendlicher ab der Vollendung des 15. Lebensjahres einen eigenständigen Anspruch dahin gehend, dass er selbst Sozialleistungen beantragen und in Empfang nehmen kann. Die Vorschrift des § 36 Abs. 1 SGB VIII, eine der Teilrechtsmündigkeiten Minderjähriger, fußt noch auf dem Umstand, dass zu diesem Zeitpunkt früher die meisten Jugendlichen ins Erwerbsleben eintraten.

Allerdings stehen die Leistungen der §§ 27 ff. SGB VIII den Personensorgeberechtigten zu. Daher läuft das Antragsrecht des Jugendlichen – zumindest soweit Sozialleistungen nach den §§ 27 ff. SGB VIII von ihm begehrt werden – weitgehend leer.

Ergänzt wird die allgemeine Regelung des § 8 Abs. 1 SGB VIII durch die Regelung des § 17 Abs. 2 SGB VIII. Durch diese speziellere Regelung soll die Beteiligung der betroffenen Kinder und Jugendlichen bei einer Sorgerechtskonzeptentwicklung durch das Jugendamt infolge Trennung und Scheidung der Eltern gewährleistet werden.

Die Beteiligung in diesem Kontext erfordert neben einer entsprechenden Belastbarkeit des Kindes oder des Jugendlichen, dass auch die Perspektive beider Elternteile von diesem nachvollzogen werden kann. Davon kann wohl in der Regel erst mit dem Erreichen des Schulalters ausgegangen werden.

5.4.3 Mitwirkung von Kindern im Kindergarten

In § 13 KiBiz, in dem die Grundsätze der Bildungs- und Erziehungsarbeit niedergelegt sind, heißt es in Absatz 4: Die Kinder wirken bei der Gestaltung des Alltags in der Kindertageseinrichtung ihrem Alter und ihren Bedürfnissen entsprechend mit.

Arbeitsanregung

Überlegen Sie in der Gruppe konkrete Möglichkeiten, wie Sie die Beteiligung der Kinder in Ihrer Einrichtung zur Entfaltung bringen können.

Vergleichen Sie Ihre Ergebnisse mit den Inhalten der Publikation „Qualitätsstandards für Beteiligung von Kindern und Jugendlichen" (Praxisfeld Kindertageseinrichtungen) (siehe BMFSFJ, 2012).

Lernfeld 6:
Institution und Team entwickeln sowie in Netzwerken kooperieren

In der Kinder- und Jugendhilfe herrscht (traditionell) eine große Trägervielfalt. Denn die Kinder- und Jugendhilfe wurde in ihren Anfangszeiten als sogenannte Fürsorge von den Kirchen und anderen caritativen Organisationen geleistet. Erst als sich der moderne Staat in der sogenannten frühen Neuzeit konstituierte, kam mit diesem ein neuer Akteur ins Spiel, der die „Armenfürsorge" als (auch) eine seiner Aufgaben definierte.

Arbeitsanregung

1. Suchen Sie eine Einrichtung der „Fürsorge" in Ihrer Nähe, die bereits länger als die Bundesrepublik Deutschland existiert und recherchieren Sie im Internet über Ihre Anfänge. Was war damals die Aufgabe/das Ziel dieser Institution und was ist dies heute? In welcher Tradition sieht sich die Institution?
2. Auf welche Gesetzgebungskompetenz fußt die Zuständigkeit des Bundestages bzgl. der Gesetzgebung auf dem Gebiet der Kinder- und Jugendhilfe[1]?

Die Herkunft der Kinder- und Jugendhilfe kann man noch heute in der Gesetzgebungskompetenz des Bundes im Grundgesetz erkennen. Artikel 72 GG normiert die konkurrierende Gesetzgebungskompetenz des Bundes zu der Gesetzgebungskompetenz der Länder auf dem Gebiet der öffentlichen Fürsorge.

Um sich als Institution zu entwickeln, haben sich viele Träger von Einrichtungen heutzutage ein sogenanntes Leitbild gegeben. Mithilfe des Leitbildes wird ein anzustrebender Idealzustand umschrieben. Es soll nach innen motivierend wirken. Nach außen soll es ein positives Bild des Trägers/der Einrichtung vermitteln und diese/n unverwechselbar machen. Oft wird das Leitbild grafisch in Form eines Logos und/oder eines kurzen Mottos zusammengefasst.

Beispiel für ein Leitbild (Ausschnitt)

---

[1] vgl. hierzu bereits oben in Lernfeld 2

6.1   Kooperation

§ 22a Abs. 2 SGB VIII enthält für Fachkräfte eine Kooperierungsverpflichtung, die in Einrichtungen der Träger der öffentlichen Jugendhilfe arbeiten. Die Kooperationspartner sind aber ihrerseits nur dann zur Zusammenarbeit verpflichtet, wenn es eine entsprechende rechtliche Pflicht gibt.

Im Gesetz sind verschiedene Kooperationspartner genannt.

Die Kooperierungsverpflichtung der Eltern ergibt sich aus dem Betreuungsvertrag.

Mit Tagespflegepersonen arbeiten Kindergärten dann zusammen, wenn das Kind ergänzend noch von ersteren betreut wird. Durch die Zusammenarbeit soll sowohl das Kindeswohl als auch die Kontinuität des Erziehungsprozesses gesichert werden.

Die Schule ist nur dann verpflichtet, wenn das Landesschulgesetz eine entsprechende Regelung vorsieht. Ziel ist es, dass die Kinder den Übergang vom Kindergarten in die Grundschule gut bewältigen.

In NRW wird seit einigen Jahren der Umbau von Kindergärten zu sogenannten Familienzentren vorangetrieben. Die Familienzentren sollen sich dem Sozialraum öffnen und dabei eben auch Kooperationen eingehen. In NRW sind ca. ein Drittel der Kindergärten mittlerweile auch Familienzentren. Familienzentren gehen in ihren Aufgaben und Angeboten über den Bereich der reinen Kindertagesbetreuung hinaus. Durch die Öffnung hin zum Sozialraum sollen die Familienzentren Angebote für alle Familien des Stadtteiles (gleich, ob die Eltern ihr Kind in dieser Einrichtung oder anderswo betreuen lassen) bereithalten.

Gesetzesgrundlage hierfür ist das nordrhein-westfälische Gesetz zur frühen Bildung und Förderung von Kindern (kurz: KiBiz). Im KiBiz geht es unter anderem um die Struktur und die Finanzierung von Kindertagesbetreuung in Kindertageseinrichtungen und in der Kindertagespflege. Auf heilpädagogische Einrichtungen wird dieses Gesetz nicht angewendet.

Zu den Angeboten der Familienzentren bestimmt § 16 Abs. 1 KiBiz NRW:

„Familienzentren sind Kindertageseinrichtungen, die über die Aufgaben nach diesem Gesetz hinaus insbesondere
1. Beratungs- und Hilfsangebote für Eltern und Familien bündeln und miteinander vernetzen,
2. Hilfe und Unterstützung bei der Vermittlung, Beratung oder Qualifizierung von Tagespflegepersonen in Absprache mit dem Jugendamt bieten,
3. die Betreuung von unter dreijährigen Kindern und Kindergartenkindern außerhalb üblicher Öffnungszeiten in Kindertageseinrichtungen gewährleisten oder vermitteln,
4. Sprachförderung für Kinder und ihre Familien anbieten, […] , insbesondere sind dies Sprachfördermaßnahmen für Kinder im Alter zwischen vier Jahren und Schuleintritt mit zusätzlichem Sprachförderbedarf, die keine Kindertageseinrichtung besuchen […]."

Familienzentren sollen/müssen mit anderen Institutionen im sozialen Bereich kooperieren, so diese Aufgaben auch tatsächlich umgesetzt werden sollen. Im Familienzentrum selbst sollen Eltern Beratung und ggf. auch die Vermittlung an speziellere Beratungsstellen erfahren können. Das Familienzentrum soll sich langfristig zu einem Knotenpunkt in einem Netzwerk verschiedener Einrichtungen wie etwa Frühförderzentren für behinderte oder von Behinderung bedrohte Kinder, Familienbildungsstätten etc. entwickeln.

Arbeitsanregung

Gibt es auch in Ihrer Nähe ein Familienzentrum? Recherchieren Sie Konzept und Leitbild der Einrichtung. Führen Sie Interviews mit Mitarbeiterinnen im Hinblick darauf, was sich durch den Wandel der Einrichtung zum Familienzentrum verändert hat.

Nicht nur für die Arbeitnehmerinnen, auch für die Einrichtungsträger bedeutet der Ausbau des normalen Kindergartens zum Familienzentrum eine neue Herausforderung.

6.2 Finanzierung

Finanzierungsfragen sind im SGB VIII für den Bereich der Kindertagesbetreuung nur äußerst spärlich getroffen. So bestimmt § 90 Abs. 1 Nr. 3 SGB VIII, dass für das Angebot der Förderung von Kindern in Tageseinrichtungen und in Kindertagespflege Kostenbeiträge festgesetzt werden können und für die Tageseinrichtungen wird in § 74a Satz 1 SGB VIII festgehalten, dass die Finanzierung von Tageseinrichtungen das jeweilige Landesrecht regele. Nur wenn das Landesrecht keine umfassende Finanzierungsregelung vornimmt, gelten die Vorgaben des § 74 SGB VIII (vgl. Bundesverwaltungsgericht, in: Sammlung der Entscheidungen und Gutachten der Spruchstellen für Fürsorgestreitigkeiten, 2010, S. 309 ff.).

Es gibt die Möglichkeiten der Objektfinanzierung und der Subjektfinanzierung. In der Praxis gibt es auch Mischformen zwischen beiden.

Bei der Objektfinanzierung wird ein Angebot an Leistungen als solches finanziert. Im Bereich des Kindergartens also beispielsweise das Vorhalten von Betreuungsplätzen. Vorteil ist hier die Planungssicherheit für die Träger unabhängig davon, ob sie es auch schaffen, Eltern ihre Plätze zu verkaufen. Oftmals nehmen die Träger der öffentlichen Jugendhilfe hier aber noch Zu- oder Abschläge an ihren Zahlungen vor, wenn eine im Voraus festgelegte Zahl an Plätzen über- oder unterbelegt ist.

Die Art einer reinen Objektfinanzierung eignet sich insbesondere für niederschwellige Angebote etwa im Bereich der Jugendfreizeitstätten.

Bei der Subjektfinanzierung hingegen erfolgt die Finanzierung der Angebote über ihre Inanspruchnahme durch einen Leistungsberechtigten. Der Vorteil dieser Finanzierungsart ist, dass sie sich passgenau am konkreten Bedarf orientiert.

Arbeitsanregung

Im Gesetzgebungsprozess zum nordrhein-westfälischen KiBiz war die Finanzierungs-frage (hier erfolgte eine Änderung der Finanzierungsart) der umstrittenste und am aus-führlichsten diskutierte Punkt. Warum, meinen Sie, war das so?

Im Bereich der Finanzierung von Einrichtungen der Kindertagesbetreuung sind zwei verschiedene Ebenen zu unterscheiden. Kindergärten werden durch Landesmittel öffentlich gefördert (eine Ausnahme besteht hier in NRW im Bereich der sogenannten freigewerblichen Träger). Dabei gehen die Mittel nicht vom Land NRW an die Träger der Einrichtungen direkt, sondern an die öffentlichen Jugendhilfeträger (die Jugendämter). Die Jugendämter wiederum geben Geldmittel an die Träger der Einrichtungen. Die Ein-richtungen haben nicht mit dem Land, sondern nur mit dem Jugendamt zu tun. Da dieses ihnen gegenüber den sogenannten Leistungsbescheid erlässt, handelt es sich aus Sicht der Träger der Einrichtungen daher um Geld des Jugendamtes. Wie viel Geld dieses wiederum zur Verfügung hat, bestimmt sich aufgrund von politischen Prozessen. Auch die Erhebung von Elternbeiträgen in Kindergärten, die von der öffentlichen Hand betrieben werden, wird durch kommunal gesetztes Recht, die sogenannten Satzungen, geregelt. Die Satzung wird vom Rat bzw. auf Kreisebene vom Kreistag erlassen. Diese stellen auf kommunaler Ebene die Parlamente dar. Die Bürger wählen ihre Vertreter in den Rat bzw. den Kreistag direkt.

Die Struktur einer Kommune (Gemeinde bzw. kreisfreie Stadt) zeigt die nachfolgende Grafik:

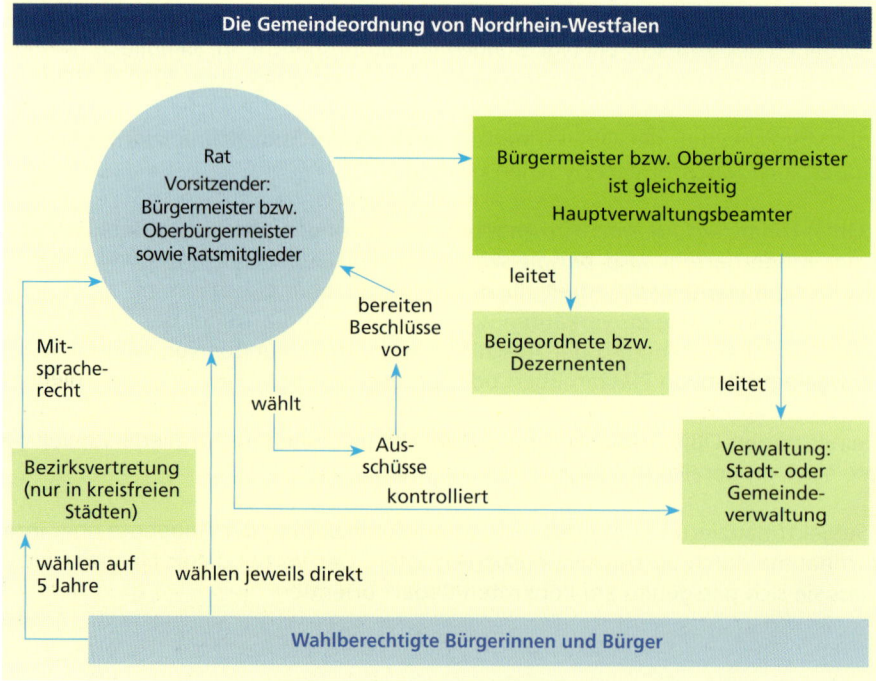

Die Gemeindeordnung von Nordrhein-Westfalen

Der Rat der Gemeinde

Der Rat besteht aus den von der Bürgerschaft gewählten Ratsmitgliedern. Er wird von den Bürgern in allgemeiner, unmittelbarer, freier, gleicher und geheimer Wahl gewählt. Die Zusammensetzung des Rates ergibt sich aus dem Mehrheitsverhältnis der Parteien durch die Kommunalwahl. Die Ratsmitglieder sind ehrenamtlich tätig. An ihrer Spitze steht der hauptamtlich tätige Oberbürgermeister in kreisfreien Städten bzw. der Bürgermeister in den übrigen Gemeinden (in NRW durch Direktwahl von den Bürgern bestimmt). Der Bürgermeister ist Verwaltungsorgan. Außerdem wählt der Rat als seine Stellvertreter weitere Bürgermeister.

Der Oberbürgermeister bzw. der Bürgermeister ist der Vertreter der Stadt bzw. der Gemeinde, quasi der Kopf einer juristischen Person des öffentlichen Rechts (Gebietskörperschaft). Der Rat beschließt die Gemeindegesetze, die in diesem Fall „Satzungen" genannt werden und innerhalb der Kommune gelten.

Der Rat überwacht die Durchführung seiner Beschlüsse, die die übrigen Angelegenheiten der Gemeinde betreffen. Er beaufsichtigt auch die Arbeit der Ausschüsse (wie beispielsweise des Jugendhilfeausschusses) sowie die Durchführung der städtischen Verwaltung durch die jeweiligen Ämter.

Die Ausschüsse des Rates

Viele Beschlüsse des Rates werden in den Fachausschüssen vorberaten. Eine Reihe von Ausschüssen hat der Gesetzgeber zwingend vorgeschrieben, so den Hauptausschuss, den Finanzausschuss und den Rechnungsprüfungsausschuss, den Kinder- und Jugendhilfeausschuss und den Schulausschuss. Die personelle Zusammensetzung der Ausschüsse regelt der Rat selbst.

Die Bezirksvertretungen/Ortschaften

Für kreisfreie Städte gibt es die Verpflichtung, das gesamte Stadtgebiet in Stadtbezirke aufzuteilen. Für diese Stadtgebiete sind Bezirksvertretungen zu bilden. Das gilt auch für Gemeindegebiete einer nicht kreisfreien Stadt. Diese können in Ortschaften eingeteilt werden. In den Ortschaften sind Ortsvorsteher zu wählen oder Bezirksausschüsse zu bilden. Sie nehmen die Belange des Bezirks bzw. der Ortschaft dem Rat gegenüber wahr. Diese örtlichen Mini-Parlamente nehmen sich der lokalen Wünsche und Probleme der Bürgerschaft an, unterbreiten den Fachausschüssen und der Verwaltung Vorschläge und üben damit auch Einfluss auf Ratsentscheidungen aus. In bestimmten Bereichen ist ihnen eigene Beschlussfähigkeit übertragen worden.

Die Verwaltung der Gemeinde

Der Rat beauftragt die Verwaltung, Beschlüsse vorzubereiten. Nach Verabschiedung durch den Rat hat die Verwaltung für die Durchführung zu sorgen. Daneben hat die Verwaltung, der Kontrolle des Rates unterstellt und in Verantwortung ihm gegenüber, einen eigenen Wirkungsbereich, der sich auf die Erledigung der staatlichen Auftragsangelegenheiten bezieht.

An der Spitze der Verwaltung steht in kreisfreien Städten der Oberbürgermeister bzw. in den übrigen Gemeinden der Bürgermeister, der dem Rat unmittelbar verantwortlich ist. Ihm zur Seite stehen Beigeordnete, denen ein bestimmtes Aufgabengebiet zugeordnet ist. Die Wahlzeit des Oberbürgermeisters bzw. des Bürgermeisters und der Beigeordneten beträgt fünf Jahre. Nähere Vorschriften trifft das Kommunalwahlgesetz (für Nordrhein-Westfalen).

Die in der Verwaltung tätigen Amtsleiter sind dem Oberbürgermeister bzw. dem Bürgermeister und den Beigeordneten unmittelbar unterstellt.

Die Kreisordnung in Nordrhein-Westfalen

Mehrere Gebietskörperschaften können sich als überörtliche Gemeinschaft in einem Kreis als übergeordnete öffentlich-rechtliche Körperschaft zusammenschließen und das sogenannte Selbstverwaltungsrecht ausüben, d.h., der Kreis kann seine Angelegenheiten im Rahmen der Gesetze selbst ordnen und verwalten.

Die Grafik zeigt die Struktur eines Kreises in Nordrhein-Westfalen.

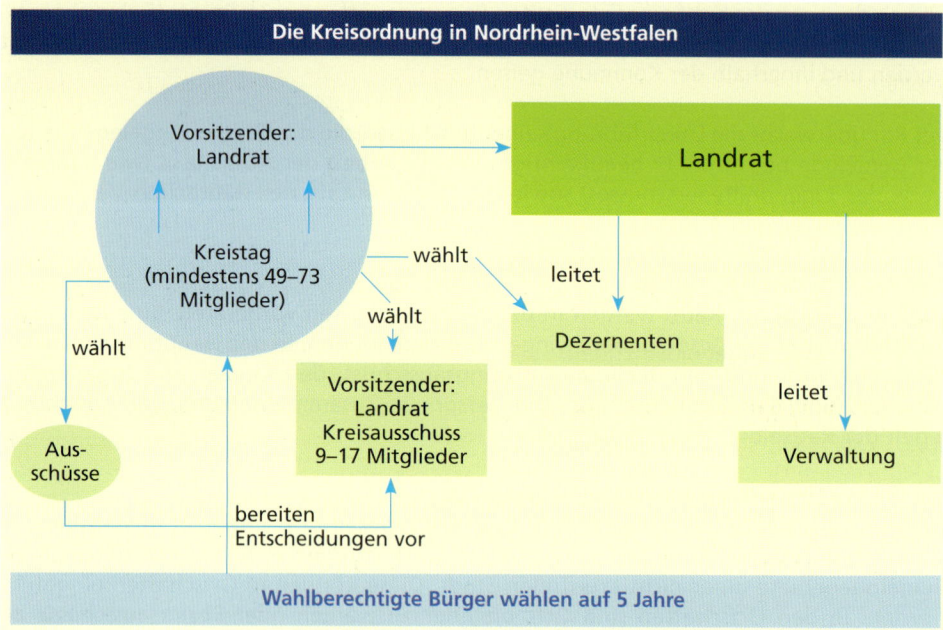

Die Aufgaben des Kreises sind von überörtlicher Bedeutung. Sie werden von ihm übernommen, weil die Erfüllung dieser Aufgaben von den Gemeinden mangels Leistungsfähigkeit nicht immer allein erbracht werden kann.

Ein Beispiel mag dies verdeutlichen: Wegen zu geringer Schülerzahlen kann nicht jede Gemeinde ein eigenes Berufskolleg unterhalten. So übernimmt der Kreis diese Aufgabe und unterstützt damit die Gemeinde, d.h., der Kreis übernimmt die Kosten für den Bau und die Unterhaltung des Berufskollegs.

Die Finanzierung der Schule wie auch anderer Aufgaben werden deshalb aber nicht vom Kreis allein geleistet. Die kreisangehörigen Städte und Gemeinden bringen über die Kreisumlage einen wesentlichen Teil der Kreiseinnahmen auf. Die Kreisumlage wird jährlich neu vom Kreistag festgelegt und richtet sich nach der Finanzkraft der Gemeinde, d.h., sie richtet sich nach den Steuereinnahmen der Gemeinde. So zahlen denn auch Gemeinden mit hohen Steuereinnahmen eine höhere und Gemeinden mit geringen Steuereinnahmen eine niedrigere Kreisumlage.

Der Kreistag ist das oberste Entscheidungsorgan des Kreises. Die wahlberechtigten Bürger des Kreises wählen in direkter Wahl die Kreistagsabgeordneten, die wie die Mitglieder des Rates einer Gemeinde ehrenamtlich tätig sind.

Grundsätzliche Bestimmungen und Maßnahmen des Kreises sind: Satzungsbeschlüsse, der Haushalt und Investitionen. Sie werden vom Kreistag beschlossen. Daneben gibt es den verkleinerten Kreistag – den Kreisausschuss. Er hat eigene Entscheidungsbefugnisse, z. B. Bestellung von Gutachten, und bereitet die Beschlüsse des Kreistages vor.

Bestimmte Aufgabenbereiche werden von Ausschüssen wahrgenommen. Diese Ausschüsse bereiten die Beschlüsse des Kreisausschusses vor.

Vorsitzender des Kreistages und des Kreisausschusses ist der von den Bürgern direkt gewählte Landrat. Er ist hauptamtlich tätig und leitet die Kreisverwaltung. Er sorgt also für die Erfüllung der vom Kreistag beschlossenen Aufgaben und Beschlüsse durch deren Umsetzung durch die Kreisverwaltung. Daneben sind dem Landrat als „untere staatliche Verwaltungsbehörde" noch andere Aufgaben wie etwa die Aufsicht über die kreisangehörigen Gemeinden zugewiesen.

In einer kreisfreien Stadt müssen sich die Träger der Kindertageseinrichtungen also an die Stadt wenden, um finanzielle Mittel zu erhalten. Ist die Einrichtung hingegen in einer kreisangehörigen Gemeinde angesiedelt, so muss sie sich an den Landkreis, dem diese Gemeinde angehört, wenden.

Um finanzielle Mittel zu erhalten, müssen die Träger bestimmte Vorgaben des KiBiz einhalten. Wenn sie beispielsweise weniger Personal einsetzen, als es das Gesetz vorsieht, oder die Gruppenstärke überschritten wird, so kann das Jugendamt bereits geleistete Zuschüsse zurückfordern (vgl. § 20 KiBiz NRW).

Gesetzliche Vorgaben finden sich in NRW in den §§ 18 ff. KiBiz. Der Ablauf des danach vorgeschriebenen Verwaltungsverfahrens gliedert sich wie folgt:
1. Antragsverfahren/Jugendhilfeplanung
2. Bewilligungsverfahren
3. Monatserfassung im laufenden Betrieb
4. Endabrechnung
5. Verwendungsnachweisprüfung

Bei der Durchführung der einzelnen Verfahrensschritte kommt teilweise die Software KiBiz.web zur Anwendung.

Die Zuschüsse werden in Form von sogenannten Kindpauschalen gewährt. Der Träger erhält dabei eine Pauschale für jedes betreute Kind. Wie hoch diese Pauschale ist, bestimmt sich nach der Zeit, die das Kind pro Woche in der Einrichtung betreut wird sowie der Art der Gruppe (in NRW gibt es drei verschiedene Gruppenformen).

Wenn Kinder mit Behinderungen in einer Integrativgruppe betreut werden, so erhalten die Einrichtungsträger hierfür noch einmal eine Sonderförderung in Form einer höheren Pauschale. Eine höhere Pauschale gibt es auch, wenn Kinder von unter drei Jahren in der Einrichtung betreut werden (sogenannte U3-Pauschale).

Hat der Träger für den Betrieb Räume angemietet, so kann darüber hinaus Mietzuschuss gezahlt werden (vgl. § 20 Abs. 2 KiBiz NRW). Weitere Sonderregelungen bestehen für lediglich eingruppige Einrichtungen sowie Einrichtungen in sozialen Brennpunkten.

Für die Inanspruchnahme von Angeboten in Kindertageseinrichtungen oder Kindertagespflege können Teilnahme- oder Kostenbeiträge (Elternbeiträge) nach § 90 Abs. 1 SGB VIII vom Jugendamt festgesetzt werden. Näheres regelt im Land Nordrhein-Westfalen der § 23 KiBiz. Seit dem Kindergartenjahr 2011/2012 ist hier das letzte Kindergartenjahr vor Schuleintritt beitragsfrei. Die Träger der Einrichtungen können gemäß § 23 Abs. 4 KiBiz ein Entgelt für Mahlzeiten verlangen.
Die Höhe der Elternbeiträge bemisst sich nach der Höhe des Einkommens der Eltern sowie der Länge der gebuchten Betreuungszeit pro Woche. Das erste Kriterium soll verhindern, dass die Kindertagesbetreuung an nicht von den Eltern zu stemmenden Kosten scheitert. In NRW können sich die Eltern entscheiden, ob ihr Kind 25, 35 oder 45 Stunden im Kindergarten sein soll.

Arbeitsanregung

1. Diese festgelegten Buchungszeiten werden teilweise heftig kritisiert. Lesen Sie § 22a Abs. 3 SGB VIII und versuchen Sie sich ebenfalls als Kritikerin.
2. Erkundigen Sie sich nach der Höhe der Elternbeiträge in Kindergärten in Ihrer Nähe.

Für den Träger ist die Finanzierung des Aufbaus und Erhalts einer Einrichtung allein durch Elternbeiträge in der Regel nicht möglich. Ausnahmen bestehen im Bereich der sogenannten privatgewerblichen Träger. Diese erhalten in NRW keine Mittel der öffentlichen Hand (vgl. § 6 Abs. 1 in Verbindung mit § 19 Abs.1 KiBiz NRW).

Bei den meisten Einrichtungen der Kindertagesbetreuung handelt es sich allerdings um im hohen Maße durch Mittel der öffentlichen Hand finanzierte Angebote.

Zur Finanzierung von Einrichtungen sind die Träger entscheidend auf die Gewährung von finanziellen Mitteln aus dem jeweiligen Landeshaushalt angewiesen. Aber auch Kindertagespflegepersonen können eine finanzielle Unterstützung durch das Jugendamt erhalten. Für sie kommt dies insbesondere im Bereich der sogenannten U3-Betreuung in Betracht, da viele Eltern in diesem Bereich die eher familienähnliche Betreuung durch eine Kindertagespflegeperson der Betreuung ihrer noch sehr kleinen Kinder in der Gruppe in einer Kindertageseinrichtung vorziehen.

Wenn eine Einrichtung zum Familienzentrum ausgebaut wird, so gibt es einen zusätzlichen Zuschuss von 13 000,00 Euro pro Kindergartenjahr. Familienzentren in sozialen Brennpunkten erhalten zusätzlich noch einen Zuschuss in Höhe von 1 000,00 Euro.

Arbeitsanregung

1. Warum erhalten Familienzentren mehr finanzielle Zuwendungen als der einfache Kindergarten?
2. Finden Sie die Höhe der Zuschüsse zu hoch, zu niedrig oder genau richtig bemessen? Diskutieren Sie in der Gruppe, nachdem Sie zunächst Argumente für Ihre Ansicht zusammengestellt haben.

Aber nicht nur den Mitarbeitern in Familienzentren in sozialen Brennpunkten wird mehr abverlangt als in einem „gemütlichen einzügigen Dorf-Kindergarten". Auch Erzieherinnen, die in Gruppen arbeiten, in denen behinderte Kinder mitbetreut werden, müssen sensibler und konzentrierter sein, vielleicht auch mehr körperlichen Einsatz bringen als ihre Kolleginnen in Gruppen, die keine behinderten Kinder zu betreuen haben. Gleiches gilt im Rahmen der U3-Betreuung, wo insbesondere die Pflegeleistung des Wickelns zu erbringen ist. Zumindest der nordrhein-westfälische Gesetzgeber hat auf diesen Umstand reagiert und eine um 2 000,00 Euro erhöhte Kindpauschale vorgesehen, so es sich um die sogenannte Gruppenform II (Krippengruppe) bei einer wöchentlichen Betreuungszeit von 45 Stunden handelt. In diesem Fall gibt es seit dem 01.08.2011 pro Kindergartenjahr eine um 2 000,00 Euro erhöhte Pauschale.

Eine ähnliche Regelung findet sich in § 6 KitaFöG des Landes Berlin.

Arbeitsanregung

Was halten Sie für erforderlich, um ein behindertes Kind in einer Gruppe von Regelkindern im Wege der Einzelintegration optimal zu fördern? Erarbeiten Sie eine Wunschvorlage für den Gesetzgeber.

Aufstellung und Überwachung eines Haushaltsplans

Ein Kindergarten kann nur dann betrieben werden, wenn die notwendigen Mittel zur Verfügung stehen. Der Einsatz der Mittel hat nach ganz bestimmten, durch Gesetz, Verordnung und Tarife vorgeschriebenen Richtlinien zu geschehen. Es müssen Arbeitsentgelte und Sozialversicherungsabgaben gezahlt, einbehaltene Lohnsteuer abgeführt und Rechnungen für Sachkosten beglichen werden. Deshalb hat auch ein Kindergarten fortlaufend mit Verwaltung und Finanzen zu tun. Wie aus dem vorläufigen Haushaltsplan eines relativ kleinen Kindergartens mit nur zwei Gruppen im Folgenden ersichtlich ist, umfassen die jährlichen Kosten pro Gruppe 71 581,00 Euro. Das macht eine Finanzwirtschaft in geordneten Bahnen zwingend notwendig.

In diesem Kapitel können keine Einzelheiten des Verwaltungsprozesses beschrieben werden, der in der Regel auch nicht von sozialpädagogischen Fachkräften ausgeführt wird. Sie sollten jedoch einen Überblick über den finanziellen Gesamtaufwand einer Einrichtung haben und darüber Bescheid wissen, wie Gelder, die ihnen anvertraut werden, sachgemäß verwaltet werden.

Etatplanung

Der Träger eines Kindergartens hat für jedes Haushaltsjahr einen Etat (Haushaltsplan) aufzustellen. Der Haushaltsplan hat den Sinn, alle Einnahmen und Ausgaben zu erfassen und in Übereinstimmung zu bringen. Dies geschieht am besten anhand eines Haushaltsstellenverzeichnisses, das alle Kostengruppen, Einnahme- und Ausgabefaktoren erfasst. In der nachfolgenden Tabelle sind alle Beträge in Euro angegeben.

Haushalts-stelle 4461.01	Tageseinrichtung	Ansatz 2014	Ergebnis aus 2012	Ergebnis aus 2011
0317	Schlüsselzuw. Finanz. Trägerant	30 322,00		
0465	Zuschuss Gemeinde	29 598,00	27 000,00	14 677,16
0473	Betriebskostenzuschuss des Jugendamtes	191 598,00	195 000,00	185 468,41
1861	Erst. Geschäftsaufwand	0,00	25,00	33,49
3171	Entnahme Sonderrückl.	0,00	6 010,00	440,55
4230	Vergütung einschl. AG-Ant. Sozialvers./Zusatz-versicherung	201 508,00	206 000,00	191 029,41
4250	Entgelte, nebenamtliche Tätigkeit, Honorare	14 500,00	15 500,00	19 561,71
4280	Unterhaltszuschuss	0,00	600,00	570,16
4290	Sonstige Dienstbezüge	0,00		
4390	Beiträge KZVK	0,00		2 387,50
4610	Beihilfen n. Beih. vorschr.	150,00	300,00	135,00
5261	Reisekosten	150,00	250,00	226,80
5361	Porto, Frachtkosten	50,00	50,00	17,00
5362	Fernmeldekosten	450,00	450,00	524,46
5461	Lfd. Bürobedarf	200,00	300,00	228,28
5464	Mitgliedsbeiträge	90,00	90,00	90,00
5465	EDV-Kosten	300,00	200,00	0,00
5561	Getränke	600,00	600,00	528,33
5671	Fortbildungskosten	507,00	500,00	765,55
5672	Elternarbeit	200,00	200,00	178,22
5861	Haftpflichtversicherung	260,00	350,00	345,12
5871	Berufsgenossenschaftbeiträge	800,00	800,00	736,57
6183	Erhaltungsaufw. Wartung	1 904,00	1 700,00	1 027,23
6184	Erh.aufw. Instandsetzung	5 287,00	8 300,00	6 096,16
6261	Realsteuern/Gebühren	1 700,00	1 660,00	1 463,10
6263	Strom, Gas, Wasser, Heizung	6 000,00	6 000,00	4 373,27
6265	Reinigungskosten/Material	400,00	500,00	256,11
6266	Gebäudeversicherung	1 314,00	1 320,00	1 270,80
6461	Unterh./Ergänzung Einrichtung	1 500,00	1 000,00	814,93
6471	Besch. + Erh. von Spiel- u. Besch	1 800,00	1 500,00	3 002,51
6861	Verwaltungskostenbeitrag	7 460,00	0,00	0,00
6993	Zuführung Verwaltungshaushalt	4 775,00	0,00	0,00
9171	Zuführung Sonderrücklage	0,00	0,00	0,00
	Summe Ausgaben	251 905,00	248 160,00	235 531,30
	Summe Einnahme	251 905,00	228 035,00	209 476,18
	Über-/Zuschuss	0,00	− 20 125,00	26 055,12

Durchführung des Etats

Nachdem der Haushaltsplan vom verantwortlichen Träger verabschiedet worden ist, beginnt die Durchführung des Etats. Sie obliegt nicht den sozialpädagogischen Fachkräften, sondern in der Regel einer haupt- oder nebenamtlich tätigen Verwaltungskraft. Hierbei sind besondere organisatorische und örtlich festgeschriebene Kassenvorschriften zu beachten.

In Nordrhein-Westfalen ist der Haushaltsvoranschlag im Zusammenhang mit dem Verwendungsnachweis[2] nach einheitlichem Vordruck zu erstellen und den Jugendämtern der (kreisfreien) Städte und Kreise zur Genehmigung vorzulegen.

Wichtig ist jedoch, welche Gelder wie von den sozialpädagogischen Fachkräften verwaltet werden. Beispielsweise beinhaltet ein Haushaltsplan Handgelder. Diese Handgelder werden im Laufe des Haushaltsjahres an die Leiterin der Einrichtung ausbezahlt, von ihr verwaltet und entsprechend ausgegeben. Sie hat darüber Rechenschaft abzulegen. Hierfür genügt eine einfache Aufstellung der Einnahmen und der Ausgaben. Nachfolgende Übersicht soll dies verdeutlichen. Die Leiterin erhielt am 24. Februar 2013 ein Handgeld von 250,00 Euro (Restsaldo aus 2012). Mit diesem Handgeld konnte sie entsprechend wirtschaften. Immer dann, wenn der Betrag fast aufgebraucht war, rechnete sie die Belege ab und erhielt ein entsprechendes neues Handgeld. Am Ende des Haushaltsjahres ergab sich damit eine neue Restsumme von 250,00 Euro, die als Vortrag für das Jahr 2014 zur Verfügung stand.

in Euro		Einnahmen	Ausgaben	
			Einzelbeträge	Summen
24.02.	Rest aus 2012	250		
01.03.	Getränke (Tee u. a.)		37,45	
12.03.	Spiele		72,75	
23.03.	Bastelmaterial		27,30	
23.03.	Fingerfarben + Klebstoff		43,20	
28.03.	Getränke		31,50	
15.04.	Bastelmaterial		22,70	
25.04.	Getränke		29,85	
27.04.	Handgeld Leiterin	265,75		
03.05.	diverse Haushaltsstellen		265,75	265,75
12.05.	Neues Spielmaterial		174,20	
15.05.	Getränke		31,90	
16.05.	Bastelmaterial		28,00	
02.06.	Getränke		37,40	
11.06.	Zeichenmaterial		41,00	
04.07.	Getränke		35,80	
03.08.	Handgeld Leiterin	348,30		
09.08.	diverse Haushaltsstellen		348,30	348,30
02.09.	Getränke		28,35	
05.09.	Pinsel, Farben u. a.		43,75	

---

[2] *vgl. hierzu bereits in diesem Kapitel weiter oben*

in Euro		Einnahmen	Ausgaben	
			Einzelbeträge	Summen
10.10.	Bausteine, Spiele		102,45	
05.11.	Getränke		31,00	
21.11.	Handgeld Leiterin	205,55		
24.11.	diverse Haushaltsstellen		205,55	205,55
09.02.	Rest aus 2013		250,00	
	Gesamtsumme	1 069,60		819,60
	Rest aus 2013			250,00
		1 069,60		1 069,60

Literaturverzeichnis

al: Kirche gibt Trägerschaft frühzeitig auf, in: Bonner General-Anzeiger, 20.04.2012.

Berger, Klaus Rudolf (Hrsg.) u. a.: Lehrbuch der Heilerziehungspflege: bilden – pflegen – unterstützen, 1. Auflage, Köln, Bildungsverlag EINS, 2014.

BGH, Urteil vom 20.03.2012, AZ.: VI ZR 3/11, abrufbar unter: http://juris.bundesgerichtshof.de/cgi-bin/rechtsprechung/document.py?Gericht=bgh&Art=en&sid=b012a782bb3e43339101a4849c09fdf8&nr=60396&pos=3&anz=4 [05.03.2014].

Biermann, Bernd (Hrsg.): Recht. Unterrichtsthemen aus Sozialpflege und Sozialpädagogik, 1. Auflage, Köln, Bildungsverlag EINS, 2011.

Biermann, Bernd (Hrsg.): Gesundheit und Gesundheitswissenschaften, 1. Auflage, Köln, Bildungsverlag EINS, 2012.

BMAS/Bundesministerium für Arbeit und Soziales (Hrsg.): Teilhabebericht der Bundesregierung über die Lebenslagen von Menschen mit Beeinträchtigungen, Teilhabe – Beeinträchtigung – Behinderung (Stand: August 2013), Bonn, Bundesministerium für Arbeit und Soziales, 2013.

BMFSFJ/Bundesministerium für Familie, Senioren, Frauen und Jugend (Hrsg.): 14. Kinder- und Jugendbericht (Stand: Januar 2013), Berlin, Bundesministerium für Familie, Senioren Frauen und Jugend, 2013.

BMFSFJ/Bundesministerium für Familie, Senioren, Frauen und Jugend (Hrsg.): Qualitätsstandards für Beteiligung von Kindern und Jugendlichen, Allgemeine Qualitätsstandards und Empfehlungen für die Praxisfelder Kindertageseinrichtungen, Schule, Kommune, Kinder- und Jugendarbeit und Erzieherische Hilfen (Bestellnummer 5 BR57), 2. Auflage, Berlin, Bundesministerium für Familie, Senioren, Frauen und Jugend, Februar 2012.

BöfAE/Ruth Schwake: Länderübergreifender Lehrplan Erzieher/Erzieherin (Entwurf, Stand 01.07.2012), abgerufen unter: http://www.bildungsserver.de/db/mlesen.html?Id=50329, 2012.

Bundesverwaltungsgericht, in: Sammlung der Entscheidungen und Gutachten der Spruchstellen für Fürsorgestreitigkeiten, 2010, S. 309 ff.

BVEED (Bundesverband der Erzieherinnen und Erzieher in Deutschland e. V.): Wir über uns: Aufgaben – Ziele – Leistungen, abrufbar unter: www.bveed.de, Rubrik: Wir über uns [04.03.2014].

BVerfG-Pressestelle: Regelungen zur behördlichen Vaterschaftsanfechtung sind nichtig, 30.01.2014, abrufbar unter: www.bundesverfassungsgericht.de/pressemitteilungen/bvg14-004.html [14.02.2014].

Fasselt, Ursula/Schellhorn, Helmut (Hrsg.): Handbuch Sozialrechtsberatung, 4. Auflage, Baden-Baden, Nomos Verlagsgesellschaft, 2012.

Gamperl, Elisabeth: Streit um Uni-Ausbildung für Erzieher, Bachelor im Windelwechseln, in: die tageszeitung, 18.07.2012, abrufbar unter: www.taz.de/Streit-um-Uni-Ausbildung-fuer-Erzieher/!97507/ [07.02.2014]).

Greving, Heinrich (Hrsg.): Kompendium der Heilpädagogik, 1. Auflage, Troisdorf, Bildungsverlag EINS, 2007.

Hartmann-Netzer, Danaë: Arbeitszeugnisse und Mitarbeiterbeurteilungen, 1. Auflage, Köln, Wolters Kluwer, 2013.

Hartmann-Netzer, Danaë/Biermann, Bernd (Hrsg.): Recht Unterrichtsthemen aus Sozialpflege und Sozialpädagogik, 1. Auflage, Köln, Bildungsverlag EINS, 2011.

Hartmann-Netzer, Danaë/Kämpfer, Horst-Dieter: Recht und Verwaltung in der sozialpädagogischen Theorie und Praxis. Ein Lehr- und Arbeitsbuch für die Fachschule Sozialpädagogik, 6. Auflage, Köln, Bildungsverlag EINS, 2011.

Heuchel, Ilona/Lindner, Eva/Sprenger, Karin (Hrsg.): Familienzentren in Nordrhein-Westfalen: Beispiele innovativer Praxis, Münster, Waxmann, 2009.

Janssen, Helmut/Riehle, Eckart: Lehrbuch Jugendstrafrecht, Eine Einführung für die Soziale Arbeit, 1. Auflage, Weinheim und Basel, Beltz Juventa, 2013.

Klein, Ferdinand: Inklusive Erziehungs- und Bildungsarbeit in der Kita, 1. Auflage, Troisdorf Bildungsverlag EINS, 2010.

Kunz, Thorsten: Sicherheit fördern im Kindergarten. GUV-Informationen – Sicherheit und Gesundheitsschutz in Schulen und Kindertageseinrichtungen, hrsg. vom Bundesverband der Unfallkassen, München, 2004, S. 6 f.

Lehming, Maite: Was unsere Nachbarn lehren, in: Der Tagesspiegel, 14.09.2013, abrufbar unter: www.tagesspiegel.de/meinung/religionsfreiheit-versus-schulpflicht-was-unsere-nachbarn-lehren/8788598.html [05.03.2014].

Meysen, Thomas/Beckmann, Janna: Rechtsanspruch U3: Förderung in Kita und Kindertagespflege, 1. Auflage, Baden-Baden, Nomos Verlagsgesellschaft, 2013.

Oberlies, Dagmar: Strafrecht und Kriminologie für die Soziale Arbeit, 1. Auflage, Kohlhammer, Stuttgart, 2013.

OLG Bremen (Oberlandesgericht Bremen), Urteil vom 07.09.1977, VersR (Zeitschrift für Versicherungsrecht, Haftungs- und Schadensrecht) 1978, S. 525.

OLG Düsseldorf (Oberlandesgericht Düsseldorf): Düsseldorfer Tabelle 2013, abrufbar unter: www.olg-duesseldorf.nrw.de/infos/Duesseldorfer_tabelle/Tabelle-2013/index.php [07.02.2014].

Rudolph, Rainer: Lesbisches Paar, Eine Frau gilt als Vater, in: Kölner Stadtanzeiger, 30.09.2010, abrufbar unter: www.ksta.de/koeln-uebersicht/lesbisches-paar-eine-frau-gilt-als-vater,16341264,12799760.html [14.02.2014].

Schröer, Wolfgang/Stauber, Barbara/Walther, Andreas/Böhnisch, Lothar/Lenz, Karl (Hrsg.): Handbuch Übergänge, 1. Auflage, Weinheim und Basel, Beltz Juventa, 2013.

Voogt, Gerhard: Wenn Eltern zu Feinden werden, in: Rheinische Post, 31.01.2006.

Wabnitz, Reinhard Joachim: Grundkurs Familienrecht für die Soziale Arbeit, 1. Auflage Stuttgart, UTB, 2010.

Welke, Antje: UN-Behindertenrechtskonvention mit rechtlichen Erläuterungen, 1. Auflage, Berlin, Eigenverlag des Deutschen Vereins für öffentliche und private Fürsorge e. V., 2012.

Wolff, Mechthild/Hartig, Sabine: Gelingende Beteiligung in der Heimerziehung, 1. Auflage, Weinheim und Basel, Beltz Juventa, 2013.

Linksammlung

www.gesetze-im-internet.de [07.02.2014]
www.dejure.org [07.02.2014]
www.bildungsserver.de [07.02.2014]

Bildquellenverzeichnis

AWO-Bundesverband, Berlin (jedwede Form der Nutzung des Logos ist untersagt): S. 28.3

Steffi Becker, Unkel/Bildungsverlag EINS GmbH, Köln: S. 56.1

Angelika Brauner, Hohenpeißenberg/Bildungsverlag EINS GmbH, Köln: S. 85.1, 85.2, 86.1, 86.2, 86.3, 88.1

Bundesverband der Erzieherinnen und Erzieher in Deutschland e.V., Berlin: S. 43.2

Deutscher Caritasverband/www.caritas.de: S. 28.1

Deutscher Paritätischer Wohlfahrtsverband, Berlin: S. 29.1

Deutsches Rotes Kreuz e.V., Berlin: S. 29.2

Diakonie Deutschland - Evangelischer Bundesverband, Evangelisches Werk für Diakonie und Entwicklung e.V. , Berlin: S. 28.2

dpa Picture-Alliance GmbH, Frankfurt: S. 92.1, 95.1, 139.1, 166.1

Inge Eismann-Nolte, Amoeneburg/Bildungsverlag EINS, Köln: S. 108.1

istock, Canada: 17.2

Fotolia Deutschland GmbH, Berlin: S. 7.1 (Barbara Helgason), 8.1 (kristall), 15.1 (K.-P. Adler), 21.1 (ArTo), 41.1 (Kirill Zobrov), 49.1 (Sebastian Kaulitzki), 52.1 (Ermolaev Alexandr), 54.1 (BeTa-Artworks), 71.1 (iofoto), 72.1 (William Berry), 79.1 (Paylessimages), 81.1 (binagel), 84.1 (Step), 89.1 (Carlos Santa Maria), 90.1 (philidor), 93.1 (BildPix.de), 93.2 (philidor), 98.1 (Sacha Burkard), 99.1 (celeste clochard), 104.1 (bilderbox), 104.2 (muro), 108.2 (Varina Patel), 109.1 (Bilderquelle), 109.2 (Claudia Paulussen), 109.3 (philidor), 112.1 (Yvonne Bogdanski), 121.1 (Nicole Effinger), 124.1 (Monkey Business), 124.2 (Alan Heartfield), 125.1 (Edyta Pawlowska), 129.1 (detailblick), 129.2 (pushnovaliudmyla), 131.1 (eyezoom 1000), 137.1 (Tatagatta), 147.1 (Konstantin Sutyagin), 164.1 (Franz Pfluegl), 180.1 (Udo Kroener)

Benjamin Hartmann, Homburg/Bildungsverlag EINS GmbH, Köln: S. 33.1

Jugendhilfe Köln e.V., Köln: S. 191.1

Katholische Erziehergemeinschaft (KEG) Deutschlands, München: S. 43.1

Maurice Masterlerz: S. 8.2

MEV Verlags GmbH, Augsburg: S. 75.1, 122.1, 130.1

Christian Schlüter, Essen/Bildungsverlag EINS, Köln: S. 17.1, 18.1, 20.1, 59.1, 107.1, 180.2

SINA® Spielzeug GmbH, Neuhausen, www.sina-spielzeug.de: S. 16.1

ullstein bild, Berlin: S. 154.1 (Fotoagentur imo), 187.1 (CARO — Kaiser)

Zentralwohlfahrtsstelle der Juden in Deutschland e.V., Frankfurt a. M: S. 29.3

Umschlagbild: Christian Schlüter, Essen/ Bildungsverlag EINS GmbH, Köln

Abbildung im BuchPlusWeb: Fotolia Deutschland GmbH, Berlin (Robert Kneschke)

Sachwortverzeichnis